# 郑永廷文集

郑永廷◎著

（第七卷）

中山大学出版社
SUN YAT-SEN UNIVERSITY PRESS
·广州·

**图书在版编目（CIP）数据**

郑永廷文集：共八卷 / 郑永廷著. —广州：中山大学出版社，2023.8
ISBN 978-7-306-07872-8

Ⅰ.①郑… Ⅱ.①郑… Ⅲ.①政治—中国—文集 Ⅳ.①D6-53

中国国家版本馆 CIP 数据核字（2023）第 143907 号

ZHENG YONGTING WENJI（DI-QI JUAN）

出 版 人：王天琪
策划编辑：嵇春霞　陈晓阳
责任编辑：陈晓阳
封面设计：曾　斌
责任校对：李昭莹
责任技编：靳晓虹
出版发行：中山大学出版社
电　　话：编辑部 020-84110283，84113349，84111997，84110779，84110776
　　　　　发行部 020-84111998，84111981，84111160
地　　址：广州市新港西路 135 号
邮　　编：510275　　　　　　传　真：020-84036565
网　　址：http://www.zsup.com.cn　　E-mail：zdcbs@mail.sysu.edu.cn
印 刷 者：恒美印务（广州）有限公司
规　　格：787mm×1092mm　　1/16
总 印 张：122 印张
总 字 数：2190 千字
版次印次：2023 年 8 月第 1 版　　2023 年 8 月第 1 次印刷
总 定 价：680.00 元（全八卷）

# 目录

# 大学生思想政治教育前沿难题研究<sup>*</sup>

党的十八大报告对新形势下思想政治教育提出了新的任务和新的要求，为我们认识和解决理论与实际问题提供了思路和方法。当前思想政治教育同我国社会发展处于攻坚克难阶段的情况相似，也面临一些现实难题，主要有以下几个方面。

## 一、精神文化彰显与大学生人文精神缺欠的矛盾

党的十七届六中全会通过的《中共中央关于深化文化体制改革　推动社会主义文化大发展大繁荣若干重大问题的决定》明确指出："我国文化发展同经济社会发展和人民日益增长的精神文化需求还不完全适应。"① 突出的矛盾和问题主要是：一些地方和单位对文化建设的重要性、必要性、紧迫性认识不够；一些领域道德失范、诚信缺失；一些社会成员人生观、价值观扭曲；用社会主义核心价值体系引领社会思潮更为紧迫，巩固全党全国各族人民团结奋斗的共同思想道德基础任务繁重；等等。党的十八大报告根据当代社会发展的趋势，强调"文化是民族的血脉，是人民的精神家园。全面建成小康社会，实现中华民族伟大复兴，必须推动社会主义文化大发展大繁荣，兴起社会主义文化建设新高潮，提高国家文化软实力，发挥文化引领风尚、教育人民、服务社会、推动发展的作用"②，并把人民享有健康丰富的精神文化生活，作为全面建成小康社会的重要内容。党的十八大报告在分析党面临的考验与问题时，指出"精神懈怠危险、能力不足危险、脱离群众危险、消极腐败危险更加尖锐地摆在全党面前"③，把"精神懈怠危险"摆

＊　原载于《思想理论教育导刊》2013 年第 9 期，作者郑永廷、李雪如，收录时有修改。

①　胡锦涛：《中共中央关于深化文化体制改革　推动社会主义文化大发展大繁荣若干重大问题的决定》，载《人民日报》2011 年 10 月 26 日。

②　胡锦涛：《坚定不移沿着中国特色社会主义道路前进　为全面建成小康社会而奋斗——在中国共产党第十八次全国代表大会上的报告》，人民出版社 2012 年版，第 30 页。

③　胡锦涛：《坚定不移沿着中国特色社会主义道路前进　为全面建成小康社会而奋斗——在中国共产党第十八次全国代表大会上的报告》，人民出版社 2012 年版，第 49 页。

在首位。显然，在当前，精神文化、精神价值彰显与精神懈怠、精神缺欠的矛盾，既是一个社会现实问题，也是大学生思想政治教育面临的难题。认识和解决这个问题之所以有难度，根源于价值取向的迷茫与偏差。

（一）大学生人文精神缺欠的影响、表现及危害

第一，精神缺失的社会现象，对大学生产生不良影响。官场一些人以权谋私、权钱交易，市场中假冒伪劣、缺德交易，学场里剽窃舞弊、钱学交易等不良行为，表现虽然不同，但只重金钱，用金钱买卖、置换政治、道德、学识的本质是相同的。这种丑恶现象虽然只发生在少数人身上，但它对大学生思想政治教育效果和大学生成长的影响却是直接和恶劣的。同时，一些地区、单位和高校，片面强调形象工程、政绩工程、数字工程，忽视甚至轻视文化工程、灵魂工程，致使文化缺位、精神失效，也导致部分大学生注重功用与实惠，对精神生活不感兴趣。

第二，一些大学生精神缺欠的表现与不良后果及危害。有的大学生对物质生活与科学技术过度追求，对精神生活、人文知识往往不够重视，由此产生精神懈怠。懈即松懈，怠即懒惰。所谓精神懈怠，就是精神疲软，思想松散，意志衰退，目标模糊。精神懈怠的突出表现是"心躁"，即在竞争条件下急于求成的急躁，学习、工作不愿下功夫的浮躁，对学习、工作效果不满意的烦躁，烦躁积累多了所形成的焦躁。这些表现是受客观条件影响而又缺乏主观理性控制的内心无序，应验了一句古话："人无远虑，必有近忧。"就是没有长远的考虑，即理想信念，必然陷于眼前的、具体的关系和琐事纠缠而难以超越。所以，有心躁状况的大学生，不仅精神生活质量不高，而且因内心无序，影响自身的全面发展。极少数大学生精神缺欠的另一种表现是心理疾病。心理疾病的产生，有的是生理方面的原因，但更多的是不重视精神作用的结果。大学生就业、学习压力大，有些学生虽然采取了各种应对方式，但忽视了主观应对的作用，结果是轻者表现为心理障碍，重者产生心理疾病。要有效解决精神缺欠的问题、预防心理疾病的产生，关键是要认识精神文化的价值及其在当代社会的彰显，坚持"育人为本，德育为先"的理念。

（二）大学生精神缺欠的价值根源

有些大学生受社会一些不良现象影响，价值取向发生偏差导致精神缺欠，这是影响大学生思想政治教育效果的主要原因。而忽视德育和精神追

求，必然导致以下问题：一是片面追求现实功用与功效，忽视持续与全面发展。注重功用与功效，就是注重事物的使用价值、实用价值，忽视事物的科学价值、社会价值与发展价值，如只强调科技的工具作用，忽视科学精神与科技价值；在学习上急功近利，忽视条件创造与艰苦努力过程；在发展上片面追求能力与才干，忽视精神与道德；等等。二是注重个人现实与眼前利益，忽视全局与长远利益。其表现是片面重视物质与金钱占有，忽视政治与道德价值；学习成绩、评估指标、奖励惩罚等，直接与金钱挂钩，忽视思想道德素质及其作用；陷于自身利益，不讲诚信，甚至弄虚作假损害学校风气；等等。三是注重感性思维与感官满足，忽视理性思考与理想信念。大学生常见的表现就是：重技术性思维、即时性思维，轻哲学思维、逻辑思维；重浏览式、"快餐式"学习，轻思考性与探究性学习；重物质高消费，轻精神高追求；等等。应当说明，这种追求功利价值的倾向并不是没有合理之处，问题在于，如果一些大学生陷于对功利价值的追求，而忽视全面发展与可持续发展，就会出现与大学生培养目标不相符合的发展状态。大学生的发展状态，归纳起来主要有两种：一是自发发展状态。这种状态就是只顾个人的、眼前的、狭隘的利益，忽视全局、长远发展目标的确立。表现为自我局限明显，开放性不够，主体性不强，动力不足，发展片面和迟缓。这种自发性发展的实质，是受自发性目标支配，缺乏理想信念。过去，在革命战争年代有自发性革命行为；现在，在社会主义现代化建设过程中，也有自发性建设行为，虽然表现形式不同，但本质是相近的。列宁曾针对工联主义的自发性，专门写了一篇题为《怎么办？》的文章进行分析，并阐述了"灌输"原理，其根本目的就是要增强工人的革命自觉性。我们党通过思想政治教育转化自发农民的优良传统，对于我们现在认识和克服大学生发展的自发性具有重要指导意义。二是自觉发展状态。就是对自身的发展有自主意识，能把自身发展与社会发展联系起来进行价值判断与确认，把自身发展作为自己在当代社会的生存方式；能主动认识和适应现代社会发展趋势，驾驭现代社会的开放性、竞争性、复杂性与多样性，不断克服不适应社会发展的传统观念与行为方式，自觉提高自身素质；根据我国社会发展的目标与要求，确立理想信念，在不断超越自身的进程中形成自觉的行为习惯。

当前大学生思想政治教育实现大学生自发发展向自觉发展转变之所以有难度，既受社会上、学校里功利主义价值取向的影响，也因激烈竞争、应试教育对功利价值的强化，致使思想政治教育难以发挥应有的作用。要解决这一难题，必须坚持党的教育方针与高校的培养目标，纠正价值取向偏差；必须有针对性地研究、创新思想政治教育理论，诸如自发发展与自觉发展的状态、关系、价值与转化研究，理想信念在大学生自觉发展中的作用研究，列宁"灌输"原理的当代价值研究，中国共产党教育、转化自发农民的经验与理论研究等。应当肯定，大学生要实现自觉发展，单靠自身的体验与探索是难以完成的，必须确立面向现代化、面向世界、面向未来的观念，突破个体、家庭狭隘和眼前的局限，接受中国特色社会主义理论体系教育。只有学习、掌握并运用这一理论，才能确立明确的方向与目标，才能获得强大而持久的动力，才能把个体行为融入社会主义现代化建设的伟大洪流，才能使自身真正进入自觉发展状态。个人的自觉发展，无论是对国家、民族，还是对自己、家庭，都是极其有利的。满足于自发发展状态的个人，在当今激烈的国际国内竞争形势下，其视野、目标、动力、精神状态都难以承担艰巨的发展任务。为此，大学生思想政治教育要通过过去与现在、理论与实践的比较，帮助广大学生实现由自发发展向自觉发展的转变。只有抓住这个转变，才能抓住个人与国家、理论与实践、眼前与长远的结合点。

## 二、大学生面临外在压力与内在动力的转化

当代社会市场机制的竞争压力、科技发展的信息压力、多样文化的选择压力、风险频发的危机压力相互交错，形成了大学生乃至全社会都必须面对和承受的客观事实。这些压力对大学生来讲，是外在的、不可逃避的。因而多数大学生感到最突出的问题是压力问题。正确认识、对待和转化外在压力，既是思想政治教育面临的重要任务，也是大学生面对的现实难题。

### （一）认识和解决外在压力的难度

首先，难在对压力正确态度的确立。对待外在压力，大学生的主观态度肯定是有差异的，将各种态度进行概括，大致有三种类型：其一，敢于面对、挑战压力，积极应对、转化压力；其二，害怕面对、屈服压力，消极对付、承受压力；其三，消解自己、逃避压力，信神信鬼、企求外力。大学生对待压力态度的差异，主要源于个体的主观认识。显然，第一种态度是正确的、积极的，是应当提倡和坚持的。但怎样形成对待压力的正确态度呢？思想政治教育工作者往往因问题复杂而难以说服学生。

其次，难在对压力大小感觉的分辨。对压力的感觉，是个人的主观体验，虽然难以用客观尺度统一衡量，但可以通过设计问卷进行调查分析。问

卷内容主要有：大学生的基本情况，即政治思想、业务学习、社会工作等情况；对社会竞争压力、就业压力、学习压力的看法和体验；对外在压力与内在动力转化关系的认识；等等。有调查表明，政治上积极要求进步，学习刻苦认真、成绩优良，愿意担任社会工作为大家服务，人际关系和谐的大学生，特别是党员学生和积极要求入党的学生，敢于面对、挑战、转化压力，感到外在压力相对较小；而在政治思想、学习、社会工作、人际关系上表现一般或较差的学生，感到外在压力相对较大。面对共同的外在压力有不同的内在感受，说明大学生的压力感受取决于其主观条件。

最后，难在对压力平衡与转化的认识。如何认识和解决压力？不同的学生，会有不同的思路与方式。有的学生会以"科学技术是第一生产力"为依据，从学习、掌握、运用科技知识上寻求解决压力的出路。重视学业当然是重要的，但把学业作为解决压力的目标也会产生问题，因为压力不过是一种现实而客观的存在，把解决压力问题作为目标，只能使自己陷于现实的具体困境而难以超越，学习缺乏目标与动力则难以推进和持久，解决压力也难以实现。也有的学生采用一些缓解压力的方式，诸如放松生活节奏、进行心理调节、开展休闲活动等。这些方式对缓解压力确有一定作用，但这些方式只能缓解一时、一事的紧张，难以从根本上缓解和转化压力。还有的学生面对竞争和学习压力，采取降低标准、放松要求的办法。这样虽然自感压力减少，但这种消极退避的自我安慰，只会招致因缺乏竞争力而陷于落后。

（二）开展正确平衡与转化压力的研究

正确平衡与转化压力，既是实际问题，也是理论问题，因而研究要从两个层面展开。第一个层面是对实证调查材料的研究。敢于面对、挑战、转化压力，感到外在压力相对较小的学生群体，一般来讲，有一个共同点，就是政治思想上积极进步，目标追求明确，对个人与集体、国家的关系认识正确。正是这些不被部分人重视的主观因素，使得这些学生有一个积极而充实的内在，能够源源不断地产生内在动力，促使他们敢于面对、挑战压力，并将外在压力不断转化为内在动力，形成了外在压力与内在动力的平衡与互动，这正是他们表现好的深层原因。第二个层面是对外在压力与内在动力关系的理论研究。客观外在压力是客观存在的，当大学生不能正确对待和认识外在压力时，就会把外在压力看作包袱或重负而对它产生恐惧，被它压服甚至企图逃避。当大学生能够正确对待和认识外在压力时，就会把外在压力作为自己认识和转化的动力，积极投入竞争和学习之中，从而显得富有生气与活力。这就是外在压力经由大学生的主动转化而形成内在动力的过程，我们应加强对这方面的理论研究。要实现外在压力与内在动力的转化，根本条件是要突破个体自发、狭隘、封闭的思想观念与价值目标，确立适应我国社会发展需要的价值取向与理想信念，树立中国特色社会主义共同理想，把个体融入社会发展的潮流之中。因为正确的理想信念、远大的追求目标，才是产生内在动力的不竭源泉。

## 三、大学生良好成长条件与发展阻抗

### （一）社会需要与大学生渴望全面发展

首先，改革开放和社会主义现代化建设的艰巨任务、科教兴国和人才强国的伟大使命，需要全面发展的人才担当；面向世界人才激烈竞争的局面，需要从战略高度部署，培养高素质人才。其次，社会的开放性、多样性、多变性、复杂性状况，需要全面发展的人才。最后，当代社会经济发展、民主政治、文化建设等，既为大学生全面发展提供了丰富的资源与便捷的条件，也就全面发展向大学生提出了更高要求。

### （二）当代大学生全面发展的有利条件与阻抗

第一，社会竞争对大学生全面发展的有力推动与不同程度的阻抗。我国社会主义市场经济体制的一个重要特征，就是形成了社会的竞争机制，推进社会和个人争先创优，赋予社会生机与活力。大学生是一个富有激情与生命力的群体，他们敢想敢做，积极探索，敢于面对社会竞争，不满足于现状，开放精神、创新精神都很强。但也要看到，有些大学生面对激烈的竞争，也呈现出不同程度的功利化取向。例如，学习、生活过程中迷惘、困惑较多，内在动力不足，表现为自发发展状态。这不仅影响学习、生活质量，还会因内在缺乏强有力的精神支柱，阻碍思维和智力的发展。显然，这是一种对大学生健康成长、持续发展的阻抗。

第二，信息社会对大学生全面发展的有利条件和一定阻抗。信息社会是以现代大众传媒的快速发展为标志的。信息技术的广泛使用，新型文化传播形式大量产生，改变了以往信息传播的质量与结构。在信息社会里，表现最为活跃与敏感的是大学生。一是大学生接受新事物、新信息快，有利于充实、发展自己。二是信息传播的开放性、信息内容的多样性、信息选择的自主性，孕育了大学生的个性特征和不盲从权威的特点。三是丰富、多样的信息资源和不断发展的技术优势，有利于发挥大学生的天赋和潜力，为大学生全面发展提供更为广阔的平台。四是信息社会为大学生提供了参与社会活动的各种渠道与机遇，有利于大学生不断扩大视野、丰富经历、锻炼能力。然而，在获取信息的过程中，一些大学生由于缺乏自主性，在信息海洋里漂泊不定，甚至被信息冲击得不知所向。同时，丰富的信息资源往往良莠不齐，一些学生难以分辨，面对纷繁复杂的信息，不知道如何选择和驾驭，有的甚至陷入被信息纠缠的尴尬困境。应当看到，信息技术是把"双刃剑"，既是大学生成长、发展的武器与资源，也会给一些大学生带来麻烦与困苦。如有的大学生对信息技术过分依赖，学习陷于浏览、复制，逐步丧失思考、研究与创新的能力；有的对信息无限度占有，形成"信息癖"甚至"信息强迫症"，忽视对信息的主导作用；有的对诱惑信息成瘾难以自拔；还有的对信息难做分辨与取舍，产生迷惘困惑；等等。因此，不同程度地存在以上倾向的大学生，发展的阻抗是明显的。要排除这种阻抗，必须增强主体性，确立正确的发展目标，培养信息辨别、选择、运用的能力，正确认识、处理人与信息的关系，只有这样才能在信息化社会中全面发展。

第三，多样文化格局的形成对大学生全面发展的利弊。在改革开放的推进下，我国主导文化的丰富与创新，传统文化的继承与创新，西方文化的涌入与借鉴，大众文化的迅速兴起，网络文化的快速发展，形成了多样文化交流、交融、交锋的态势。大学生在这样的文化态势下，可以拥有更多的学习、研究资源；同样，我国社会在这样的文化态势下，可以广泛开展国际、国内文化交流与合作，促进文化发展。而且有不同性质、不同形式的文化差异，也有利于文化的比较、选择与发展，正如毛泽东说的："有比较才能鉴别。有鉴别，有斗争，才能发展。"① "正确的东西总是在同错误的东西作斗争的过程中发展起来的。真的、善的、美的东西总是在同假的、恶的、丑的东西相比较而存在，相斗争而发展的。……这是真理发展的规律，当然也是马克思主义发展的规律。"② 文化是一定价值观念的表达，在面对复杂多样的思想文化时，不同的大学生对文化有不同的理解。文化层面的矛盾，表现为大学生思想观念和价值取向上的矛盾。通过比较和鉴别，不但可以帮助大学生认识什么是先进的文化，提高认识问题的能力，而且能够不断扩展学生的视野，激发文化创造的热情与动力。广大学生活跃在校园文化建设、网络

---

① 《毛泽东文集》第 7 卷，人民出版社 1999 年版，第 280 页。
② 《毛泽东文集》第 7 卷，人民出版社 1999 年版，第 230—231 页。

领域、志愿者服务、文化下乡、文化考察等活动中，可以运用自己所学的各种文化知识与技能，在锻炼自己的同时创造更加丰富多彩的文化成果。

面对多样文化时产生的比较、选择困难，实际上是文化适应性与价值确定性的矛盾与困难。要解决这一问题，就要以社会主义先进文化为指导，运用社会主义核心价值体系鉴别各种文化，继承、借鉴有益文化，分析、批判有害文化，坚定正确价值取向，形成远大理想信念。

# 论思想政治教育的"生命线"作用与新的使命<sup>*</sup>

## 一、思想政治教育"生命线"作用的理论基础

思想政治教育与思想政治工作是我国社会通用的两个概念。思想政治教育包括思想、政治、道德教育，是党开展思想政治建设的重要方式，是思想政治工作的重要内容。中国共产党遵循马克思主义的唯物史观，在始终坚持解放和发展生产力的同时，历来十分重视思想政治教育与精神文明建设，并形成了我们党的优良传统和政治优势。

毛泽东早在新民主主义革命时期就强调："掌握思想教育，是团结全党进行伟大政治斗争的中心环节。如果这个任务不解决，党的一切政治任务是不能完成的。"① 1955 年，他又提出"政治工作是一切经济工作的生命线"② 的重要思想。1958 年，当建设社会主义的任务全面展开时，毛泽东又明确指出："思想工作和政治工作，是完成经济工作和技术工作的保证，它们是为经济基础服务的。思想和政治又是统帅，是灵魂。"③

进入改革开放新时期后，在邓小平主持下起草的中共中央《关于建国以来党的若干历史问题的决议》中，充分肯定了"思想政治工作是经济工作和其他一切工作的生命线"的论断。当 20 世纪 80 年代在思想领域出现资产阶级自由化倾向时，邓小平一再强调"加强党的思想工作，防止埋头经济工作、忽视思想工作的倾向"④。他还根据新时期中国特色社会主义建设的目标，提出了物质文明建设与精神文明建设"两手抓，两手都要硬"的方针。江泽民对我们党在革命与建设进程中的思想政治工作历史经验进行了

* 原载于《思想政治教育研究》2009 年第 7 期，作者郑永廷、朱白薇，收录时有修改。

① 《毛泽东选集》第 3 卷，人民出版社 1991 年版，第 1094 页。
② 《毛泽东文集》第 6 卷，人民出版社 1999 年版，第 449 页。
③ 《毛泽东文集》第 7 卷，人民出版社 1999 年版，第 351 页。
④ 《邓小平文选》第 3 卷，人民出版社 1993 年版，第 48 页。

全面总结，他说："党的思想政治工作，是经济工作和其他一切工作的生命线，是团结全党全国各族人民实现党和国家各项任务的中心环节，是我们党和社会主义国家的重要政治优势。"① 这一总结，重申了思想政治工作的"生命线"作用，并高度肯定了其历史价值与时代价值。进入 21 世纪后，胡锦涛根据我国改革开放和社会主义现代化建设所面临的新形势，坚定指出"只有思想政治工作加强了，才能够促进改革开放的健康发展"，并再次强调"高度重视宣传思想工作，是党在长期革命、建设、改革实践中形成的优良传统，也是中国特色社会主义的一大优势"②。

我们党之所以高度重视思想政治教育并形成了优良传统与政治优势，是因为我们党的思想政治教育，既坚持马克思主义理论指导，又紧密结合我国实际与时代发展进行。马克思主义理论主要集中在以下两个方面。

第一，马克思主义关于政治和经济关系的原理。马克思主义经典作家在揭示历史发展规律的时候，"首先是把重点放在从基本经济事实中引出政治的、法的和其他意识形态的观念"③，即强调经济基础的决定性作用，确立了经济基础决定上层建筑的唯物史观。同时，马克思主义经典作家又指出："经济运动会为自己开辟道路，但是它也必定要经受它自己所确立的并且具有相对独立性的政治运动的反作用，即国家权力的以及和它同时产生的反对派的运动的反作用。"④ 即强调政治对经济基础的反作用，从而确定了政治和经济相互作用、不可分割的辩证关系。

列宁坚持了马克思恩格斯的上述理论，反复重申"无产阶级取得国家政权以后，它的最主要最根本的需要就是增加产品数量，大大提高社会生产力"⑤。强调社会主义国家发展经济的紧迫性与重要性。列宁还根据十月革命胜利后的实践经验，在肯定阶级与阶级斗争政治意义的同时，提出了"从事国家建设的政治"命题，并要求把"斗争的重心逐渐转向经济方面的政治"，使之成为"主要的政治"。⑥ 这赋予了无产阶级政治新的内涵，把经济建设提到了政治的高度。基于政治和经济辩证关系的理论，列宁既肯定了"政治是经济的集中表现"的经济决定论观点，又提出了"政治同经济相比

---

① 《江泽民文选》第 3 卷，人民出版社 2006 年版，第 74 页。
② 胡锦涛：《在全国宣传思想工作会议上的讲话》，载《人民日报》2008 年 1 月 22 日。
③ 《马克思恩格斯选集》第 4 卷，人民出版社 1995 年版，第 726 页。
④ 《马克思恩格斯选集》第 4 卷，人民出版社 1995 年版，第 701 页。
⑤ 《列宁全集》第 42 卷，人民出版社 1987 年版，第 369 页。
⑥ 《列宁选集》第 4 卷，人民出版社 1995 年版，第 308 页。

不能不占首位"① 的著名论断，强调经济的决定作用和政治对经济的能动作用。这样，列宁确立了社会主义国家必须坚持经济建设为中心（或生产为中心）与坚持政治占首位（或政治为主导）相结合的战略。而坚持政治占首位的主要方式，就是列宁反复强调的"政治教育"。

毛泽东坚持和发展了列宁关于政治与经济关系的思想，他在我国社会主义建设全面展开之际，对政治和经济的关系做了更加精辟的概括："政治和经济的统一，政治和技术的统一，这是毫无疑义的，年年如此，永远如此。"② 毛泽东的论述，不仅明确概括了政治和经济、技术的辩证统一性，而且强调了这种辩证统一性的持久性。所以，他在全面论述经济关系、部署经济建设的同时，提出了"政治工作是一切经济工作的生命线"的重要思想。

第二，马克思主义关于物质和精神关系的理论。马克思主义经典作家在分析人的活动、人的需要、人的本质的时候，全面、系统地阐述了物质和精神的辩证关系。马克思主义认为，人的活动是有意识的活动，而"动物和自己的生命活动是直接同一的……人则使自己的生命活动本身变成自己意志的和自己意识的对象"③。人的活动的"历史不过是追求着自己目的的人的活动而已"④。马克思主义经典作家在强调人们的实践活动创造物质财富的同时，也充分肯定人的意识、意志、目的，即人的能动性作用。为此，马克思主义经典作家不把人的活动局限于物质生产活动，它还包括精神活动、政治活动、宗教活动等。⑤

人的活动的多样性，决定了人的需要的多样性。"人以其需要的无限性和广泛性区别于其他一切动物……"⑥ "为了生活，首先就需要吃喝住穿以及其他一些东西。"⑦ 但如果人把这种物质利益需要作为"最后的和唯一的终极目的，那它们就是动物的机能"⑧。所以人不仅有满足精神活动、政治活动、道德活动等方面的精神需要，还要在实践中不断丰富、发展物质与精神需要。这种满足与发展多样性需要的要求，"作为确定的人，现实的人，

① 《列宁选集》第 4 卷，人民出版社 1995 年版，第 407 页。
② 《毛泽东文集》第 7 卷，人民出版社 1999 年版，第 351 页。
③ 《马克思恩格斯选集》第 1 卷，人民出版社 1995 年版，第 46 页。
④ 《马克思恩格斯全集》第 2 卷，人民出版社 2005 年版，第 118—119 页。
⑤ 《马克思恩格斯选集》第 1 卷，人民出版社 1995 年版，第 123 页。
⑥ 《马克思恩格斯全集》第 49 卷，人民出版社 1982 年版，第 130 页。
⑦ 《马克思恩格斯选集》第 1 卷，人民出版社 1995 年版，第 79 页。
⑧ 《马克思恩格斯选集》第 1 卷，人民出版社 1995 年版，第 44 页。

你就有规定，就有使命，就有任务，至于你是否意识到这一点，那都是无所谓的。这个任务是由于你需要及其与现存世界的联系而产生的"①。

人的活动多样性与人的需要多样性，决定了人的本质的丰富性。人既是"肉体的、有自然力的、有生命的、现实的、感性的、对象性的存在物"②，同时要从事生产劳动创造物质条件满足物质需要，具有自然属性；人也是"最名副其实的政治动物，不仅是一种合群的动物，而且是只有在社会中才能独立的动物"③，要建立和扩大社会关系满足交往需要，具有社会属性；人还是"能思想的存在物"④，要用自己思维所形成的目标与意志支配行为，具有精神属性。

人的这些属性，不是单一的活动、单一的需要所能实现的。人的实践活动固然极其重要，但实践活动目的的确立、能动性的增强、规范性的遵循，并不是其本身可以完全解决的，需要有人的思考和能动性的发挥，需要有思想、政治、道德等方面的教育。坚持经济与政治的辩证统一，强调政治对经济的能动性；坚持物质与精神的统一，强调精神对物质的反作用及相互转化，归根结底是重视人的作用，激发广大群众建设社会主义的主动性、积极性和创造性。所以马克思说："批判的武器当然不能代替武器的批判，物质的力量只能用物质的力量来摧毁；但是理论一经掌握群众，也会变成物质力量。理论只要说服人，就能掌握群众；而理论只要彻底，就能说服人。所谓彻底，就是抓住事物的根本。"⑤ 马克思这段话，不仅肯定了思想政治教育的必要性与可行性，而且阐述了物质与精神的辩证关系和相互转化的思想，为我们开展思想政治教育奠定了理论基础。后来，列宁丰富和发展了马克思主义关于物质与精神关系的理论。列宁针对当时俄国存在的忽视革命理论学习与指导的自发倾向，阐述了"灌输"理论和"没有革命的理论，就不会有革命的运动"⑥ 的论断，从哲学高度提出了"人的意识不仅反映客观世界，并且创造客观世界"⑦ 的命题，从而进一步充实了思想政治教育的理论基础。毛泽东、邓小平等党和国家领导人，不仅坚持了马克思列宁主义关于

---

① 《马克思恩格斯全集》第 3 卷，人民出版社 2002 年版，第 329 页。
② 《马克思恩格斯全集》第 42 卷，人民出版社 1979 年版，第 168 页。
③ 《马克思恩格斯选集》第 2 卷，人民出版社 1995 年版，第 2 页。
④ 《马克思恩格斯全集》第 1 卷，人民出版社 1995 年版，第 409 页。
⑤ 《马克思恩格斯选集》第 1 卷，人民出版社 1995 年版，第 9 页。
⑥ 《列宁选集》第 1 卷，人民出版社 1995 年版，第 311 页。
⑦ 《列宁全集》第 55 卷，人民出版社 1990 年版，第 182 页。

物质与精神关系的理论，而且结合我国革命与建设的实际，继承我国重德教的文化传统，在哲学、教育学层面创造了思想政治教育的系列理论。正是这些理论，指导思想政治教育发挥了巨大作用，使思想政治教育成为我们党的优良传统与政治优势。

## 二、思想政治教育"生命线"作用的历史贡献

从前面的论述可以看出，强调思想政治教育是经济工作和其他一切工作的生命线，就是强调政治、思想、道德对经济工作和其他一切工作的导向、激励、保证、服务等多方面的作用，就是坚持以人为本和充分发挥人的能动性、创造性，保证经济工作和其他一切工作的社会主义性质和方向，为经济建设与社会发展服务。因而，它既观照人们的生命活动与生命价值，也关系各项事业的发展取向与动力源泉。

首先，思想政治教育保证经济工作和其他一切工作的正确方向。众所周知，我国革命与社会主义建设，是在帝国主义列强入侵、封锁，在国家分裂、贫穷落后的基础上进行的。中国共产党十分清醒地认识到，仅靠经济、科技实力是无法取得革命与建设胜利的，只能运用马克思主义，结合中国实际，把广大民众动员起来、组织起来，形成革命与建设的强大力量，才能解放全中国，建立社会主义国家。所以我们党自成立之后，就坚持以马克思主义为指导，在革命斗争中致力于思想政治教育的理论与方法创造，并在实践中广泛运用，把千百万工人、农民转化为无产阶级革命者，按照革命的共同目标凝聚起来，形成了浩浩荡荡的革命大军，终于以"小米加步枪"打败了"飞机加大炮"，赢得了我国的独立与解放。新中国成立后，我国面临着帝国主义的封锁，在经济、文化落后和旧社会残余存在的情况下，党运用思想政治教育，围绕巩固政权、建设国家这个中心任务，统一思想、自力更生、艰苦奋斗，不仅顺利完成了社会主义改造的基本任务，而且迅速改变了社会的落后面貌。自此，一个欣欣向荣的社会主义新中国屹立于世界东方。正如邓小平在总结党的思想政治工作时所说的："新中国成立以后，只花了三年时间，这些东西就一扫而光。吸鸦片烟、吃白面，世界上谁能消灭得了？国民党办不到，资本主义办不到。事实证明，共产党能够消灭丑恶的东西。"[1] 进入改革开放新时期后，我国面临着经济全球化、社会信息化、文

---

① 《邓小平文选》第 3 卷，人民出版社 1993 年版，第 379 页。

化多元化的机遇与挑战，在与西方文化进行交流的同时，资产阶级自由化思潮也不断涌入并冲击着人们的价值观念。在这种复杂、多样、多变的历史条件下，我们党始终高举中国特色社会主义伟大旗帜，制定并坚持社会主义初级阶段的基本路线，大力开展社会主义精神文明建设，广泛进行"坚持四项基本原则，反对资产阶级自由化"的教育活动和学习中国特色社会主义理论活动，在党员、干部中注重"讲政治"，并把未成年人的思想道德建设和大学生思想政治教育提到战略高度，动员全党、全社会按照育人为本、德育为先的原则开展教育。所有这些思想政治教育的重大举措，不仅保证了我国革命目标的实现，而且有效地巩固了社会主义制度，有力地推动了社会主义经济社会发展。

其次，思想政治教育为经济工作和其他一切工作提供强大动力。在经济社会发展进程中，人是最积极、最活跃的因素，是起决定性作用的因素。经济社会不可能自发向前，只能靠人推进。而人是一个富有潜能（智力潜能与精神潜能），并可以塑造、教育、开发的对象。思想政治教育的根本任务就是提高人的思想道德素质，在开发人的精神潜能、激发精神动力的过程中，促进人的智力发展与发挥。人的精神动力既有大小之别，也有短暂与持久之分。人的强大而持久的精神动力，源于正确的世界观、人生观和价值观。帮助人们树立正确的世界观、人生观和价值观，正是思想政治教育"生命线"作用的集中体现。所以，广泛、持久的思想政治教育，创造了伟大的民族精神与时代精神。在艰难困苦的革命战争年代，党通过思想政治教育把成千上万的劳苦大众动员起来、凝聚起来，形成了惊天动地的井冈山精神、长征精神、延安精神、红岩精神、西柏坡精神等革命精神，正是这些精神，推动了革命的发展与成功。在社会主义时期，党依靠思想政治教育，在艰苦探索、开拓创业过程中，铸塑了自力更生精神、雷锋精神、铁人精神、焦裕禄精神、"两弹一星"精神，有力推进了我国现代化建设。在改革开放新时期，党改进和发展思想政治教育，在推进改革和中国特色社会主义现代化建设的伟大实践中，创造了解放思想、实事求是、与时俱进精神，敢于面向世界的竞争精神，抗洪精神与抗击非典精神以及抗震救灾精神，推动我国经济社会持续、快速发展。

民族精神，说到底就是人民群众对民族精神文化认同并受其孕育、激发，在实践中显现的精神动力与精神状态。正如梁漱溟先生所说的，精神文化就是"精神食粮"，能涤畅涵泳吾人之精神，培养增益吾人之精力。要使中国特色社会主义文化为人民群众接受并付诸实践，其基本途径就是学习、教育，且主要是思想政治教育。思想政治教育通过社会理想教育、爱国主义教育，把民众在为共同目标奋斗的实践中动员起来、凝聚起来，为民族精神形成奠定价值共识。

## 三、西方重视思想政治教育作用的趋向值得借鉴

重视和发挥思想政治教育的"生命线"作用，绝不是我国独有的价值取向与价值实现方式。从概念上看，思想政治教育只有社会主义国家特别是我国才有，西方发达国家没有这一概念。但是应当看到，思想政治教育实际上是一个国家进行的精神文化（或意识形态）教育，是精神文化传授、认同、运用、创造的活动，我们不能从概念的有无来判断其实际教育内容、活动、价值的存在。事实上，每个国家都有自己的思想教育（包括哲学与宗教教育）、政治教育（美国、德国等称之为政治社会化）、法纪教育（或称管理教育）、道德教育等。分析西方发达国家精神文化建设与教育的取向与方式，既可以获得一些借鉴，又有利于我们更坚定地做好思想政治教育。

20世纪之前，西方资本主义国家因片面发展经济遭遇人文危机后，一些学者与政要也开始重视政治、道德、宗教等精神文化的研究与教育，如英国政治学家托马斯·霍布斯著有体现西欧民主革命精神的《利维坦》；法国启蒙思想家孟德斯鸠出版了反封建、反神学的《论法的精神》专著；英国伦理学家大卫·休谟探索了世俗的道德与政治问题，发行了《道德原理研究》和《政治论》等论著；英国伦理学家、功利主义创始人杰瑞米·边沁根据资本主义的本质与特征，在《道德与立法原理导论》中阐述了功利与幸福的道德原则；等等。其中，法国启蒙思想家卢梭针对资本主义社会只重经济与科技的倾向进行了批评，"随着我们的科学和艺术进入完善，我们的灵魂败坏了"，"我们已经看到美德随着科学与艺术的光芒在我们的地平线上升起而逝去"。[①] 卢梭的这一思想得到了康德的继承，康德针对当时提出的"知识就是力量"的说法，提出了"德性就是力量"的口号，强调了道德价值，论证了道德"至善"的"决定根据"，提出了主体性理论，认为人是认知的人、道德的人、审美的人。康德说，不论是谁在任何时候都不应把自己和他人仅仅当作工具，而应该永远将自身看作目的。康德的道德价值概

---

① ［美］查尔斯·L.斯蒂文森：《伦理学与语言》，姚新中、秦志华等译，中国社会科学出版社1991年版，第301页。

念和主体理论的提出，标志着价值的哲学概念的形成，也标志着精神文化价值的确立。在康德之后，新康德主义者 R. H. 洛采和 A. 里奇尔，把价值概念明确提到了哲学学科领域，并确立了其中心地位。这些资产阶级的学者与政要，论述政治、法律、道德价值甚至批判资本主义社会忽视道德的论著，虽有可资借鉴的内容，但程度不同地带有唯心、功利色彩，是为推进资本主义经济社会发展、巩固资产阶级制度服务的，或者说是早期资本主义国家的"生命线"。

进入 20 世纪以后，西方发达国家在重法制与宗教文化传统的基础上，也在管理与信仰范畴，不断探索经济发展的条件。其中，德国著名政治经济学家马克斯·韦伯，根据欧洲宗教文化深厚的实际，结合资本主义社会的需要与特点，提出了新教伦理。这种伦理，既具有宗教因素，也富有资本主义精神。韦伯认为在任何一种经济模式背后都必然存在一种无形的精神力量，这种精神力量与这种经济模式的文化背景有密切的渊源，在一定条件下，这种精神、价值观念决定着这种经济模式的成败兴衰。可见，韦伯为资本主义经济发展所追寻的，并不是经济本身，而是推动经济发展的精神力量。在管理范围内，20 世纪以前，西方发达国家在企业采用的，主要是以定额奖惩为中心的"科学管理"理论，称为"泰罗制"。泰罗制所包含的精神文化因素不多，是一种"物本主义"管理倾向。经济的激烈竞争迫使资本家寻求发展出路，于是，马斯洛提出了人的需要层次管理理论，把精神文化需要摆在最高层次。美国管理学中有名的霍桑实验，得出了"人是'社会人'，不是'经济人'"的结论，把人际关系、人的情感等文化因素在企业发展中的作用突显出来，形成了行为科学管理理论。这一管理理论表明，资本主义国家开始注意对人的管理，从而有效推进了经济的发展。

冷战结束之后，世界出现和平与发展两大主题，各国围绕这一主题，展开了激烈的竞争。经济竞争在全球展开的同时，文化热潮也在世界各国兴起，经济全球化的发展趋势伴随着文化国际化的激荡一并登上国际舞台。文化热潮的兴起与经济的整合互动所要解决的基本问题，是经济决定论与精神动力论的统一，其核心是经济发展的根源，动因是从经济自身去满足还是要从人那里去寻找的问题。20 世纪中期，日本经济的快速发展震惊美国，一位美国学者以大量无可争辩的例证写出了《日本名列第 1——对美国的教训》一书；一些美国学者还比照了美国企业一向注重制度、定额，而日本企业注重"软"文化管理的事实，并在日本企业成功的基础上总结了企业文化管理理论。

企业文化管理理论的提出，给在激烈竞争中的经济、金融界提供了新的发展思路，一时间，企业文化成为经济界的热门话题并很快形成了企业文化热潮。企业文化理论告诉我们，经济竞争越激烈，越需要精神文化；同样，精神文化越发展，经济竞争实力越强大。这样一个互动共进的效应，可以从许多成功的现代企业那里得到充分佐证。因此，我们要清醒地看到，资本主义国家为了发展经济，也在逐步注重发挥人的能动性和内在潜能，发挥本国精神文化的作用。只不过他们并没有运用思想政治教育的概念，而是在管理、文化范畴中蕴含大量精神文化与教育要素。在后来管理理论的发展中，一些学者与企业家还相继提出了以精神文化为基础的"文化软实力""核心竞争力""学习型组织"的管理概念，表明当代资本主义国家正在关注精神文化在经济发展中的作用。当然，我们也要看到，发达国家重视精神文化在很大程度上是为了资本家的经济利益，而不是为了追求人的全面发展和价值实现。

## 四、思想政治教育"生命线"作用的历史使命

从前面的分析可以看出，无论是理论基础、实际贡献，还是发展趋向，都有力说明必须充分发挥思想政治教育"生命线"的作用。在经济全球化、社会信息化、文化多元化的时代背景下，在面向世界激烈竞争与风险频发的历史进程中，我们要研究和推进思想政治教育发展，更好地承担推进民族振兴和人的全面发展的历史使命。

第一，面向世界发展思想政治教育，增强民族凝聚力与竞争力。随着对外开放的扩大和经济全球化的迅猛推进，民族国家之间的竞争越来越激烈。这种竞争，主要体现为综合国力的竞争，而"在当今世界上，综合国力的竞争，越来越表现为经济实力、国防实力和民族凝聚力的竞争。无论就其中哪一个方面实力的增强来说，教育都具有基础性的地位"①。民族凝聚力就是以爱国主义为核心的民族精神，这种民族精神"来自中华民族的优良传统，来自我们共产党人的崇高理想和社会主义制度的优越性，来自爱国主义、集体主义、社会主义和马克思主义教育"②。因而，我们要站在增强国

① 《江泽民文选》第2卷，人民出版社2006年版，第329页。
② 中华人民共和国教育部：《深化教育改革　全面推进素质教育——第三次全国教育工作会议文件汇编》，高等教育出版社1999年版，第17页。

家综合国力与竞争力的高度，培育民族精神，开展思想政治教育。

在党的十七大报告中，胡锦涛特别强调："当今时代，文化越来越成为民族凝聚力和创造力的重要源泉，越来越成为综合国力竞争的重要因素，丰富精神文化生活越来越成为我国人民的热切愿望。要坚持社会主义先进文化前进方向，兴起社会主义文化建设新高潮，激发全民族文化创造活力，提高国家文化软实力……"[①] 并提出文化建设的主要任务是建设社会主义核心价值体系，增强社会主义意识形态的吸引力和凝聚力；建设和谐文化，培育文明风尚；弘扬中华文化，建设中华民族共有精神家园。显然，党的十七大报告所强调的文化建设，主要是精神文化建设，而思想政治教育则担当着精神文化建设的重要使命。

在新的历史条件下，社会主义核心价值体系教育、和谐文化与精神家园的建设，面临着新的发展、新的趋势与新的挑战。第一个方面是面临经济全球化与立足民族发展的新趋势与挑战。经济全球化发展趋势是不可改变的客观趋势，立足民族发展是推进经济全球化发展的基点，两者既辩证统一，也相互矛盾。我国社会主义核心价值体系教育和和谐文化建设，面临着所谓全球化、现代化就是西方化、美国化的冲击与挑战。应对这一挑战，要站在面向世界的高度，敢于面对发达国家的强势经济、科技压力，发扬我国思想政治教育的传统与优势，以强大的民族精神面向国际竞争，争取综合国力的迅速提高；就是要维护民族文化与社会主义意识形态安全，把人们有效凝聚到民族发展、民族振兴的轨道上来。社会主义核心价值体系教育和和谐文化建设所面临的第二个方面的新趋势与挑战，是坚持一元主导与多样发展的历史课题。我国基本的政治、经济制度，决定我国的意识形态必须以马克思主义为指导，坚持中国特色社会主义理论体系。在社会主义初级阶段，根据我国国情，我们必须坚持多种所有制、多种分配方式、多种社会组织、多种生活方式并存发展，必须继承过去和借鉴西方有益的成果，这样必定形成意识形态领域的多样化和价值取向的多样性状况。在这种多样化并存的背景下，思想政治教育必须始终坚持一元主导，就是坚持国家的社会主义意识形态主导，坚持多元文化激荡中的中华民族文化主导，坚持科技发展条件下的人本主导，坚持社会多样化和个体特色化发展的社会主义核心价值主导。既要吸取过去只讲主导性、排斥多样性的教训，也要防止陷于多样性、忽视主导性的倾向。因此，思想政治教育只能在坚持一元主导前提下发展多样性，在发

---

① 《胡锦涛文选》第2卷，人民出版社2016年版，第639页。

展多样性的基础上坚持主导性。

第二，坚持以人为本，促进人的全面发展。思想政治教育增强民族凝聚力与竞争力，核心是要坚持以人为本，宗旨是提高人的思想道德素质，目的是促进人的全面发展。应当看到，增强民族凝聚力与竞争力，既是为了全国人民，也要依靠全国人民。同样道理，思想政治教育坚持以人为本，就是既要提高人们的思想道德素质，促进人们全面发展，又要依靠人们主动积极地不断丰富精神生活，自觉全面发展。在现代社会条件下，随着人们物质生活条件的改善、信息技术的广泛运用、对外交往的扩大以及文化活动的多样化发展，人们为了适应和促进这些新的发展变化，主观认识不断提高，精神生活日益丰富。这是时代进步、社会发展对人们思想道德素质提高的促进。

但是，我们也应当看到，随着我国改革开放的不断深化和社会迅速发展，新情况、新问题不断涌现，一些人出现了程度不同的不适应或价值取向上的偏差：面对激烈的社会竞争和强大的物质诱因，有的人以物质、科技作为衡量价值的标准，忽视自身思想道德素质提高；面对复杂、多样、多变的社会环境，有的人呈现思想迷惘与困惑，不善于或不愿意从思想层面求解；面对行业之间、个人之间资源与收入上的差距，有的人表现出急躁、浮躁、焦躁、烦躁情绪，不明白"人无远虑，必有近忧"的古训；面对不断改善的现代物质生活条件，有的人陷于满足而缺乏幸福感；面对快速发展的客观条件，有的人主观认识跟不上或忽视精神追求，造成心理失衡甚至患上精神疾病而遭受精神折磨。所有这些我们可以感受到的事实，都可以归结为不同程度的"精神缺乏症"。这种热衷于物质生活和科技掌握，忽视思想和精神生活的状况，不仅导致个人竞争力下降和可持续发展后劲减退，阻碍全面发展，而且增加人际摩擦，有碍单位凝聚力与竞争力的增强。

因此，思想政治教育必须紧密结合客观实际的发展和人们的思想状况，着重从以下三个方面开展研究和工作。一是要以经济、科技竞争机制为基础和参照，研究观念上层建筑的作用与发展机制，使经济基础的竞争机制与观念上层建筑的作用机制相协调，为思想政治教育"生命线"作用的发挥提供制度、规范与机制保障，共同推进社会和人的发展。二是要结合重视和忽视思想政治教育的典型事例，从理论与实际相结合的高度，阐述当代社会精神文化价值的凸显与人的潜能开发意义，帮助人们发挥主体性，充实精神生活，实现全面发展与自身价值。三是要遵循马克思主义关于政治与经济、物质与精神辩证统一的原理，研究不断涌现的新情况所需要的新认识，研究新领域（包括网络、竞争、生态等领域）的心理适应与道德发展，研究社会发展与人的发展新趋势与新理论，以富有创新性的目标、内容、方式，引导人们紧跟时代步伐，以自身的全面发展促进社会进步。

第三，改进和加强思想政治教育，提高抗风险的自觉性与能力。早在20世纪80年代，德国著名社会学家乌尔里希·贝克就提出风险社会的概念。贝克认为，风险社会的突出特征是具有不断扩散的人为不确定性逻辑，并导致现有社会结构、制度以及关系向更加复杂、偶然和分裂的状态转变。综观中国社会，近些年来，随着社会竞争性增强、多样化发展加快、信息化推进迅猛、社会偶然因素增多、各种风险（包括竞争风险、自然风险、社会风险等）与危机（包括经济危机、信仰危机、心理危机等）日渐增多，思想政治教育面临着来自各方面不确定因素的挑战，成为各个领域的难题。

自觉认识当代社会是一个风险社会，并能科学应对、抗击风险与危机，既是人主动适应当代社会的表现，也使人在抗击风险与危机中接受考验、经受锻炼，逐步学会预测、预防风险，增强化"危险"为"机遇"的能力，这需要切实可行的思想政治教育发挥作用。同时，我们也要清醒看到，各种机遇与风险不期而至和自然灾害频发，容易使一部分人不敢面对风险与危机，产生恐惧心理与逃避行为；也容易使一部分人满足于当下，告别崇高，忽视理想信念的形成；还容易使一部分人关系疏远、感情淡漠，产生心理危机甚至自杀念头。正如西方马克思主义思想家鲍曼所指出的，这些人"不制订长期计划或不做长远投资"，"发现自己不仅不安定、四处漂泊而且根本就没有精神支柱"。① 为此，思想政治教育必须敢于面对风险与危机频发的现实，并结合风险与危机的特点，针对人们的思想与行为，改进思想政治教育。一是要把风险决策纳入思想政治教育整体决策之中，明确教育决策是治本之策，是满足人们内在需要和解决管理与风险问题的基础；管理决策是治标之策，是协调人际与利益关系、营造有序环境的策略；风险决策是治乱之策，是治秩序之乱、关系之乱、思想之乱、心理之乱，尽量避免损失和减少资源消耗的预防方略。二是思想政治教育工作者要学习、掌握预测预防的理论与方法，并结合风险或危机的具体情况进行运用与研究，及时在群众中开展警示、引导，争取工作主动。三是当风险与危机不可避免地发生后，思想政治教育工作者要动员和组织群众，充分利用有利条件，主动积极应对，不断提高抗击、转化风险与危机的勇气与能力。

---

① ［英］齐格蒙·鲍曼：《生活在碎片之中——论后现代的道德》，郁建兴、周俊、周莹译，学林出版社2002年版，第309-310页。

# 论现代社会的社会动员[*]

任何社会都存在社会影响与社会动员，只是内容和方式不同而已。现代社会的社会影响与社会动员已经有了很大的发展，对人们产生着广泛而深刻的影响。研究现代社会的社会动员，认识并掌握它的特点，对我们做好各项工作都有重要的意义。

## 一、社会动员的发展

人们生活在现实社会之中，总是要受到来自社会的经济、政治、文化等各方面因素的影响；同时，人们的思想及行为也影响着社会。社会对人们的影响和人们对社会的影响的内容、范围、程度、方式是随着社会的发展而不断发展的。过去时代和现代社会影响人们和人们影响社会的内容、范围、程度、方式有很大的区别。

社会对人们的影响是广泛而复杂的，在这些广泛而复杂的因素中，总是会有一种或几种经常的、持久的因素，对人们的思想道德和行为的影响起着主要的作用。为了把这种主要因素同其他众多因素区别开来，我们称之为"社会动员"。研究影响人们思想和行为主要因素的特点与规律，有利于加强社会引导，调动人们的积极性，推动各项工作。

所谓社会动员就是广义的社会影响，也可以称之为社会发动。它是指人们在某些经常、持久的社会因素影响下，其态度、价值观与期望值变化发展的过程。过去，在革命战争时代，在政治运动中，社会动员就是政治动员，政治动员是发动群众投身革命、英勇奋斗的重要方式。正是这种经常的政治动员，帮助人们明确了革命的方向，激发了革命积极性，提高了思想政治觉悟，增强了胜利的信心。现在，时代不同了，社会发生了变化，社会动员的内容和方式也发生了变化。

我们把过去时代的社会动员称为"传统社会动员"，把现在的社会动员称为"现代社会动员"。传统社会动员与现代社会动员相比较，差别是明

---

　* 原载于《中山大学学报（社会科学版）》2000 年第 2 期，收录时有修改。

显而突出的。

首先，社会动员的内容不同。传统社会动员的内容主要是革命内容、阶段斗争的内容。传统社会动员的内容是为当时党的中心工作服务的，是当时我国社会发展的需要。现代社会动员的内容，主要是社会主义现代化建设的内容，经济建设是中心，政治的、文化的内容与经济的内容结合在一起，通过党的"一个中心两个基本点"的基本路线集中体现出来，内容全面、综合。这一动员内容既突出了我国社会发展的重点，又反映了现代社会的发展是全面、协调的发展。社会动员在内容上的变化，标志着时代的变化。

其次，社会动员的方式不同。传统社会动员方式，主要是一种组织动员、领导动员、层层动员的方式。这种动员方式是适应革命战争时期的集中统一需要的，也适应了新中国成立后计划经济体制的特点。计划经济体制是一种纵向的、行政的集中统一体制，是影响人们思想和行为方式的主要渠道，以及政策、观念、价值取向、信息的主要来源，依靠各级组织，由领导层层传达、层层动员。现在，这种动员方式仍有重要作用，但影响力不如过去。随着现代科学技术的发展，大众传媒已经成为影响人们思想和行为的一个重要渠道，其影响力还在不断强化；随着对内对外开放的扩大和社会主义市场经济体制的建立，人们横向交流、交往的机会空前增多，相互之间的竞争日渐加剧，比较与竞争也已成为影响人们思想和行为的一个重要途径；随着人们自主性的增强、民主化程度的提高和法制的健全，社会给人们提供了更多参与社会活动的条件，提供了更多选择、发展的机会，民主参与也是影响人们思想道德的一个重要方式。所以，现代社会动员的方式，适应了现代社会动员内容的需要，也是多样的。

最后，社会动员的结果不同。由于传统社会动员的集中统一性，已经对思想道德和行为的要求、取向做了明确定位，一般不需要人们进行比较和选择，动员所产生的结果比较统一。但现代社会动员的结果与之不同，人们在思想道德、物质生活和精神生活方面的期望、价值取向和态度等方面，表现出选择性，呈现出多样性。这种选择性与多样性，是由人们的自主性与社会的开放性决定的，并根源于社会动员内容和方式的多样性。

下面就现代社会动员的三种主要方式——传媒动员、竞争动员和参与动员进行一些研究和探讨。

## 二、传媒动员

传媒动员是指大众传播媒体对人们的影响。大众传播媒体包括电视、广播、报纸、书刊、计算机网络等，这些媒体都是以各种方式迅速向社会的各个领域延伸和覆盖，以致形成了现代社会的一种特殊环境——媒介环境。

现代人无一不处在媒介环境之中。电视在我国所有城市和大部分农村已经普及，成为人们生活中不可缺少的一部分；广播已经覆盖全国；报纸书刊已经成为多数人的必需品；计算机网络已经进入许多普通人家。

大众传播媒介对人们的影响，主要是一种信息影响，这种信息影响的主要特点是：①具有综合性。我国大部分大众传播媒介，尚未进行职能和内容的分工，都以提供经济、政治、文化的综合信息为主。即使某些专业性、地方性强的大众传播媒体，在主要提供专业性、地方性信息的同时，也提供综合性信息。这种信息的综合性，使大众传播媒体具有多种功能，即交流沟通功能、学习教育功能、娱乐消遣功能等。不同的人可以从中选择不同的信息，利用不同的功能。②具有即时性。大众传播媒介是现代信息社会的主要标志，它把社会带入了一个即时通信的时代。它以惊人的能力储存信息，又以惊人的速度用各种不同方式把信息展现给每个人；它打破了既定的时空界限，使人们失去了必要的时间与距离的缓冲，全面推开信息；它能快速推进、涌动思潮、热潮、社会情绪的消长，引导社会倾向。③具有感染性。大众传播媒介的信息，多数是一种形象化、艺术化的信息，具体、多样、生动、抽象的原则和内容蕴含在形象、具体的信息之中，因而，这种信息具有很强的渗透力和感染性。

正因为大众传播媒介有这样鲜明而突出的特点，所以，以概念、理论、原则为主要内容，以传授、说理为主要方式的思想教育与之相比，就显得单一乏力，影响有限。思想教育固然可以利用大众传播媒介实施改革更新，增加信息量和增强影响力，但社会上的大众传播媒介毕竟已经成为影响人们思想和行为的一个重要因素而客观存在，我们既不能回避它、排斥它，也不能把思想教育的任务完全寄托于它，只能通过研究它对人们的影响方式来加强引导。

大众传播媒介对人们思想和行为的影响，就其性质而言，有积极的，也有消极的。我国大众传播媒介的影响，积极面是主导的，消极的东西也时有发生。积极的影响主要是正面、科学、合理信息的大量传播，为人们的全面发展、争取成功提供了比较、选择、吸收的条件。正因为如此，所以大众传播媒介成为现代人的良师益友，成为人们精神生活的重要寄托。但是，大众传播媒介对人们的思想和行为也有消极影响，这种消极影响，主要表现在三个方面：①来自大众传播媒介传播的消极内容。如西方国家传播媒介所散布的错误政治内容、部分传播媒介所渲染的黄色内容、部分传播媒介所扩散的低级庸俗内容，等等。这些内容毕竟是少数，容易识别，影响范围小，在正常情况下，一般不会产生大面积危害。②来自对大众传播媒介的不道德甚至违法运用。这种倾向，随着大众传播媒介的发展，其影响也在扩大。例如，利用大众传播方式以假乱真，混淆是非；运用大众传播工具进行剽窃、盗窃和破坏活动，谋取利益；采用大众传播手段进行欺骗、诈骗、蒙骗、愚弄人的感情；等等。这些不道德甚至犯罪的行为，是教育和管理工作面临的新问题。这些新问题的影响同样具有大众传播媒介的一些特征，即波及、影响面大，发生突然、迅速而难以预防，具有隐蔽性而难以识别。③来自大众传播媒体的决策取向以及人们对其理解和选择方面的问题。由于大众传播媒介的职能主要不是教育职能，因而大众传播媒体不会把教育目标作为主要目标。当大众传播媒体进行决策确定某种价值取向而忽视教育职能和社会影响时，如为了片面追求经济效益，过分追求数量，过分迎合某些人的需要而不适当地利用色情、凶杀、怪异、荒诞等具有刺激性的内容和方式吸引大众等，这些内容和方式虽然没有明显的违纪和不道德倾向，但那些缺乏社会生活经验的青少年会因为某种倾向性导引而陷入迷恋甚至思想和行为发生偏差。这种由大众传播媒介的某种不合适的取向而导致的社会效果不良的情况，在文化市场中时有发生，而这种情况所产生的影响不像前面情况那样容易识别，它引起的是一种慢性的、渐进的思想价值倾斜。所以，总的说来，大众传播媒介的积极影响与消极影响往往是同时发生的，影响的性质具有现代社会的多样性特征。

大众传播媒介对人们思想、行为的影响，主要通过什么方式发生呢？概括起来，主要有这样三点：其一是个性影响方式。大众传播媒介面对广阔的领域和广大的人群，要造成影响，首先必须在共性的基础上发展个性，即区别于其他媒体的特性。体现这种特性的一方面是正在发展的按社会职能分工的专业性传媒、按区域划分的地方性传媒、按人们兴趣爱好选择的功能性传媒；另一方面是大众传播媒体的栏目专业化、特色化。这种特性适应并满足了不同职业、不同地区、不同兴趣爱好人们的需要，这种需要不断推动着各个大众传播媒体的个性发展。其二是强化影响方式。大众传播媒体面对大量、易变的信息，要给人们留下印象并进行选择吸纳，必须进行强化。大众传播媒体的强化不同于过去行政发文、开会、讲话的强化方式，它所采取的一是综合性强化，即围绕同一内容或观点，运用不同信息手段和方式强化，形成综合的影响效应或强大的舆论攻势；二是持续性强化，利用大众传播媒体即时性特点，对同一内容或观念反复传播、强调，造成持续性影响。其三是潜移默化方式。利用大众传播媒体生动、具体、形象的特点，通过渗透、感染、熏陶，进行潜移默化的影响。

综上所述，不难看出现代大众传播媒介的确已经成为影响人们思想和行为的一个重要渠道，是面向人们进行社会动员的一个重要方式。它既为教育和管理提供了发展的条件和借鉴，也向教育者和管理者提出了许多新问题。教育者和管理者要正视、利用传媒动员，关键是要引导人们正确进行信息选择，特别是价值取向选择。

## 三、竞争动员

世界进入和平与发展时代之后，两种社会制度由尖锐对抗转向了并存竞争，国际范围内的经济竞争和综合国力竞争日趋激烈使人无法回避，并把国家和人们推向了国际竞争的大舞台。同时，竞争是商品经济发展的必然结果，是价值规律得以贯彻和实现的条件。随着改革开放的不断深入，平均主义的不断克服，特别是社会主义市场经济体制的建立，竞争便逐步成为推动社会发展的一种普遍方式。

竞争，就其词源来说，它不局限于经济领域。"竞，逐也"，就是比赛、争逐的意思。竞争就是互相争胜。《庄子·齐物论》说"有竞有争"，郭象把它解释为"并逐曰竞，对辩曰争"。竞争是表现在社会生活的各个方面的，只要有差异、有比较、有成败或胜负，就会有竞争。竞争在新形势下作为一种新的方式被人们接受，是表现在各个方面的，经济领域的商品竞争、市场竞争、价格竞争、质量竞争、效益竞争，已经成为一种新的发展格局，显示出巨大的活力；人事方面的竞争上岗、竞选录用、优化组合、优胜劣汰正在逐步推开；工作和业务方面的检测评估、评价鉴定、奖勤罚懒、奖优罚劣得到广泛运用。所有这些竞争已经成为社会生活经常持久的影响方式，并朝着制度化、规范化方向发展，它给社会和人们的思想、行为带来了深刻的变化。

竞争作为现代社会的一种动员方式，实际上是一种规范性动员。竞争不仅涉及经济、业务和人们的工作，而且关系到人们的思想和行为，教育与管理工作者必须研究竞争过程中人们的思想和行为问题，以利于加强思想和行为引导。竞争对人们思想和行为方面的影响，主要表现为人际关系影响，并由人际关系影响，导致心理影响。竞争的影响具有如下特点。

其一，具有激励性。竞争的激励性是由比较、评价所造成的不平衡性，并通过人们的上进心理和相互争胜心理而产生的。激励就是激发和鼓励，表现为人奋起、振作的一种精神状态。竞争激励在发展方向上有两种：一种是正向激励，即向正确的、积极的方向努力的一种精神状态；另一种是负向激励，即向错误的、消极的方向盲目行动的一种精神状态。激励能产生动力，动力产生的根源并不是竞争本身，而是精神追求与物质利益。也就是说，由竞争所形成的差异，会带来精神和物质分配上的差异，而这种认可或满足就会产生动力。所以，竞争激励，必须要有精神鼓励和物质鼓励作为条件和基础，否则，竞争难以形成。

其二，具有扩展性。竞争的扩展性是指竞争范围的扩大和竞争标准的提高。竞争扩展性的表现，如经济竞争、同行竞争、人才竞争、科技竞争等，都有一个由区域竞争走向全国竞争，再走向世界竞争的发展趋势，范围的不断扩大，是同竞争标准不断提高相一致的。只要有竞争，它就会把人们推向更广阔的范围，激励人们追求更高的目标。竞争之所以具有这种扩展性，一是因为竞争会形成比较、鉴别，产生差异和矛盾，这种比较、鉴别就会形成动力并推动发展；二是人们的欲望是无限的，潜力也是无限的，在竞争中能够不断得到激发和释放。所以在竞争中总是会形成此消彼长、你消我长的一个更比一个强的发展状态。

其三，具有风险性。在现代社会条件下，要想争胜，维护现在的基础是不行的，人们必须想方设法发挥优势，发展自己，不发展甚至发展慢就会落后。而要发展自己，就要面向未来进行开发、创造。在这个过程中，会遇到大量不确定因素而影响决策的正确程度，这就是风险。现代社会的竞争性，必定存在风险性，所以，西方学者认为，现代性的特征可精确地界定为"风险社会"。我们生活在高度现代化的世界中，实际上是生活在一种机遇与风险并存的世界中，机遇给我们的发展提供有利条件和机会，而风险会给我们的发展带来困难和挫折。经济、科技、业务发展都会有风险，这些风险由社会的不确定因素和决策不正确所导致，并会通过人的思想和行为表现出来。个人在工作、业务发展方面的风险和思想、行为方面的风险既有联系，也有区别。工作、业务方面的风险，并不一定导致思想道德的滑坡与颓废；而思想道德方面的风险，如经不起诱惑而失足，选择投机、假冒等不道德方式，对不道德的偶然性事件缺乏警觉等，迟早会对工作和业务发展造成危害。

从竞争的这些特点可以看出，竞争动员对人们的影响同样表现为相互关联的两个方面，一个是积极的影响，一个是消极的影响。在社会主义条件下，竞争是一种有目的、有组织、有规范的活动，因而积极方面的作用是主要的。这种积极作用的具体表现是：有利于提高发展的目标和期望，产生目标激励和期望实现的满足；有利于进行相互比较，认识差异，推进发展；有利于激发开拓创新，不断超越竞争对象和自我。所以，竞争实际上是市场经济发展的驱动力。这种驱动力，一方面是个人、单位追求自身利益的最大化，构成经济发展的内驱力；另一方面，优胜劣汰的竞争构成经济发展的外在压力。二者结合构成了市场经济发展的一般动力。这种动力也会表现在业务工作方面，是推进工作发展的驱动力。

但是，我们还应当看到，竞争也是有条件的，特别是不正当竞争会带来不良影响。这些不良影响的主要表现是：①竞争在有利于提高人们发展和期望的同时，也容易使一些人在定位目标和期望上，产生不切实际的想法和急躁情绪、浮躁心理，一旦目标和期望实现受阻或难以实现，就会产生挫折感，甚至悲观、颓废，对竞争失去信心。②一些人不愿正视并不能正确对待由竞争所造成的差距，容易引起心理失衡、心理障碍，甚至心理疾病，对竞争产生恐惧。③在处理不好合作与竞争关系的情况下，片面的竞争容易造成人际关系紧张，而人际关系紧张又会导致一些人产生嫉妒心理、攀比心理，甚至报复心理，从而导致不道德的竞争。④缺乏公正、合理条件的竞争，只会是不正当的竞争。而不正当竞争必定会造成思想道德方面的混乱。在竞争上可能出现的这些新问题，主要集中在人际关系方面和人们的心理层面，这是现代社会条件下，教育和管理工作不可忽视的问题。解决好这些问题，才可能有积极、有效的竞争；否则，不仅不会促进经济的发展和其他工作的开展，还会导致不良风气的滋生与蔓延。这也是现代社会条件下，教育与管理风险的一个表现。

## 四、参与动员

参与动员，是指人们参加、介入现代社会的政治、经济、文化生活过程中所受的影响。这里所说的参与，不包括组织参与，即不包括参加党团组织与行政组织并在其中担任职务；也不包括职业参与，即不包括担当本职工作。这里所说的参与，主要是指人们对公共事务、公共管理的介入，对民主生活、政治生活的关涉，对事关个人发展和利益的选择。在过去，人们参与社会活动、政治生活和公共管理，多是由组织安排，有组织地进行的。现在，人们参与社会活动的范围比过去大为扩充，参与的程度比过去也大为提高。其具体表现是：①随着社会主义民主的不断扩大，人们可以通过各种方式对国家大政方针、政策、形势发表意见、评论，参与社会和本单位的改革开放活动，还可以对改革开放的利弊得失表示态度和倾向，政治民主有了普遍的进步和发展。②随着社会主义法制的健全，人们的行为不仅有了可遵循的规范，而且可以利用法律保护自己，对违纪违法现象可以检举、上诉，对危害自己利益和名誉的行为可以诉诸法律，追求公平、合理成为大众的倾向。③人们在管理、业务方面的参与范围与程度均有扩大。管理社会化程度的提高是大众参与的直接结果，单位民主管理的发展表现为利益群体代表的参与和管理的民主公平，社会民主管理的发展表现为群众代表或群众直接参与社区管理。业务参与的方式则更为普遍。各个层次、各个领域的研讨会、学术交流会、培训班等普遍而频繁；业务咨询、业务指导、业务兼职等发展迅速；业务评估、成果鉴定、职称评审等广泛推开。这些参与活动多是兼职活动，而不是人们的本职工作。④人们对自己价值取向和实际利益的选择，实际上是对管理的参与。过去，人们在工作、实际利益等各个方面基本上处于被安排、分配的被动状态，现在这种情况有了很大改变。例如，在大学里学生选学专业和选修课程的举动，对教学管理的方式有直接影响；学生自己择业对社会人才管理的政策与方式提出许多新要求；人们可以在社会上交流单位情况、选择职业、自由受聘情况的发展，带来管理的深刻变革；人们可以买卖房子、转让成果、交换知识的进一步发展，对传统管理提出了严峻挑战。人们可以对自己的职业、岗位以及某些实际利益做出选择和决策本身，就是一种自主性的社会参与。

以上这些参与活动，关涉到每个人，具有普遍性，但每个人参与的范围和程度不一样，又具有特殊性。如果我们从普遍性的角度来研究这种参与对人们思想和行为的影响，我们就可以概括出这种影响的主要特征。

首先，具有主动性。人们的参与范围与方式都是人们自觉主动的行为，而不是被动接受的。这是人们独立性、自主性的表现。而自主性又来源于民主政治建设和市场经济体制。所以，参与的主动性是现代社会民主建设和社会主义市场经济体制所孕育的必然结果。

其次，具有选择性。人们的参与范围与方式，是因人而异、因时而异的。不是所有的活动对人们都有吸引力，人们只会选择符合自己需要并能体现他们价值观念的活动。选择性是自主性的延伸，自主性在丰富多彩的社会生活面前，必定通过选择性表达出来。因而，参与什么和不参与什么，参与多大程度和范围，都要由人们自主选择来决定。参与动员的这些特征是相互联系而不可分割的。

最后，具有驱动性。人们选择参与的范围与方式，主观上来自内在动因，内在动因的驱动为参与提供价值目标和动力。而内在动因一般表现在两个方面：一是利益需要，这在业务兼职参与、交流换岗选择以及对实际利益关切等方面表现明显；二是精神需要，这在追求公正、维护道义、不容腐败谋私行为，参与社会文明建设活动等方面得到充分体现。

参与动员之所以在现代社会条件下那么广泛多样，乃至成为对人们产生经常、持久影响的因素，是因为它能够满足人们的多方面需要，能够使人们的生活丰富多彩而和谐，因而它能作为人们本职工作和正式组织参与的重要补充，在社会中得到迅速发展。很显然，它的发展，有利于社会主义民主政治建设，有利于调动人们的积极主动性，也有利于充分发挥人们的专长、特长、兴趣和爱好，为精神文明建设和物质文明建设做贡献。因此，我们要看到参与动员的主流，积极引导它的发展。

但是，我们也要看到参与动员在一定条件下所引发的问题：①由于参与活动并不都要得到正式组织的同意，具有自主选择性，因而它会带来某种自发性。如果对这种自发性不加以有效规范和引导，就会妨碍甚至冲击单位的中心工作和人们的本职工作，造成主体发展障碍和资源流失。②参与的自主选择性容易使一些人泛化市场经济规则，一切待价而沽、讨价还价，德性庸俗低下的行为均与现代文明不相称。③为某些参与的物质利益所驱动，一些人容易急功近利，丧失长远目标，缺乏精神动力，甚至陷入物质利益的追求和金钱奴役之中而不能自拔。这些问题，已经在我国社会中显露出来，如不加以正确引导，则既会冲击经济、业务工作，也会阻碍思想道德建设。

# 社会动员青年方式的新走向[*]

所谓社会动员，是指人们在社会持久的主要的因素影响下，其态度、期望与价值取向等不断发生变化的过程。就其一般意义来说，社会动员也可以称为社会影响，但社会动员比社会影响更集中、更有力。社会动员的内容和方式、强度与效果，是随着社会的发展而不断变化的。在现代社会条件下，社会动员青年出现了一系列新情况，呈现出许多新特点。研究、探讨现代社会条件下社会动员青年的方式、作用与特点，对于把握青年，进行思想和行为的正确引导，具有重要的理论意义和实践意义。

## 一、社会动员青年的传统方式

在不同社会，或同一社会的不同发展阶段，社会动员青年的内容和方式是不同的。

在革命战争年代和新中国成立初期，我国人民的主要任务是夺取政权和巩固政权，是进行艰苦卓绝的革命战争和阶级斗争。为了把青年发动起来、组织起来，我们党进行了广泛、艰苦的革命动员。在革命青年内部，宣传鼓动和战斗动员是党组织的一项重要工作。其主要内容是鼓舞战斗士气，坚定必胜信心，执行命令，听从指挥；发扬勇敢战斗，不怕牺牲，不怕疲劳，机智灵活，密切协作和连续作战的战斗作风，保持坚贞不屈的革命气节；发挥青年在战斗中的积极作用，开展杀敌立功运动；等等。正是这种经常的、强有力的动员，保障了一个又一个胜利。这种战斗动员、宣传鼓动，主要通过会议、宣传、讲话等方式面对面进行，它的动员效果是十分强大的。

在社会主义建设时期，我国人民的主要任务是进行社会主义革命和建设，满足人民日益增长的物质和文化生活的需要。为了调动广大青年的生产积极性和建设积极性，我们党进行了深入、细致的动员工作。在青年中，宣传鼓动、学习动员和建设动员是党团组织的一项重要工作。其主要内容是激励青年参加革命和建设，坚定社会主义信念，服从党的领导，听从党的召

---

[*] 原载于《青年研究》1997 年第 7 期，作者王仕民、郑永廷，收录时有修改。

唤，鼓足干劲，力争上游，多快好省地建设社会主义。正是这种强有力的建设动员，激发了广大青年对新中国的强烈感情，社会主义建设事业得到迅速发展，社会主义优越性得到体现，人民的物质生活和精神生活得到了较大的改观，巩固了新生的无产阶级政权，粉碎了帝国主义对我国的封锁，赢得了社会主义中国的国际地位和社会主义在国际上的蓬勃发展。这种革命动员、建设动员，主要通过会议层层传达、层层学习、层层动员的方式，其效果是明显的，并且表现为一定的组织性、纪律性和计划性。

在现代社会，党的中心工作转移到经济建设上来，全国人民的主要任务是发展经济，加速社会主义物质文明和精神文明的建设。现代社会不同于传统社会，社会动员青年的方式发生了深刻的变化。市场经济增强了青年的自主性，开放的环境增加了青年的选择性，特别是在科学技术因素的影响下，社会动员青年呈现出多彩纷呈的状态。

## 二、现代社会中社会动员青年的新方式

和平与发展是当代世界的主题，激烈的经济竞争和综合国力的竞争成为世界的中心与焦点，经济、科技、文化以及政治，彼此之间水乳交融地结合在一起，通过现代强有力的传播手段和竞争方式，冲击、影响着人们的活动方式和思维方式。

在我国，以政治运动为中心的时代结束之后，党的工作重点转移和改革开放方针的提出，确定了经济建设在全社会的中心地位，新的政治内容，在改革开放时代丰富发展起来。党的"一个中心，两个基本点"的基本路线，把经济与政治、社会主义物质文明与社会主义精神文明融为一体，成为我国社会发展的方向与动力，成为动员我国青年的主题内容。社会动员青年内容的变化，也必定要求社会动员青年的方式发生变化。群众性的学习讨论、开会、报告曾经是动员青年的主要方式，这些方式在新形势下虽然要继续使用，但其影响力已不如过去，许多新的、综合的动员方式迅速发展起来，对广大青年产生越来越强劲的影响。

（1）传媒动员。它是通过新闻、广播、电视、录音、多媒体以及互联网等传播媒介进行的动员。这种动员方式已经成为青年生活的一部分，与青年的生活息息相关。这种通过传播媒介进行的社会动员往往不是某一个人所能操作的，有时甚至是不以个人的意志为转移的。由于参与动员媒介的特殊性，传媒动员具有自身的特点。一是迅速性。传媒动员瞬息即逝，几乎失去

了时间和距离的缓冲期。通过传播媒介，全球的观众几乎在同一时间内同步知晓世界各地发生的事情。这种社会动员的效率是前所未有的，对青年的影响也是空前的。二是即发性。青年通过传播媒介接受信息，这些信息有时迅速涉及青年群体，这往往是人们始料不及的。三是易变性。它是指传播内容和形式的变化性、快节奏。传媒动员的内容处在经常的变动之中，而且形式上也是千变万化、生动活泼，给青年耳目一新之感。四是刺激性。由于传媒动员的内容和形式的迅速、易变，为了加强动员的效果，人们在利用传媒动员时，往往增加了传播的频率和幅度，增加刺激性，努力给青年留下深刻的印象。

传媒动员是随经济、科技的发展而发展的。改革开放促进了我国经济的快速发展。经济的发展离不开科技的作用，科学技术是第一生产力，是推动经济发展的首要因素；反过来，经济的发展又为科技的发展创造了条件。现代社会日新月异，科学技术以强劲的势头迅猛发展，电视、电影、电话、计算机等多媒体技术已经深入人们的生活，成为青年生活中不可缺少的一部分。青年从中获取信息，学习新知，并受其影响。科技的发展加快了青年之间的交流，扩大了青年交流的空间，青年在一定程度上获得了更大的自由，同时也在更大程度上受到社会的影响，更加依附于社会环境。

（2）竞争动员。它是通过有组织、有制度的评估、交流、奖惩、比较等具体方式进行的动员。竞争是现代社会的必然产物，受到青年的欢迎。竞争动员一般有制度、有规范、有条件、有规则，竞争有一套完善的指标评估体系，结果与奖惩挂钩。如果没有奖惩，或者奖惩不落实，这种竞争是毫无价值的。竞争的标准是客观的，青年信服公平条件下的优胜者，并且积极创造条件参加竞争，这就是竞争的动员效果。因此，竞争动员合理、合情、合法且具有三大特点：一是竞争的直接性，即青年必须直接参与，没有中间环节，亲身感受到竞争的程度；并且竞争的结果直接关系到青年的利益，这是竞争动员的动力之源。二是竞争的激励性，即通过比较、鉴别、评估产生优胜者，公平且合理，对优胜者是激励，对参与者也是激励。三是竞争的强烈性，即竞争本身包含拼搏、奋斗精神，而不是简单去做就能成功，在一定程度上具有挑战性，这就是竞争动员青年引人入胜的奥妙之所在。

竞争动员是市场经济体制下的微观利益机制驱动的结果。市场经济是效益经济，一切面向市场，以经济建设为中心，带动整个社会的全面发展。市场经济鼓励竞争，提倡冒尖，承认差别，反对平均主义，使一部分人先富起来，由此带动整个社会的富裕。在这种微观利益机制的驱动下，青年之间产生竞争是不可避免的。当然，竞争也造成了一定的负面效应，如本位主义、假冒伪劣、欺诈行为等，这种状况应该坚决消除。而合理的竞争则应该支持，鼓励青年积极参与竞争，这样才能推动社会的发展，青年才能在改革开放中得到更多的实惠，社会动员也才能深入人心。

（3）参与动员。它是通过青年亲自参与本单位和社会的教育、社交、管理等活动而进行的动员。参与动员是具体生动的动员方式，现代社会的青年都渴望参与组织的活动，扮演一定的角色，实现自己的人生价值，这是由参与动员的特点所决定的，具体表现有两点：一是广泛性，它是针对参与的辐射面而言的，人是社会性的，人人都有参与社会群体活动的愿望和要求，参与是青年的共同属性，具有普遍性。二是现实性，参与就是为了实现自己的愿望，实现自己的抱负，施展自己的才华，而不仅仅是一种想法，这种现实的利益体现，就是青年参与的动力。

参与动员是改革开放的结果，改革开放促使青年思想观念的变革。通过改革，青年摒弃了传统落后的思想观念，融入现代的新思想、新观念，各地各业焕发了青春的活力；通过开放，青年接触到许多新事物，学到许多新知识，思想开阔了，视野拓宽了，活动的范围增加了。青年愿意参加社会活动，乐于成为其中的一员。现代社会条件下的参与动员，就是在改革开放的大环境中形成的，它是这个时代的精神体现，将随着社会主义市场经济体制的逐步确立和社会主义政治体制的改革而迈向一个新的台阶。

## 三、社会动员中的青年引导

现代社会条件下的社会动员，对青年而言，其主导面是积极的，但同时也有消极的影响，我们必须全面分析。

从社会动员的积极作用来看，一是社会动员提高了青年的事业目标。在社会经济、科技发展的推动下，传播媒介对青年的影响越来越大，青年生活在传媒环境之中，受到传媒的影响、感染和熏陶，青年在比较中重新找准自己的位置，重新估计自己的能力，渴望得到社会和他人的承认，对自己的要求更严，事业追求的目标更高。

二是社会动员提高了青年事业追求的动力。青年有了自己的事业目标，就会激发实现这种目标的动力。通过竞争，青年的潜能被激发出来了，青年在竞争中看到了希望，得到了实惠。这种朝着事业目标奋进的强大动力推动着我国建设向前发展，有利于社会主义民主法制的建设，有利于社会主义物质文明和精神文明的建设。

三是社会动员提高了青年工作的积极性、主动性和创造性。传播媒介使青年听的多了，看的多了，可借鉴的东西多了，青年狭隘的生活空间被完全打破了，竞争、参与给青年带来了实惠，这就极大地调动了青年参与工作、参与生产的主观能动性，使青年的工作实现了由传统向现代、由封闭向开放的转变，由被动适应工作转变为积极主动地工作。

现代社会的社会动员也带来了一些新情况、新问题。青年在现代社会的社会动员之中，想法多，看法多，评论多，意见多，认识难以统一。同时，现代社会给青年提供了更多发展和选择的机会，造成青年的要求多、条件多。因此，在现代社会条件下，社会动员青年不可避免地出现一些新问题。

一是社会动员在提高青年事业目标的同时，也使得少数青年人在生活上出现了过多、过高的要求。当生活的期望不能马上满足或根本无法满足时，他们就会产生悲观情绪、厌世情绪，甚至出现一些反社会行为。

二是在利益分配的过程中，竞争的某些落伍者总是议论多、牢骚多，意见难以统一，领导难以决策。一些青年总是以某种借口开脱自己失利的原因，总是觉得自己投入的多，获得的比别人少，出现思想上的波动性，影响单位的安定团结。

三是一些青年出现了心理问题。在社会动员之中，一些青年在现实的工作之中，急于求成、盲目冒进，一旦遇到困难，往往沉不下心来，静不下心来，而特别是当工作的结果与利益挂钩时，青年更是容易出现浮躁心理、失落心理，导致产生挫折感。这种现象在经济发达地区、开放地区尤其如此。

## 四、现代社会动员的引导对策

在现代社会条件下，对于社会动员青年的过程中出现的一些新情况和新问题，应该冷静看待，辩证思索，积极探讨，引导对策。

（1）对社会动员要全面了解和深入分析，做到具体问题具体对待。社会动员提高了青年的期望值和参与意识，这是好事，但是对于青年的期望要有深入的了解，了解青年期望的指标体系和参照的标准。对于青年健康合理的期望，要积极给予支持，并且创造条件让青年去实现自己的愿望；对于一时不能解决的问题，要有合理的解释，让青年口服心服，既保持工作的热情，又不伤害其自尊心；而对青年脱离现实条件的期望或者根本就是错误的想法，就应该耐心解释，严肃对待，帮助教育。

（2）主动承认差距，不掩饰自己的不足。社会动员提高了青年的期望，但期望并不是都能满足的，甚至有些合理的期望也不能一下子满足。这时必然会引起青年的思想波动，这是正常的现象。关键是单位领导要敢于正视问题，承认差距，努力面对竞争的现实，不甘落后，发挥优势，挖掘潜能，带领青年实现通过奋斗可以达到的目标。同时，在条件允许的情况下，尽量满足青年的需要，以调动青年的工作热情和工作积极性。当然，在具体的工作中，既不能掩饰其不足，也不能将其说得一无是处，应该客观公正合理。

（3）积极引导青年期望的方向。由生活的期望向事业的期望方向引导，由实现事业的期望来达到实现其他期望。人是要有精神的，人是有精神的。事业是人生的支点。一个具有强烈事业心的人，怀着对工作的执着追求，是能克服任何困难的。在现实生活中，我们知道，如果一个人没有事业追求，就会陷入生活的小圈子，陷入自我的小圈子；反之，一个在事业上有较高追求的人，则会忘记个人的困难，全身心投入工作中去，创造出辉煌的事业。因此，适时引导青年向着事业的方向发展，努力实现事业的期望，具有重要的意义。当然，并不是说引导青年实现事业目标，就可以忽视青年的生活困难，不改善青年的工作条件。人终究是生活在现实之中，在引导青年迈向事业成功的同时，尽量解决青年的其他困难和愿望，这才是治标治本的良策。

青年，在新的社会条件下，社会动员还将出现一些新情况和新问题。面对这些新情况，我们应该有这个思想准备，并进行辩证思索、正确引导、及时解决，这才是明智之举，担心、害怕和回避都是不可取的。

# 现代社会理想的功能发展[*]

理想在社会生活和人们的认识、实践活动中，具有特定的功能。在现代社会条件下，这种特定的功能又有新发展。正确认识并发挥理想在我国社会生活中的重要作用，是我们研究理想及理想教育的出发点和落脚点。

## 一、理想的一般功能

理想的一般功能，主要有导向功能、激励功能和凝聚功能。

所谓导向功能，是指理想在指导或引导人们思想、行为方向上的作用。理想之所以可以导向，是由理想所具有的确信性、目的性特点决定的。人们总是根据自己所确信的观念对事物进行分析与评价，选择态度和行为。对符合自己观念的各种事物和思想、行为给予肯定，对有悖于自己观念的各种事物和思想、行为，则给予否定，并力图使事物按照自己所期望的方向发展，使自己的政治行为、道德行为以及工作、学习活动符合预定的目标，这就是理想对人们的认识活动和实践活动发挥导向作用的原因。社会理想决定社会的性质，为社会确立共同的价值目标和价值取向，引导整个社会发展的方向。个人理想则为个体提供价值追求目标，为人生指明奋斗方向，选择生活道路。因此，理想是社会和个人发展的方向盘、导航器，没有它，社会就会混乱无序，个人就会无所适从。

所谓激励功能，是指理想对人们思想、行为所产生的动力作用。人的行为是受思想支配的，而人的思想又是各种各样的，有系统的思想，也有零散的看法；有持久的信念，也有暂时的动机；有理性认识，也有感性认识。人们的情感、人们微观的物质利益动机，也能驱动人们某种正当或不正当行为，但这种驱动如果不受一定理想的支配与导引，就会随着人们情感的消退和利益的满足而消失，是短暂的、弱小的。理想是世界观的集中体现，是以一定的信念、信仰为基础的，是人们的深层次、高层次的思想观念，因而它比其他一般的思想、动机对人们行为的驱动更强大、更持久。并且，它还会

---

[*] 原载于《青年探索》1999 年第 5 期，收录时有修改。

把人们的情感、动机导向一定的方位，形成理性与感性、长远与现实的互动。同时，整合各种思想因素，产生驱动合力。所以，理想是激励人们向着既定目标奋斗进取的动力，是人生力量的源泉。理想越崇高，志向越远大，动力也越强大。理想产生动力，这是从因果关系上讲的。但理想是如何产生动力的，却是一个复杂的过程。首先，理想能激发人的热情。热情是人的情绪、情感的一种基本形态，是掌握整个人的身心、推动一个人投入认识活动和实践活动的情感、热情，是做好一切事情的前提。没有热情，就没有做好事情的现实驱动力。热情不是凭空产生的，热情由人的需要、动机激发，而实现理想的最高需要和深层动机，能够激发持久的热情，使人们在行为中始终具有旺盛的精力和良好的精神状态。当然，光有热情还是不够的，因为热情会在实践的曲折过程中出现消长。因此，挫折对每一个人来说都是不可避免的，在困难、挫折面前仍然保持热情，就需要信心的支撑，而理想则能激励信心。信心是人们确信某种愿望能够实现的心理状态，它是建立在"能实现"的信念之上的。有了能实现的信念，才能产生信心。而理想的现实性特点，以及理想可以实现的属性，本身就包含着"能实现"的信念。因而，不管人们遇到什么困难和挫折，理想都能够激励人们树立"能实现"目标的信心。信心的大小和坚定程度，还要靠意志来强化。意志顽强的人才能使信心坚定不移；意志薄弱的人，只能使信心动荡不定。理想能够坚定人的执着追求，而执着追求的过程，就是铸塑意志、坚定意志的过程。意志的持久性、顽强性，来源于在实践中的锻炼和磨炼，来源于对艰难困苦的正视和战胜。而支撑人们经受锻炼和磨炼，敢于挑战艰难困苦的，只能是执着追求的理想。总之，理想不仅能激发人们做好事情的现实热情，而且能激励人们树立实现目标的信心，还能坚定人们执着追求的意志。

所谓凝聚功能，是指共同的理想对人们思想、行为所产生的吸引作用。一个国家，一个团体，都需要有强大的凝聚力把人们团结起来。这种凝聚力虽然来自多方面，但共同的理想是最重要的条件。共同的理想是精神纽带，是深层精神和深层文化上的凝聚力，没有它，一个国家就会四分五裂，一个单位也会如一盘散沙。正如邓小平所说的："根据我长期从事政治和军事活动的经验，我认为，最重要的是人的团结，要团结就要有共同的理想和坚定的信念。我们过去几十年艰苦奋斗，就是靠用坚定的信念把人民团结起来的，为人民自己的利益而奋斗，没有这样的信念，就没有凝聚力，没有这样的信念，就没有一切。"① 理想的凝聚功能，主要是通过以下三个方面表现

---

① 《邓小平文选》第3卷，人民出版社1993年版，第190页。

出来的：一是共同的理想，能使群体成员的热情相互激发、汇聚，并在热情高涨中强化实现理想的信心与决定。二是共同的理想是群体成员共识共信的纽带，群体成员通过经常性的思想上、感情上的交流，形成思想、感情上的共鸣，达成认识上、信仰上的一致，产生思想、感情上的相互认同与吸引。三是共同的理想是群体成员行动一致或基本一致的基础，理想是行动的指向器，共同的理想必定指导人们朝着共同的目标努力，而相互配合、方向一致的行动，无疑会产生强大的吸引力和推动力。

总之，理想的导向功能、激励功能、凝聚功能是不可分割地联系在一起的，是理想在实际作用中的功能整体。理想在发挥一个功能的同时，也必定发挥其他的功能。

## 二、理想功能的发展

在现代社会条件下，理想除了具有前面讲的一般功能之外，随着社会的发展，其功能也有发展。理想功能的发展主要表现在两个方面。

（1）理想的规范功能。过去，我们对理想的理解，仅仅把它作为方向、目标、意愿，认识比较粗浅、抽象，容易导致理想与现实脱节、理想与行动脱节的倾向。究其原因，主要是没有把理想同时理解为一种规范。从理论上讲，理想所规定的方向、目标本身就是一种原则，即方向性原则，也是一种规范，即原则性规范。所以，方向性与规范性是不可分割的。如果把方向性与规范性分割开来，方向性就会成为无规范的、飘忽不定的想象与意愿，规范性也会成为没有一定取向的、随意设置的框框与条律。

从实际来看，现代社会由于具有开放、复杂、多样、变化快的特点，人们的思想、行为也呈现出多层性、多样性、多变性的状况。而对这种状况，如果我们仅用一种原则的、抽象的理想进行引导，而没有明确的规范加以规约，就很难把人们的思想、行为导向一个基本一致的方面，甚至可能会出现更多思想道德越轨、失范的情况。所以，在现代社会条件下，必须强调理想的规范性，发挥理想的规范作用，加强民主法制建设，坚持依法治国的方针。正如邓小平所讲的："有了共同的理想，也就有了铁的纪律。无论过去、现在和将来，这都是我们的真正优势。"① 邓小平还强调，"理想和纪律特别重要"。我们这么大一个国家，怎样才能团结起来，组织起来呢？"有

---

① 《邓小平文选》第3卷，人民出版社1993年版，第144页。

了理想，还要有纪律才能实现。"① 这就是说，在现代社会条件下，有了共同的理想还不够，还要把理想具体化为一定的原则、方针、制度；或根据实现理想的要求，这些原则、方针、制度不能离开理想的指导与规范，必须在目标上、内容上与理想保持一致。如果它们离开了共同理想的指导和规范，就会成为一种完全外在的、没有思想基础的，甚至是强加给人们的东西，人们不可能出于一种自觉的心理来遵守和维护这些制度和纪律，结果只能靠行政的管制、惩罚和人们对惩罚的恐惧来维持，但这种状况是难以坚持下去的。所以，理想的规范功能既是理想本身的特性，也是现代社会发展的需要。

（2）理想的调控功能。理想的调控功能主要是指理想对人们思想行为的调节、控制和高层次理想对低层次理想的调适、制导。在现代社会条件下，人们的思想和行为，不像过去时代那样主要表现在政治方面，而主要表现在经济、业务等本职工作方面。经济工作、业务工作既有它自身的规律性，也有它特定的价值性，是规律性与价值性的统一。在以经济建设为中心和市场经济条件下，一些人只注意规律性，忽视价值性，这样经济工作、业务工作就有可能出现偏向。这种偏向就是在实现理想过程中的偏差，对这种偏差就要用共同的理想和与理想相联系的制度、纪律进行调控，来保证整个社会运行的有序性、一致性。

同时，在现代社会条件下，人们会遇到比过去时代更多的机遇与挑战，会面临更多的成功与失败以及奉献与索取的考验。面对这些复杂的处境和现实的矛盾，需要人们经常自觉调节、控制自己的思想和行为，即在遇到挫折、风险、失败时，要节制自满、骄傲的情绪，提高追求目标，投入新的竞争。所以，理想是人们不断调控自身，实现发展、超越的武器。

另外，在现代社会条件下，理想的多样性、多层性，会带来人们思想、行为的无限多样性。人们的职业理想、生活理想是否超出了我国社会理想所允许的范围，人们较低层次的道德理想、政治理想引导与提升，也需要共同理想、最高理想在社会生活中经常发挥调适、制导作用，从而保证社会发展有一个总体一致的方向，保证理想水平与实现理想的行为水平不断提高。理想的这些调控作用，具体是由各个组织、单位的管理、教育来实现的。管理、教育过程就是一个控制、调适的过程。各种组织、各个单位为了达到整体上的协调一致，完成有关任务，实现既定目标，在完善自身机制、加强管

---

① 《邓小平文选》第 3 卷，人民出版社 1993 年版，第 111 页。

理的同时，也要采取各种思想教育方式，努力使全体成员确立共同的理想，掌握相应的制度，自觉地调控自己的思想、行为和相互之间的关系。

## 三、理想在我国社会的特殊作用

我国古代社会具有重伦理、重理想的传统。中国古代文化，特别是儒家伦理，有一个重要特点，就是以道德统领知识，强调真和善的统一。至真至善是中国古代理想人格的极致，历代人士都把成圣成贤作为理想人格追求。古代的理想人格有圣人、亚圣、贤人等不同层次，体现这种层次的是精神境界，圣贤气象是精神境界的表征，圣贤功业是精神境界的作为。执着追求理想人格和理想境界一直是我国古代社会人士的传统。古代的道家还描绘了"小国寡民"的理想社会图案，墨家还设计了"兼相爱、交相利"的理想社会图景。我国古代社会的劳动群众，也有重理想的传统。来源于民间的《诗经》就记载了对人剥削人、人压迫人制度的控诉，抒发了对没有压迫和剥削、人人平等相敬的"乐土""乐国""乐郊"的向往。主张人人平等相处、人人互敬互爱的"大同"思想在奴隶社会向封建社会转变的过程中就已形成。成书于秦汉之际的《礼记·礼运》篇还描绘了一个"天下为公"的"大同"社会美景。这种"大同"理想社会一直是古代劳动群众所追求的目标，历代农民起义运动、历代同情劳动群众的知识分子，都不同程度地受到"大同"思想的影响，提出"等贵贱、均贫富"的主张，力图建立一个理想的社会。总之，我国古代社会，是一个理想占据主导地位的社会，而不是法制占据主导地位的社会，这是我国文化传统同西方国家文化传统的区别。

我国古代重伦理、重理想的文化传统，已经成为一种文化积淀，成为一种民族文化心理。在革命战争时期，我们党根据我国文化传统，结合革命斗争的实际，传播共产主义、社会主义理想，创造思想政治教育的理论和方法，受到无产阶级和广大人民群众的拥护和认同，形成了强大的凝聚力和推动力。正是由于科学的正确的理想，由于思想政治教育所产生的巨大力量，才推翻了旧社会，建立了新中国，这是连资产阶级都不得不承认的事实。所以，邓小平强调，我国社会主义的一个优势就是有共同的理想，有共同的目标。

同时，我们还要更深刻地看到，确立共同的理想是社会主义事业的需要，是社会主义本质的反映。这是因为，无产阶级的事业，是集体的事业，

郑永廷文集（第七卷）

ZHENG YONGTING WENJI（DI-QI JUAN）

是无产阶级和广大人民群众根本利益的体现，它同资本主义社会所主张的个人利益至上、个人就是目的是根本不同的。如果说资本主义社会的个人至上主义必然导致共同理想丧失的话，社会主义的集体主义必定要求确立共同的理想。有了共同的理想，才能把无产阶级和广大人民群众动员起来、组织起来、团结起来为共同的事业而奋斗。所以，无产阶级和劳动人民的理想和实现理想的方式，马克思和恩格斯早就在《共产党宣言》中写在了无产阶级的旗帜上，过去、现在、将来都一直是无产阶级和人民群众为之奋斗的神圣目标。

# 论传统方法与现代手段的紧密结合 *

　　中国共产党自建党以来，以马克思主义为指导，以我国革命与建设的实践为基础，继承民族优秀文化传统，注重创造思想政治教育的理论与方法。党的思想政治教育方法初步形成于 20 世纪二三十年代，形成的标志是毛泽东的《古田会议决议》和《反对本本主义》的发表。1935 年遵义会议后，党在政治上、理论上更加成熟，毛泽东撰写的《实践论》和《矛盾论》为思想政治教育提供了哲学指导，刘少奇的《论共产党员的修养》继承和发展了自我修养、自我教育的一系列方法；毛泽东的《改造我们的学习》《整顿党的作风》等重要著作，系统论述了思想政治教育的民主方法、理论联系实际、批评与自我批评等一系列方法，标志着党的思想政治教育方法体系的形成。新中国成立后，党继承和发扬思想政治教育的优良传统，把思想政治工作推进到新的发展阶段，毛泽东《关于正确处理人民内部矛盾的问题》和《工作方法 60 条》创立了正确处理人民内部矛盾的理论与方法，为思想政治教育方法增添了新内容。党的十一届三中全会以来，邓小平关于社会主义精神文明建设的理论，江泽民提出的依法治国与以德治国相结合方略，胡锦涛关于以人为本和建设社会主义和谐社会的理论，适应时代和我国社会快速、持续发展，极大地丰富和发展了思想政治教育方法论的内涵。

　　党在革命和建设时期创造的思想政治教育方法，是弥足珍贵的历史优良传统，它可以超越其形成的历史条件，作用于新的教育内容，服务于新的教育目标。当传统的教育方法适应新的教育内容与教育目标要求时，能增强教育内容的说服力并为实现教育目标服务；当传统教育方法不适应教育内容与教育目标要求时，就会削弱、损害教育内容的说服力并成为阻碍思想政治教育的方式。因此，教育目标、教育任务和教育内容发展变化了，既会有一些教育方法过时，也会有一些教育方法在新的历史条件下，经过改进为完成新的教育任务服务。一概否定、排斥传统教育方法，不符合理论既要继承又要创新的辩证关系。借口历史条件的变化和思想政治教育内容与目标的发展，而拒绝继承传统思想政治教育方法，无论在理论上和实践上都是站不住的。

---

　　* 原载于《高校理论战线》2010 年第 10 期，作者郑永廷、孟源北，收录时有修改。

列宁曾经以马克思为表率严厉批评过俄国革命队伍中否定革命传统的错误倾向，指出："马克思高度重视革命的传统，严厉抨击对革命传统的叛卖和庸俗的态度，而同时要求革命家要善于思考，善于分析采用旧的斗争的手段的条件，而不是简单地重复某些口号。"①

忽视和否定传统思想政治教育方法是不可取的，但无视历史条件的变化，不加分析无条件地搬用传统思想政治教育方法，拒绝研究新情况和创造新方法也是错误的。特别是在当代社会，社会环境呈现竞争激烈、复杂纷呈、信息流变的特点；人的特色化、全面性发展，不断改变着思想政治教育的环境、内容与目标，社会发展与人的发展不断提出思想政治教育的新需求。因此，仅靠传统思想政治教育方法，完成当代社会条件下的思想政治教育任务、实现富有时代性的教育目标是不够的，必须运用现代科学技术，创造新的思想政治教育方法。正如邓小平所强调的："我们政治工作的根本的任务、根本的内容没有变，我们的优良传统也还是那一些。但是，时间不同了，条件不同了，对象不同了，因此解决问题的方法也不同。"② 这就是说，思想政治教育方法必须随着历史条件的变化而发展，既要继承和发扬过去党的思想政治教育的好传统，又要面对新形势，总结新经验，探索新方法。

思想政治教育传统方法与现代手段的紧密结合，既是对传统思想政治教育方法的继承，又是在新形势下，根据新的实际与新的需要，进行的思想政治教育方法创新。这种继承与创新的辩证统一，体现在各个领域和各项思想政治教育实践之中，其内容是丰富的，这里主要阐述四个方面。

## 一、传统调查方法与现代传媒技术的结合

调查思想情况，获取思想政治教育信息，是思想政治教育的首要环节。把社会调查方法运用于思想政治教育，是我们党的优良传统。传统思想情况的调查主要是现场调查与观察。在现代传媒技术迅速发展和广泛运用的当代社会条件下，网络调查、电话调查与仪器观察扩大了调查的范围，丰富了调查的内容，充实了调查的结果。

网络调查又称"在线调查"，是指在互联网上针对特定思想政治教育问题进行的调查设计、收集资料、统计分析等活动。网络调查分为普通网站调

① 《列宁选集》第1卷，人民出版社1995年版，第750页。
② 《邓小平文选》第2卷，人民出版社1994年版，第119页。

查与专题在线调查。前者是在一般网站上，利用网络简单编程的方式生成问卷页面，被调查者对问卷进行回答，形成相对简单的调查结果；后者将调查过程在线化、智能化，并进行系统分析，形成思想政治教育专题调查研究报告。在强调主体精神、注重对话的当代社会，网络赋予了大众传播新的功能，具有开放性、自由性、平等性、广泛性和直接性的特点，正是这些特点赋予网络调查明显优势：调查成本低、速度快、隐匿性好；调查覆盖广泛、互动性强、不受时空限制。当然，现代传媒技术也是一把"双刃剑"，网络调查在提供便捷的同时，也存在难以控制调查总体、可能存在覆盖误差和容易产生样本代表性误差的局限，因而需要合理设计问卷，不能侵犯或泄漏被调查者的个人隐私，应尽量吸引网民自愿参加，提高调查的回答率。

电话调查是指调查者按照统一问卷，通过电话向被调查者提出问题，记录、汇总答案的调查方式。电话调查有访谈和短信两种调查方式：前者是调查者与被调查者直接对话；后者是调查者用短消息服务功能，向被调查者发出调查短信，被调查者根据调查短信内容做出回答，汇集短信调查资料完成调查任务。电话调查具有调查速度快、范围广、费用低、回答率高的优势。由于受电话设备的限制，电话调查也存在调查时间短、表达有限、抽样容易发生误差和回答难以深化的局限，因而要尽量避免这些局限，把电话调查与其他调查结合起来。

## 二、现代载体与传统载体的融合

思想政治教育要把正确的理论与知识内化为人们的认知与思想，并将片面的、错误的观念转化为正确的思想，必须运用一定的载体，来实现这种内化与转化。思想政治教育的传统载体主要有语言、文字与活动，这些载体在当代社会条件下仍然要发挥作用而无法被替代。但在大众传媒、信息技术运用广泛的当今社会，仅用传统载体则跟不上时代发展，必须开发、利用现代载体。正如江泽民所强调的："思想工作要在继承优良传统的基础上，充分运用大众传媒和文化设施，采取容易为群众所接受、所欢迎的方式方法进行。"[①] 思想政治教育现代传媒载体包括现代印刷载体、电子载体及网络载体。

现代印刷载体主要是指以数字代码方式，承载、出版、复制、发行图文

---

① 江泽民：《论党的建设》，中央文献出版社 2001 年版，第 133 页。

声像等信息的传播媒体。与传统文字印刷载体相比，现代印刷载体运用磁、光、电介质改变了单一的文字表达，具有图文并茂、声光交织的特点，使思想政治教育内容更加具有说服力与感染力。思想政治教育开发现代印刷载体，就是借助信息集成度高、表现力强的现代电子出版物传播思想政治教育内容，其类型有思想政治教育电子报刊、电子书籍、音像制品等。思想政治教育工作者可以把富有教育意义的珍稀典籍、文献资料、革命文物、模范人物事迹、最新成果等，利用数字图像技术、计算机和网络技术，将其储存、传播，并进行交流，实现传统印刷载体向现代传媒载体的转换，提高思想政治教育资源的运用效率。

电子载体是利用数字图像压缩技术、数字通信技术、超大规模集成电路技术、计算机技术等对思想政治教育内容进行编播、制作、存储和传输的载体形式，包括广播、电视、电影、录像等。电子载体正在高速发展并影响人们的思想、工作与生活，因而需要思想政治教育者掌握这一载体的特点与功能，并善于利用这一载体进行广覆盖、高效率的思想政治教育内容传播、交流与转化，以增强思想政治教育的影响力度。

计算机网络综合了几乎所有的现代信息技术、计算机技术、通信技术的研究成果，已成为人们获取信息的最便捷的方式与平台。江泽民指出："要重视和充分运用信息网络技术，使思想政治工作提高实效性、扩大覆盖面、增强影响力。"① 借助计算机网络这一先进的电子信息交换系统开展思想政治教育，不仅在现实空间之外开辟了一个全新的思想政治教育领域，即可以建立思想政治教育的网站、网页，而且可以利用网络进行思想政治教育资源的收集、加工、整合、储存，开展教育者与受教育者之间的多向互动，及时地、有针对性地进行教育成效的信息反馈，提高教育的有效性。

思想政治教育现代载体的开发运用，并不是对传统载体的否定与替代，而是合理运用现代技术，对传统载体进行改造与整合，充分发挥各种载体的综合作用，增强思想政治教育的影响，提高思想政治教育的实效。

## 三、现实方法与虚拟方法的综合

随着互联网络的发展，人们的社会实践从现实空间进入到虚拟领域，

---

① 江泽民：《适应形势，大力加强和改进思想政治教育工作，为改革开放和现代化事业提供动力与保证》，载《中国大学生报》2000 年 6 月 29 日。

"原子式"的现实领域和"数字化"的虚拟领域相互联系与渗透，不仅拓展了人们的活动范围，而且促使人的发展方式、思维方式、思想观念发生了深刻变化。这里所说的虚拟，是指数字化虚拟，即"当代语境中的'虚拟'，特指当代的数字化的表达方式、构成方式和超越方式，是我们时代的数字化的存在方式、发展方式和创造方式"①。虚拟既包括对现实事物的虚拟，也包括对可能事物与不可能事物的虚拟；既是对现实事物的反映，也是对现实事物的超越。这里所说的现实，是指客观存在的现实，是"历史的每一阶段都遇到一定的物质结果、一定的生产力总和，人对自然以及个人之间历史地形成的关系，都遇到前一代传给后一代的大量生产力、资金和环境，尽管一方面这些生产力、资金和环境为新的一代所改变，但另一方面，它们也预先规定新的一代本身的生活条件，使它得到一定的发展和具有特殊的性质"②。也就是说，现实包括不能任意改变的社会环境、社会关系、社会条件的客观存在，是人们认识和改造客观对象的基础。

思想政治教育的现实方法，是指在现实领域开展思想政治教育的原则、途径、方式与手段的总称。虚拟领域形成后，网络思想政治教育迅速发展，形成了网络思想政治教育方法，或称思想政治教育虚拟方法，是运用网络技术开展思想政治教育的原则、途径、方式与手段。在网络领域开展思想政治教育，既要将思想政治教育的现实方法引入网络并结合网络的特点进行运用，也需要根据网络领域的新情况、新问题，探索新方法。

网络疏导方式就是疏导方法在网络中的运用，根据网络的特点，可分为参与式疏导方式、即时性疏导方式、咨询式疏导方式和交互式疏导方式。参与式疏导方式，是教育者根据网络主体自主性、平等性增强的特点，组织和吸引相关网民主动参与有关热点问题、重要专题的讨论，鼓励发表各自意见，在讨论、交流、争辩中进行引导。即时性疏导方式，是基于网络信息更新快速的特点，发挥网络即时互动的功能，对网络中反映的思想、心理、道德问题和不良倾向，及时主动疏通、引导的方式。咨询式疏导方式，是掌握网络具有多向互动的特点，针对网络受众提出的各种问题、要求，进行回答、解疑与服务，满足网络受众多样化、个性化需要的方式。交互式疏导方式，是发挥网络同时多向互动功能，组织网络受众围绕共同关心或感兴趣的问题，相互启发、交流，共同研究，逐步达成共识的方式。网络疏导还可根

---

① 张明仓：《虚拟实践论》，云南人民出版社 2005 年版，第 60 页。

② 《马克思恩格斯选集》第 1 卷，人民出版社 1995 年版，第 92 页。

据疏导的不同内容或问题，分别采取因势疏导、造势疏导、转向疏导方式。如对符合思想政治教育目的和要求的动向与行为进行因势疏导，强化教育效果；对网络中刚刚形成并符合主导方向的积极动向，主动营造网络氛围，吸引更多网络受众参与；针对网络中的不良倾向，以积极的内容、主题进行调控，促使不良倾向转向。

网络舆情引导方式，就是现实社会舆论、社会思潮引导方法在网络中的延伸与拓展运用。按照网络舆情正面发展态势，通过典型示范、相互说理、网民论坛、信息评论等方式，扩大舆情议题相关信息量，增强网络受众对议题的了解程度，聚集和放大有利于网络舆情发展的意见和观点，引导网络舆情进一步向正确方向发展，这种引导可称为"因势引导"。按照现实社会发展与人的全面发展需要，确立思想政治教育的主题与目标，有意识地组织专门人员参与主题的动员、讨论、争论、评论活动，吸引更多网络受众参加，围绕主题形成互动交流、共同提高的网络舆论，这种引导可称为"因需引导"。另外，教育者要全面认识和把握不良网络舆情的实质与态势，找出扩展不良网络舆情的关键的人与事，发挥能坚持正确舆论导向并有威信和影响力的"舆论领袖"作用，制止不良网络舆情扩展，这种引导可称为"转化引导"。

总之，互联网络是现实社会延伸与拓展所开辟的新领域，它与现实社会既相联系和对应，也具有自身独立性。因而，思想政治教育的一系列现实方法，如前面所讲的调查方法、载体运用，还有理论学习方法、实践体验方法、咨询辅导方法、自我教育方法等，都可以在网络中延伸运用，加上网络思想政治教育所创造的网络信息引擎方法、网络成瘾矫正方法、网络恶搞规制方法、网络欺诈防范方法等新方法，形成了网络思想政治教育方法体系。

正确认识虚拟与现实、网络思想政治教育与现实思想政治教育的关系，是进行思想政治教育的现实方法与虚拟方法综合的关键。首先，现实思想政治教育与网络思想政治教育是有着内在联系的两种教育形态，两者不仅在教育目的、教育功能、教育内容上基本相同，而且现实思想政治教育是网络思想政治教育的基础，网络思想政治教育是现实思想政治教育在网络上的展开，两者只是所处领域、表现形式、载体运用、互动方式等方面不同而已。因此，思想政治教育的现实方法与虚拟方法的综合，首先在目的上要一致，即综合的目标是要为完成思想政治教育任务、提高教育有效性、实现教育目的、促进人们全面发展服务。其次要遵循综合的准则，要以思想政治教育的现实方法为基础，发展思想政治教育的虚拟方法。因为思想政治教育的现实方法是在长期思想政治教育的实践中总结、创造出来的，是符合思想形成与发展规律与思想政治教育需要的，是经过实践检验证明、行之有效的。所以，不能因为创造了思想政治教育的虚拟方法，就忽视甚至否定思想政治教育的现实方法，否则，虚拟方法就失去了现实根基。同样，随着网络的迅速发展和网民的大量增加，思想政治教育必须向网络领域发展，探索适应网络领域的虚拟方法，才能有效引导人们的网络行为，解决网络领域的认识、交往、实践等方面的问题。

## 四、现代激励机制与传统激励方法的契合

思想政治教育的激励方法，就是激发人们的主观动机，鼓励人们朝着正确目标努力的方式。思想政治教育的传统激励方法，主要是目标激励与奖罚激励。所谓目标激励，就是通过树立理想，激发人们为实现理想而奋斗；所谓奖罚激励，就是对人们的思想行为表现给予肯定、表扬或批评、惩罚。前者称正面激励，后者叫反面激励。

我国社会主义市场经济体制的建立既赋予人们独立性与自主权，又形成了社会的竞争机制。这种竞争机制，不仅推动经济社会快速发展，而且推进现代科学技术创新。国家为了鼓励创新，制定了一系列法规与政策，形成了我国的创新机制。竞争机制与创新机制，作用于我国社会各个领域，促进每个人奋发向前，形成了富有活力与生命力的竞争激励与创新激励。

竞争激励是根据人们在学习、工作、生产等方面的表现与贡献的不平衡性和可比性，利用人们的上进心理和争胜心理，来激发动力、鼓励上进、推动工作，是思想政治教育经常运用的一种方式。在社会主义市场经济体制下，在社会竞争和开拓创新不断加强的情况下，思想政治教育不仅要适应这一形势，而且要正确引导和运用这一方式，培养人们正确的竞争意识和勇于创新的精神，有效推动个人成长和事业发展。

# 论现代社会自教自律的条件与方法[*]

思想道德方面的自教自律的形成、发展是有条件的，既有一般条件，也有各个社会的特殊条件；自教自律的形成、发展要有科学的方法。认真研究自教自律的条件与方法，对于稳定社会局面，提高人们的思想道德素质，具有重要的意义。

## 一、自教自律的一般条件

人类社会自教自律的历史发展告诉我们，尽管各个社会自教自律产生的思想理论基础、方式方法、性质特征有很大区别，但如果我们从形成自教自律的一般条件来分析，它们也有共同的地方。

### （一）明确的社会目标和规范

自教自律不是一种静态性自我约束，而是人们朝向一定目标、遵循一定规范的动态性规约。明确的目标和规范是自教自律产生的前提条件。目标为人们提供的是一种价值追求，是自教自律的取向和意义表达。目标被人们认可、接受之后，人们能够用它来导引、调节自己的价值取向，加强体验与理解目标的意义，这就是自教。没有明确的社会目标，或者不接受社会目标，人们就不会持久地坚持社会的目标取向，也不会坚持社会所制定的规范，而是在思想和行为上各行其是，与社会生活不协调，这就不是该社会所要求的自教自律。同样，规范为人们提供的是一种行为准则，是自教自律的遵循尺度和意志体现。规范被人们认可、接受后，人们能够用它来规约、衡量自己的行为，使外在规范内化为自身的内在准绳，这就是自律。社会规范包括法规和道德两个方面。没有明确的社会规范或人们不认可、不遵循社会规范，思想和行为就会失范，失范自然不是社会所要求的自教自律。所以，任何社会的自教自律都有目标导引和社会规范。不管社会目标是真实的还是虚幻的，是科学的还是谬误的，也不管规范是合理的还是不合理的，是严厉的还

　* 原载于《教育评论》1999 年第 4 期，收录时有修改。

是宽松的，都能反映统治阶级根本利益和意志的目标、规范，作为人们自行取向的外在性社会条件。

### （二）教育和管理职能机构

我国由于继承了注重伦理的文化传统，长期以来，对思想道德教育十分重视，各个系统、各个单位都有专门的思想道德机构，这些机构的一个重要任务就是引导、组织群众进行自我教育活动。改革开放以来，我国逐步重视管理，并能有效地把教育与管理结合起来。

各个社会教育机构的一个十分重要的职能，就是充分论证所在社会目标的合理性、价值性，并使这种合理性、价值性在人身上得到体现并形成人们为之追求的人格目标。如宗教社会向往来世，追求至善至美、大仁大德的人格；中国古代社会崇尚治国安民的"圣人""君子""贤人"人格；资本主义社会追求聚敛财富、追求个人享乐的人格；社会主义社会倡导为人民服务、全面发展的人格。这些人格目标是为实现所在社会的社会目标服务的，是教育把社会目标向人转化的基点，也是人能够坚持自教的基础。各个社会的管理机构十分重视通过政策、奖惩、强制执行措施，使人们接受社会规范以维护社会秩序。通过对遵规守纪的认可、奖赏和对违规失范的谴责、惩罚，来引导、训练人们的自律行为。所以，教育与管理两种职能，是任何社会都不可缺少的，是人们自教自律所必须具备的客观条件。

### （三）自教自律的活动与方式

教育和管理作为人们自教自律的外在条件虽然不可缺少，但它毕竟不能代替人们的自主行为。只有把教育、管理的要求转化为内在思想和德性规范，还要通过人们的认知、情感、意志的思维活动和自教自律的具体方式才能实现，即化他教为自教、化他律为自律。化他教为自教、化他律为自律的实质，是将社会的思想道德和规范转化为个人内在的信念、情感、意志和良心。也就是说，道德心灵活动与道德生活的实践活动之间的相互转化，表现为思想道德主体自身的行为动因由原来的外在约束转换为内在约束，即转换为主体自身的意志约束。所谓主体自身的意志约束，就是主体在内心为自己立法。这种"内心立法"是认知、情感、意志综合作用的结果。思想道德情感是思想道德需要的表现，是人生的体验，它保证并推动思想道德认知的扎根和升华，因而思想道德情感是动力。思想道德意志是对由认知所形成的目标和境界的执着，表现为一种持久性、忍耐力，是人内在力量的显示。认知以求真，情感以达美，意志为成善，这正是人们在外在教育、管理影响下，内心世界所发生的活动。正是这种内心世界的活动，为自教自律提供了基础。

光有自教自律的内心活动是不够的，还应有外在方式催化、激发、推进内心活动的展开和自教自律的发展。外在的方式无非两种：一种是个人的自学、自省、自责、自律；另一种是人们之间的互相学习、互相感染、互相监督、互相约束。

## 二、现代社会自教自律的特殊性

在我国现代社会条件下，自教自律的一般条件已经具备，特别是随着社会主义制度的不断完善，群众性的自教自律也在不断发展。改革开放以来，社会主义市场经济体制的建立、对内对外开放的扩大、单位和个人自主权的增加，改变了计划经济体制和封闭条件下人们存在的某些依赖性，自教自律以一种富有现代特色的面貌迅速发展起来，使我国社会发生了深刻变化。但是，在改革开放的新形势下，人们面临许多新情况，一时难以适应，在自教自律方面也存在一些新问题。这些新问题是在自教自律新发展过程中同时产生的，新发展与新问题结合在一起，形成了我国由传统社会向现代社会转变过程中自教自律的特殊性。

第一，个体自主性与个体对社会的依存性同时增强。在市场经济条件下，在开放的社会环境中，个人的自主权增大了、自主性增强了，个体可以根据自己的兴趣、爱好、特长以及发展需要，选择专业、职业、社会兼职以及生活方式等；个体也会十分珍惜社会给予自己的自主权，认真地进行自我决策、自我选择，努力按社会的要求和规范，自觉地进行自教自律。这是个体对自己负责、争取自身发展的前提条件，也是现代社会促进自我教育发展的最有利条件。但是，在现代社会条件下，个体在增强自主性的同时，个体与社会的联系、交往更广泛了，从社会获得自身发展条件的途径与方式更多了。个体社会化程度的提高，表明个体对社会依存性也在增强。如果个体看不到这种发展趋势，仍然以传统的心理与方式，特别是以小农经济自给自足的心态来对待自主权，表现自主性，那么，个体就会忽略自身对社会的依存性，孤立地行使自主权，片面扩充自主性，甚至做出不道德、不合法的事情，危害他人和社会，这种情况在现实生活中并不少见。所以，在开放扩大、体制转换的过程中，一方面自教自律发展很快，社会的稳定程度增大；

另一方面，危害他人和社会的不道德、不合法事件也有所增加。发生以上情况的原因除了在体制转换过程中，存在制度上的某些漏洞之外，一个很重要的原因是一部分个体在拥有了一定自主权之后，没有解决好如何按照现代社会的要求和规范进行自教自律的问题。他们要么过分强调自主性，忽视社会规范的制约性；要么不了解不熟悉现代社会越来越明确具体的规范，一旦违规失范造成损失之后，他们才明白是怎么一回事。因此，在人们增强自主性和自教自律自觉性的同时，仍然要加强教育与管理工作，推进自教自律活动，保证现代社会的顺利发展。

第二，社会规约性与社会对个体多重性的影响同时强化。在现代社会条件下，随着民主与法制建设的加强，各个领域、各项工作都制定了一系列明确而具体的法规、制度，使人们的行为有所遵循。为了保证这些法规、制度能有效执行，维护社会的正常秩序，根据现代社会发展的需要，还强化了执法、监督部门，如党内的纪检部门、行政的监察部门、经济系统的审计部门以及司法部门。民主法制建设和监督部门的加强，表明社会的规约性得以强化，进而向人们提出了自教自律的要求，也为人们的自教自律提供了制度保证。强化社会的规约性，是因为社会有违规性倾向存在。产生社会违规的根源，一是由于社会的开放，社会影响的多重性明显增强，即既有主导的积极因素的影响，也有大量的消极因素的影响，特别是诱惑力很强的钱、色、利、黄、毒、赌的影响，对自教自律自觉性不高的意志薄弱者，很容易发生腐蚀作用。二是由于现代社会的复杂性与易变性，容易使一些人受利益驱使，利用复杂隐蔽和变动不居的方式，制造错觉甚至混乱，造成事物失真，甚至以假当真、以假乱真。这种违反道德规范的情况，在经济、政治、文化领域以及日常生活之中也不少见。现代社会的复杂条件和多重影响，对人们自教自律的冲击是很大的，也是难以控制的。为此，社会必须强化规约性。只有这样，人们的自教自律才能得到组织保证和制度保证，违规违约现象才能得到抑制和处罚。

第三，个体的选择性与选择的风险性同时加大。现代社会的多样性和人们自主性的增强，增加了人们在生存、发展中的选择性。在选择过程中，大多数人会本着既对自己负责，也对他人和社会负责的态度，按照我国社会提供的原则、规范，选择有利条件和因素来发展自己，并为社会做贡献。面对纷繁复杂的社会生活，面对千变万化的信息社会，在思想道德观念和思想道德行为上，赞成什么、反对什么，吸收什么、排斥什么，都需要个体按照一定的准则、规范进行辨析、选择和取舍。因此，无论是在思想道德上，还是在事业和日常生活方面，个体选择性的增加，都需要个体自教自律自觉性的增强。自教自律是个体进行正确选择、顺利发展自己的前提条件。个体如果不能正确把握自己，不能按社会的原则和规范约束自己，就不能正确把握社会、适应社会。个体在思想道德和事业上面向社会进行选择的过程中，是存在风险的，这种风险主要表现在这样三个方面：一是冒险性选择。冒险性选择是个体放松自我约束，对明显的不良习惯或丑恶现象，不顾社会的原则和规范进行的选择。这种冒险性选择是丧失自教自律的一种行为。二是随意性选择。随意性选择是个体不经认真思考，对选择行为及其后果缺乏责任感，不顾选择行为及其后果对他人和社会所造成的不良影响。这种选择方式也是缺乏自教自律的行为。三是风险性选择。风险性选择是个体在面临多种可能性选择的情况下，虽经认真思考、比较，但因事物发展的复杂性与易变性，并不能保证选择的完全正确性。这种风险性选择，在市场经济条件下和开放环境中是经常发生的。为了尽可能减少选择的风险，只能提高个体选择的能力，而提高个体选择的能力，在很大程度上有赖于个体自教自律水平的提高。

### 三、发展自教自律的方法

现代社会自教自律的特殊性，是相对于传统社会而言的。要认识这种特殊性，发展现代社会的自教自律活动，就必须在继承、借鉴传统社会自教自律方法的同时，发展现代社会的自教自律方法。

（1）认识现代自我。现代人所处的时代、环境和运用的理论已经与过去不同了。现代自我既是一个独立性、自主性不断增强的自我，又是一个社会化程度不断提高、对社会依存性不断增大的自我；既是一个面临社会强化规约需要自觉自律的自我，又是一个面临社会激烈竞争需要不断发展的自我；既是一个对各种有利条件可以选择的自我，也是一个受各种风险冲击的自我。因此，个体的自我认识，尤其要认识现代社会反映在自己身上的现代特性，也就是要在开放的环境中认识自我，要在不断发展中认识自我，要在同他人的比较中认识自我。这样，个体对自身的认识，既要以思想道德的先进性要求为参照，认识自己的差距所在，也要以思想道德要求的广泛性为参照，认识自己所处的水平；既要认识自己的缺点、错误，给予正视和改正，也要认识自己的长处、优势以便于取长补短、以优避劣；既要客观地认识自己的现在，做到心中有数，也要正确地规划自己的未来，努力实现自我超越。所以，现代自我认识，是一种系统认识、比较认识、发展认识。认识的目的，不仅是为了发现自己的缺点、错误，进行检讨、改正，而且是为了发现并发挥自己的长处、优势，立足于发展和超越。只注重对自身是与非、对与错的"二分"传统认识，只注重对缺点的检讨而忽视自己的长处，容易导致传统社会的那种消极被动的自教自律，不利于自我发展。现代社会所标示的是要竞争，要发展。人的思想道德的发展，人的思想观念的发展，也就是人的思想观念的现代化，就是对传统思想观念的扬弃，对过时观点的克服，就是对自身缺点、错误的摆脱与超越。

（2）坚持自我学习。在现代社会条件下，市场经济体制激发了全社会的激烈竞争，而竞争又促进了社会的全面发展。特别是现代科学技术的发展，不仅使科学文化知识的总量迅猛增加，而且使科学文化知识转换、更新的周期越来越短。大众传媒每天都在提供大量的新信息，社会的各个领域都在不断发生变化。今天社会的急剧变化，也许还来不及等你适应，新的情况又出现在你面前。个体要在知识与思想上适应社会的这种变化，就需要不断学习，更新知识，更新思想。所以，对每一个人来说，现代社会是一个终身学习的社会，是一个终身教育的社会。自学不但为自教提供新的内容，而且为自律提出新的要求。现代社会的自我学习，首先要发展个体的自我学习，开辟自我学习的新途径和方式。传统自我学习的主要方式是学习书本和理论。这一学习方式在新形势下仍然是需要的，但光有这一方式不够，还要有新的学习方式。新的学习方式主要有：向环境学习，特别是向媒介环境学习，通过大众媒体所提供的大量信息，运用自己的各种感官，坚持学习，吸收各种新思想、新观念、新知识，充实、丰富自己的精神世界；向竞争对象学习，在进行直接比较、竞争中，善于发现、学习竞争对象的长处与优势，弥补自己的不足，用以增强竞争的动力，提高竞争的水平；向创造性的实践活动学习，保持学习的前沿性，增强学习的创造性，并以学习的创造性、思维方式的创造性来推动工作的创造性。现代社会的自我学习，要更加注重发展团体的自我学习。因为只有团体的自我学习，才能通过团体成员的相互感应、理解与认同，形成共同的价值取向、团体精神和道德责任，即形成团体的精神文化。团体的精神文化是团体成员共同的精神财富，是推动团体发展的强大动力。现代的自我学习，绝不仅仅是一些人理解的单纯业务学习，也包括人的思想的适应与道德的提升；也绝不仅仅是个人思想道德素质的提高，而重要的是要靠团体成员创造共同的精神文化。个体思想道德素质虽是团体精神文化形成的基础，但仅仅重视个体的思想道德而忽视团体精神文化的创造，无法把个体思想道德激发、释放出来。

（3）进行自我调适。在现代社会条件下，个体要掌握心理调适方法，学会进行心理调适。心理调适方法主要有心理保健方法、心理放松方法、心理宣泄方法、心理自慰方法等。这些方法能够有效帮助个体发展心理健康、寻求心理平衡、保持心态正常，是新形势下自教自律方法的新发展。不掌握这种方法，个体产生心理失衡和心理障碍之后就会不知所措，要么从宗教中寻找慰藉，要么控制不住心理矛盾冲突，或折损自己，或危害他人。因此，自我心理调适方法是现代人必须掌握的自教自律方法。同时，在现代社会条件下，由于社会的复杂性和风险性的存在，每个人的发展都不可能是一帆风顺的，挫折、失误、失败在所难免，升降起伏也会经常发生。面对这些人人都要遇到的问题，更要进行自我调适。这种调适，主要是发展方向上的调整、道德方位上的调节和思想方式上的调适。在新形势下，进行这种调适的主要方式是自我评估、自我批评。所谓自我评估、自我批评，就是按照团体所确立的统一评估指标与要求，找出问题；对比竞争的优胜者，找出差距。个体要切实正视这些问题和差距，认真进行自我批评，总结经验教训，调整努力方位，纠正发展偏向。只要是认真的，而不是敷衍的，这样做了就会取得成功；否则，失误和失败仍然在所难免。

（4）开展自我反思。所谓反思，就是人的心灵以自己的活动为对象而反观自照，一般是指精神的自我活动和内心反省的修养方法。黑格尔认为，要使思维由自发状态进入自觉状态，只有依靠反思，离开反思就不可能产生理性思维。自我反思、自我调适、自我反省、自我批评，都是个体的自我内心活动，都要联系个体的思想和行为进行总结、检查和思考。反思所涉及的因素，不限于个体的主观因素，还与社会、环境等多方面的客观因素相联系；不仅思考个体思想和行为的现实状况，而且追溯个体思想的来龙去脉；不仅对个体的思想与行为进行感性认识，而且对个体的思想和行为进行理性思考。通过反思，个体对自己的认识和把握更全面、更系统、更深刻。因而，反思是个体把握自身发展规律的一种方法，是自教自律的理性方式。在现代社会条件下，偶然因素的大量存在使人们不容易把握思想道德发展的必然性；事物发展的多样性往往会淹没主导性。偶然性、多样性现象容易使人们的思想限于非理性，行为限于盲从性，重感觉、重情绪体验、重主观愿望的倾向会有发展。如果人们的思维仅仅停留在非理性层面，不能用反思这种理性方式主导思维活动，就不能从本质上把握自己。因此，自我反思是人们理性地把握自己的一种方式，是个体自教自律的最高层次。

# 论对外开放和多元文化激荡条件下的民族文化主导*

党的十七大报告指出："当今时代，文化越来越成为民族凝聚力和创造力的重要源泉、越来越成为综合国力竞争的重要因素，丰富精神文化生活越来越成为我国人民的热切愿望。"① 并特别强调，要坚持社会主义先进文化前进方向，兴起社会主义文化建设新高潮，激发全民族文化创造活力，提高国家文化软实力。

经济全球化浪潮的强大冲击、社会信息化的迅速推进、人们交往范围的日益扩大，极大地推动了各国的对外开放和世界各种文化的传播、交汇与激荡。如何在对外开放与多元文化格局条件下保持民族文化的主导地位、坚持社会主义先进文化前进方向，是我国高校德育面临的时代性课题。

## 一、对外开放和多元文化激荡条件下民族文化面临的时代课题

民族文化有广义与狭义之分。广义的民族文化是指一个民族在长期的历史发展中共同创造并赖以生存的一切文明成果的总和。狭义的民族文化一般指民族的精神创造与精神文化。

每一个民族文化的形成都离不开民族群体生活的自然环境条件和生理素质条件。而民族群体的实践活动与交往活动，特别是社会生产实践活动则是最基本和决定性的条件。所以在历史发展长河中，民族自身的自然生态条件和生理素质活动的实践形成了自己独特的文化。这种文化是一个民族的根和魂。这个民族之所以在历史长河中生息、繁衍，经久而不衰，独立于世界民族之林，主要靠文化。如果没有文化，就不能称其为一个民族。文化是区分一个民族的重要标志，是民族生存和发展的本质性力量。文化哺育和传承民

---

* 原载于《北京大学学报（哲学社会科学版）》2009 年第 1 期，作者郑永廷、罗姗，收录时有修改。

① 《胡锦涛文选》第 2 卷，人民出版社 2016 年版，第 639 页。

族精神，滋养民族的生命力，激发民族的创造力，铸造民族的凝聚力。文化反映着民族的思想道德水平和科学文化素质，为经济社会发展提供精神动力和智力支持。

每个民族都有其独特的民族传统文化，这种文化是区别于其他民族的主要标志之一，更是这个民族繁衍、生息发展的根本支撑。没有文化的民族是不能独立于民族之林的，更谈不上生存和发展，不管这部分人是多是少，在历史进程中只能是自行分化解体，各奔东西，融合到其他民族之中。独具特质的民族文化，是民族的内在气质、精神动力，必然会通过各种形式反映在民族的生产、生活的各个方面，顽强地表现其民族特性，以区别于其他民族。

总之，民族文化是一个民族独立的重要力量和标志，是一个民族昌盛的重要表现和景象，是一个民族发展的重要动力和根基。

随着我国对外开放的扩大，民族文化的安全问题提上了议事日程。我国对外开放程度的进一步加大和深入，使国家各个部门特别是要害部门都处在国外的注视甚至监控之下。由于我国的社会制度和意识形态与西方发达国家不同，因而我国文化受到各种形式的冲击、渗透在所难免，国家安全问题日渐突出。安全问题不再只涉及国土安全、主权安全，还包括文化安全。文化安全就是指保护本国的优秀文化和价值观免受异质文化的渗透和侵犯，维护本民族的文化特性。由于文化是在人们长期的生产、生活中逐渐形成的，因而它的排他性和习惯性是显而易见的。但是，随着不同民族间交往的日益增多，不同文化之间的碰撞和交融日益激烈，文化既获得了发展的大好机会，同时也面临着异质文化特别是文化霸权主义的威胁。西方文明依仗其强势的经济与科技水平，对非资本主义国家，特别是社会主义国家的民族文化产生巨大冲击。这主要表现在西方发达国家以其先进的科技，大量传播、输出文化产品，并以潜移默化的方式向我国传播生活方式、价值观念与政治制度。如美国中央情报局的一份行动纲领指出："一定要尽一切可能做好宣传工作，包括电影、书籍、电视、无线广播，只要他们向往我们的衣、食、住、行、娱乐和教育方式，就是成功了一半。"[①] 西方发达国家的文化传播与输出，在开放条件下是无法避免的，我国对西方发达国家的文化进行学习、借鉴也是必要的。但在这个过程中，学习、借鉴什么，批判、抵制什么，如何进行比较、鉴别，对广大学生来说，是难以把握的。因为青年学生社会生活经验不足，对历史了解不多，对社会主义与资本主义的本质缺乏认识。一些学生往往以好奇的心态，不加分析和鉴别地对待西方文化，甚至对自己接近与熟悉的民族文化缺乏兴趣。这种对西方文化与民族文化上的亲近与疏离、认同与排斥现象，如果超过了一定限度，就会威胁到我国民族文化的安全。

随着经济全球化的发展，不同地区、不同国家、不同民族的文化交流必然加强，我国社会文化多元化已经成为一种客观存在。一种文化就如同一个人，由于所处的环境和条件不同，如地域、人种、习俗、历史、分工、身份、利益等的不同，每种文化都有体现其民族特征的思维方式和行为模式。联合国前秘书长加利在南京大学接受名誉博士学位时在发表的题为《多语化与文化的多样性》的演讲中说道：必须清醒地认识到，世界化并不仅仅局限于商贸往来或信息交流的全球化。从"世界化"这个词最广泛的含义来看，它首先对文化产生了影响。他特别提醒人们："也许大家并不都知道，每两个星期就会有一种语言从世界上消失。随着这一语言的消失，与之相关的传统、创造、思想、历史和文化也都不复存在。"加利对这种文化境遇的危机还进行了深刻的剖析："我们处于一种相悖的境遇中：国家在赢得主权的同时也在失去主权。当一个国家的政治产生国际性的影响时，它便赢得了主权；当一个国家的政治在越来越多的方面更多地依赖于其他国家，尤其依赖于凌驾于国家结构之上的新兴权力时，它便失去了主权。因此，从全球的角度来思考民主，在世界化破坏民主之前让世界化得以民主化，这是至关重要的。因此，只有国际社会各个权力层次都行动起来，只有保护语言和文化的多样化，国际关系的民主化才能得以实现。"①

加利的看法是很有实际针对性的，他好像在提醒许多弱势民族与国家，不要在全球化的这个必然走向中丧失了自己的文化身份和地位，即必须保持全球化进程中民族文化的地位，不然就是强势文化的单一化、单极化。文化在全球化中有不同民族文化的多样性存在才是真正意义上的文化全球化。所以，民族化的文化存是文化全球化的一个制衡因素。

在多元文化激荡中，本土文化与外来文化的冲突加剧。不同民族文化间的交流明显增加，原来在不同历史时期以及不同文化背景下存在的民族文化被全球化进程挤压在同一个平面上，使本土文化与外来文化互相碰撞、相互冲突。亨廷顿的"文明冲突"理论反映了各种文化的差异与冲突。这种冲

---

① ［埃及］布托·布托-加利：《多语化与文化的多样性——在接受南京大学名誉博士学位仪式上的演讲》，载《南京大学学报（哲学·人文科学·社会科学版）》2002年第3期。

突主要存在于发展中国家和经济比较落后的民族。因为在全球化过程中，西方发达国家凭借强大的经济实力，在经济扩张的同时，也伴随着文化的扩张，西方国家试图把自己的文化强加给发展中国家。例如，美国在人权等问题上搞双重标准，指责这个国家没有人权、那个国家没有民主，却单边发动侵略主权国家的军事行动，遭到了广大发展中国家和经济比较落后的民族人民的反对。

在多元文化激荡中，不同民族文化出现了中心与边缘的分野。在相对封闭的过去，由于受到地理与生态条件的限制，不同社会群体之间的文化交往通常是有限的，世界是相对封闭的几个系统，不存在中心与边缘，或者说世界是多中心的。到了经济全球化发展进程中，在不同文化交汇的过程中，强势的文化将依靠着它多年所蓄积的落差，势不可挡地冲击着处于弱势地位的文化体系。西方国家特别是美国充当着世界文化总裁判长的角色，认为只有西方文化才是优秀的，企图用美国的文化统一全球，这就是文化霸权主义。

为了抵制"中心—边缘"模式的不平等，防止被边缘化，许多处于文化边缘的国家和民族，甚至原本处于中心的国家和民族，开始意识到这种冲突。例如，由于美国对加拿大等国家的文化渗透（美国占领了加拿大电影市场的 95%、电视剧市场的 93%、英语节目的 75%、书刊市场的 80%），加拿大的有识之士忧心忡忡，意识到了被边缘化的危险，呼吁政府采取措施。法国也有类似情况，以至于法国伦理与政治科学院院士米歇尔·阿尔贝尔在《资本主义反对资本主义》一书中反问道："在 21 世纪，只有一种资本主义模式，即新美国模式吗？难道可以把它强加给整个世界吗？"① 总之，许多国家和民族在为克服"边缘化"而进行着文化领域的斗争。

文化多元化的冲击导致传统在"断裂"中激变，民族文化的固有方阵始终面对着外来文化的冲击，由此导致民族文化在传统的"断裂"中发生激变。这是当今时代各国社会结构变迁所面临的一个普遍性问题。在外来文化的冲击面前，人们往往陷入两难选择的困境：如果固守原有的民族文化方阵，在纯洁的文化基地上确保民族性特色，则又担心民族文化只能沿着传统固有的轨道以不变的节奏缓慢发展，致使民族的发展跟不上时代的节奏；如果听任民族文化经受多元文化交融，又难以保持文化的主导性，导致传统的断裂，则又担心文化的变化状态会导致民族性的失落，甚至使民族沦落到灭

---

① ［法］米歇尔·阿尔贝尔：《资本主义反对资本主义》，杨祖功、杨齐、海鹰译，社会科学文献出版社 1999 年版，第 4 页。

亡的地步。

## 二、坚持对外开放和多元文化激荡条件下的中华民族文化主导

中国是五千年的文明古国，厚重的历史积淀铸就了博大精深的民族文化。在多元文化激荡中，我们要保持文化的民族特色，坚持民族文化独立性。民族文化独立性是指在经济全球化所驱动的文化全球性发展的客观趋势下，一个民族的文化在与其他民族文化的碰撞与交融的过程中，保持对本民族优秀的人文精神、价值观念、民风民俗、话语体系以及文化心理结构等文化要素的心理认同感。对于中国而言，由于社会信息化进程加快和加入世界贸易组织，保持民族文化的独立性对我们来说已是一个无法回避的现实问题。

文化总是既有普适性又有民族性的，越是民族的，就越是世界的。我们要培养民族文化的海纳百川、兼容并包的包容性和天南地北、多元共存的多样性，但必须强调的是，其中主导性的民族特色是不可削弱的。如果没有主导的民族文化，就没有共同的规范和准则，人们的思想和行为就难以统一，中华民族和国家也就缺乏凝聚力和向心力。所以江泽民强调："历史和现实都告诉我们，国家要独立，不仅政治上、经济上要独立，思想文化上也要独立。"①

在多元文化激荡中，我们要坚持民族文化的主导地位，就应发扬自身的文化个性。正如费孝通先生指出的，要有一种"文化自觉"，这种"文化自觉"建立在对自己的历史文化有自知之明，并对其发展历程与未来有充分认识的前提之下。不同文化之间，应该各美其美，美人之美，美美与共，天下大同。各美其美，就是每个民族都要发展自己民族的文化；美人之美，就是要尊重其他民族的文化。只有共同发展，美美与共，才能实现各种文化的和谐相处。中国古代"多元一体、和而不同"的思想，对我们今天在多元文化激荡中如何坚持民族文化的主导地位仍然有现实意义。

在当前和今后很长时期内，伴随经济全球化的迅速发展，民族国家的界限意识虽有所模糊、淡化，主权虽有所削弱，但民族国家制度仍然是主导性

---

① 江泽民：《在中国文联第六次全国代表大会、中国作协第五次全国代表大会上的讲话》，载《电影艺术》1997年第2期。

制度。全球化发展与本土化、民族化发展是两种相互依存、相互促进，同时又相互矛盾的发展趋势。全球化发展是本土化、民族化发展的条件，本土化、民族化发展是全球化发展的基石。全球化发展不可能使不同地区、不同民族的经济、政治、文化完全趋同，本土化、民族化发展也不可能阻止全球化发展的历史进程。世界总是在既统一又呈多样性的辩证关系中发展。所以，在诸多全球化理论中，除了像美国政治家福山这样的少数分子把全球化的现状和未来归结为一种因素或逻辑占据主导地位，从而形成统一的一元图景外，大部分学者都承认全球化的现状和未来将是统一性与多样性、普遍性与特殊性共存的局面，而且他们都非常重视这种多样性的存在和发展，把它视为全球化的内在特征。如费舍斯通从文化层面进行研究，认为目前全球化进程中的文化是多元文化，未来统一的全球文化前景渺茫。海纳莱从社会关系角度研究，认为随着社会关系网络内部的复杂化、多样化，全球化只会呈现多样化特征。弗里德曼从霸权衰落的视野指出，随着世界进一步解除霸权和消除同质，一个文化多元化和族性化的世界再也不会强制推行一种吸纳政治或文化等级政治。提出文明冲突论的亨廷顿，也认为文化不可能统一、融合，他对自己文明冲突论的观点进行了一些修正后，1996 年在美国《外交》杂志上发表了一篇题为《西方文化是特有的但不是普遍适用的》文章，批评"西方文化是全世界的文化"是"文化自负"，现代化就是西方化的"单一文明胜利"是"幼稚想法"。罗伯逊也一直坚持全球化是统一性与多样性共存的过程，他认为，各种各样的冲突将是目前全球进程的主要特征，而全球化未来的前景将是多样性并存。总之，到目前为止，认为全球化发展已经和将要消融民族文化、消解民族国家的主张极为少见。民族文化是民族国家的灵魂，政治多极化是民族国家存在的标志，立足于民族国家的发展，推进全球化发展，是各国政府、各国人民的共同使命。我国作为一个发展中的大国，其发展状况不仅直接影响全球化进程，而且直接关系到十几亿人口的生存与发展。只有强国，才能富民；只有强国，才能为世界做更大贡献。任何借口全球化而否定本土化、民族化的倾向，不是天真幼稚，就是别有用心。

坚持民族文化特性，就是坚持民族文化的主导地位。这里的民族文化有空间上的含义，即是针对外来文化而言的；也有时间上的含义，即是针对中国古代文化而言的。因此，我们所要坚持的民族文化，既不是中国古代文化的简单复制，也不是西方文化的全盘照搬，而是中华民族的先进文化。如果不坚持民族文化的主导地位，必然会导致两种错误倾向：一是西化，就是变质，是空间上的错位；一是古化，就是退化，是时间上的倒退。我们要坚持的民族文化，是以马克思主义为指导的，批判继承和吸收中国古代文化和西方文化的、具有中华民族特色的社会主义文化。这里所说的主导，是对古代文化、西方文化、宗教文化和大众文化的主导。

## 三、对外开放和多元文化激荡条件下的高校民族文化教育

在对外开放和文化多元化的历史条件下，弘扬和继承中华民族优秀传统文化，对凝聚全民族的意志和力量，振奋民族精神，保证社会主义市场经济健康发展，促进全民族素质不断提高，实现中华民族伟大复兴，具有十分重要的意义。为此，党的十七大报告强调，"弘扬中华文化，建设中华民族共有精神家园"，"加强中华优秀文化传统教育，运用现代科技手段开发利用民族文化丰厚资源"。① 我国发布的《国家"十一五"时期文化发展规划纲要》把关于民族传统文化的传承与保护放在了突出位置，强调要重视中华民族优秀传统文化教育和传统经典、技艺的传承。以政府意志对传统文化教育做出系统规划，这在近半个世纪以来是第一次。这一举措对于繁荣和发展社会主义先进文化，提升民族自信，振奋民族精神必将产生深远的影响。

传承民族优秀传统文化，一般是通过两个渠道进行的：其一是社会渠道，即通过人们的价值观念、生活方式、风俗习惯进行传递、承袭；其二是学校，即通过各级、各类学校教育的途径传承民族传统文化。以学校教育传承文化传统，历来是各个国家、民族所采取的主要途径。学校是文化知识聚集、传播、创造的重要场所，肩负着弘扬民族文化、培养民族精神的重要使命，必须加强民族文化教育是学校教育，特别是德育的任务。

青年学生是祖国的未来和民族的希望，他们将承担建设中国特色社会主义的历史任务，他们的思想道德、文化素养直接关系到全面建设小康社会的目标能否顺利实现，关系到中国特色社会主义事业的成败。他们又是未来传承中华文明的主要力量，他们掌握民族文化的态度与程度，直接决定了中华文明未来的性质与走向。因此，我们必须从实现中华民族伟大复兴的高度，切实加强青年学生的民族文化教育。

民族文化不仅是指中国古代文化，还包括现代以来的革命传统文化。革命传统是中国共产党人以马克思主义为指导，继承中华民族忠国爱民、艰苦奋斗、自强不息精神，领导人民在革命战争和社会主义建设的伟大实践中创

---

① 《胡锦涛文选》第 2 卷，人民出版社 2016 年版，第 640–641 页。

造的宝贵精神财富，是民族文化的重要组成部分。弘扬革命传统既是传承我国古代优秀文化，又是延续、发展中国共产党领导广大人民创造的现代文化。所以，胡锦涛十分强调弘扬革命传统的重要性："革命前辈们在艰苦卓绝的革命斗争中培育起来的革命精神和优良传统，对我们坚定信念、鼓舞斗志、做好工作具有重大的现实意义，永远是我们在前进道路上战胜各种困难和风险、不断夺取新胜利的强大精神力量。……我们要教育全党全国人民学习和发扬毛泽东同志等老一辈革命家为祖国、为民族、为人民矢志奋斗的崇高精神和崇尚品德，坚定不移地把他们开创的、几代共产党人为之持续奋斗的事业继续推向前进。"①

民族文化的核心，是民族的核心价值体系。一个社会的核心价值体系，是一个社会主义的灵魂与旗帜，是引导、规范社会多样化和个体特色化的基本准则。一个社会如果没有明确的核心价值体系，这个社会是难以维系和发展的，正如西方思想家威廉·A. 多诺休所指出的，如果一个社会没有主导的价值观，个人随意选择接受某个规范或价值，随意放弃他不同意的东西，这对于社会的存在是颠覆性的。我国高校进行民族文化教育，最根本的是要进行社会主义核心价值体系教育，这一教育包括四个方面的内容：一是坚持马克思主义为指导思想。马克思主义指导思想是社会主义核心价值体系的灵魂，它决定着社会主义文化的性质和方向。对大学生进行文化教育，就要重点进行马克思主义理论教育。其目的与期待就是把这些在我国未来社会起骨干作用的群体，培养成为社会主义的建设者和接班人，能够自觉坚持马克思主义指导。二是形成有中国特色的社会主义共同理想。中国特色社会主义共同理想是社会主义核心价值体系的主题，也是社会主义文化的主题。这个共同理想，把党在社会主义初级阶段的目标、国家的发展、民族的振兴与个人的幸福紧密联系在一起，有着广泛的社会共识，具有强大的感召力、亲和力和凝聚力。为此，高校德育必须把大学生形成共同理想作为教育主题，把学生的思想、行为引导到中国特色社会主义现代化建设上来。三是弘扬以爱国主义为核心的民族精神和以改革开放为核心的时代精神。以爱国主义为核心的民族精神和以改革开放为核心的时代精神是社会主义核心价值体系的精髓，也是民族文化本质与时代特征的集中体现，高校德育要把爱国主义教育、改革开放教育作为重点，充分激发学生的爱国热情、创新精神。四是坚

① 胡锦涛：《继承发扬党的优良革命传统　加快全面建设小康社会步伐》，载《人民日报》2003 年 9 月 3 日。

持社会主义荣辱观。社会主义荣辱观是社会主义核心价值体系的基础，是社会文明的标志，高校德育要以社会主义荣辱观要求的基本准则和规范要求学生、训练学生，使学生的言行既符合社会发展需要，又满足自身成长需要。

在坚持民族文化教育主导上，高校存在一些认识与实践上的偏差。一是有些高校和一些大学生，为了应对市场体制条件下的竞争压力和科技迅猛发展条件下的信息压力，重视现代科技教育，忽视人文精神教育；重视专业知识教育教育，忽视传统文化教育，致使一些大学生对我国优秀文化传统知之不多，人文精神有所缺失，有的甚至陷于迷茫困惑。二是有些理论工作者简单地将民族文化等同于古代传统文化，沉湎于历史事件的考究与历史知识的阐发，缺乏对革命传统文化、当前我国文化发展的关注，忽视传统文化的现代转化。这种舍今求古、舍近求远的教育不能有效地与大学生关注现实、注重实际的特点相契合，难以引起大学生的学习兴趣。三是有些教师偏重历史材料的罗列和历史知识的传授，不注重对精神内涵的把握；教育的目的是考试，而不是重在民族精神铸塑，致使教育成为一种过程性、形式化的活动，难以获得育德的效果。四是有些民族文化教育，不适应经济全球化与对外开放的形势，孤立地，而不是在与西方国家文化进行历史与现实比较中讲中国文化，致使一些学生对民族文化的起源、发展、性质缺乏了解，对我国民族文化的特点与优势缺乏认识，存在文化自发性与实用性倾向。所有这些偏向，既阻碍民族文化主导作用的发挥，又制约民族文化教育的多样性与丰富性。

为此，高校德育要坚持民族文化主导，首先要明确民族文化教育的目的，把握民族文化教育的主导方向。即传承民族优良传统，坚持社会主义核心价值体系，培养爱国精神，增强民族凝聚，推进中国特色社会主义现代化建设向前发展。同时，高校民族文化教育，应当适应大学生理论思维能力强、掌握知识比较丰富的特点，在系统的中国化马克思主义理论教育、哲学社会科学课程教育过程中，遵循理论联系实际的原则，通过多内容、多层面、多视角的文化比较和引导，帮助学生进行民族文化选择，形成文化自觉。另外，要根据大学生文化根基有待深化、文化辨别力有待增强的实际与需要，防止大学生在影视文化、网络文化中的主体性丧失，防止大学生疏离民族经典文化而陷于"快餐文化"消费，防止大学生受西方国家霸权文化影响而出现西化倾向。

# 论信息技术条件下人的全面发展*

从 20 世纪 80 年代开始，我国逐渐融入全球信息技术革命浪潮。经过 90 年代和 21 世纪初的发展，我国全面进入了信息化发展阶段。信息技术是以电子计算机和现代通信为主要手段实现信息的获取、加工、传递和利用等功能的技术，电脑和互联网的出现成为信息技术新的发展力量。信息技术为人的发展提供了可能性，但也使人的生存与发展遇到了前所未有的困惑和挑战。我们应该正视信息技术条件下人的发展障碍，合理利用信息技术，更加有针对性地推进人的全面发展。

## 一、信息技术条件下人的发展障碍表现

第一，迷失性障碍致使人的自主性弱化。如今的人们无论身在何处都被信息所包围。从手机报纸、移动电视到网络，人们能随时随地获得信息并在潜意识中跟着信息走，自主性在不知不觉中弱化。网络储存信息的能力是其他媒介所无法相比拟的，人们在网上选择信息时总会被各种各样的垃圾信息不断分散注意力。许多人在网络的信息海洋中像一叶漂泊不定的小舟不知驶向哪里，无从选定，犹豫不决。除此之外，诱惑性是网络的一种特性，这种特性主要表现为新颖性、奇异性、成瘾性。在相对主义盛行的今天，网络的这种特性对于价值迷失的人无疑具有很强的负面作用：有人迷恋于网络游戏，有人迷恋于交网友，进而发展成为"网迷""网虫"。

第二，依赖性障碍致使人的独立性弱化。随着电话、手机、因特网的兴起和发展，人们的日常生活越来越离不开这些工具。人们几天不打电话、不上网就会烦躁不安；有的人在工作或学习时也不时地拿出手机看看，不然就觉得时间难挨、浑身难受；有的人在网络上疯狂浏览信息，好像不这样就会落后于别人。"当我们向物质环境灌输越来越多的聪明才智时，我们自己的脑子会不会萎缩？如果一旦某人把墙上计算机的插头拔掉，情况又会怎样？

* 原载于《学校党建与思想教育》2009 年第 26 期，作者郭娟娟、郑永廷，收录时有修改。

我们还有什么基本的生存技能？"① 人创造出的信息技术反过来成为支配人的主体力量。

第三，复制性障碍致使人的创造性弱化。在信息技术条件下，人们获得信息的方式更加方便和快捷。在过去，人们主要通过书籍、报纸获得信息；而在信息社会，人们只要打开电脑，各种各样的海量信息就会扑面而来，让人应接不暇。现在的人很少翻阅中外名著经典，写材料、写文章时经常无从下笔而不得不求助于网络。人们打开搜索引擎就开始复制、粘贴，对于网络上的信息不加分析、不加消化地快吞快吐，结果必然导致人缺乏深刻的思考；有很多人已经到了只有敲打键盘才能写文章的地步，形成了一种所谓的"电脑思维"，失去了个人所具有的思维个性。

第四，沟通性障碍致使人的现实性弱化。信息技术为人们开辟新的交往方式——虚拟交往的同时，也对人们的传统交往方式——现实交往构成了很大威胁。在网络这个虚拟社会里，电子银行、电子政府、电子警察、电子购物等交往方式为人们带来了很大便利，人们在家中通过敲打键盘即可做想做的事。但这种虚拟的间接交往使人受制于计算机网络，使人与人之间的关系疏远。"人的本质并不是单个人所固有的抽象物，在其现实性上，它是一切社会关系的总和"②，人在社会交往中才形成现实意义上的人。"然而今天集体生活赖以依存的所有技术社会中的组织机构及其制度，都已支离破碎。结果是孤独感像一场瘟疫蔓延开来。"③ 人的现实性因电脑屏幕对人与人的直接隔离而弱化。

## 二、信息技术条件下人的发展障碍因析

第一，人机关系的错位。在当今社会，人们把自身的价值目标与信息技术等同起来，把技术改进作为主要的追求目标，对信息技术的盲从与依赖使人们缺少了对人类自身的关怀和反思。这总括起来可以归结为一句话，即人机关系的颠倒与错位。"器本信仰"的实质，是人的工具化，在社会信息化条件下，表现为人的数字化、形式化。人内在的人文精神、价值目标的缺

---

① ［美］阿尔文·托夫勒：《第三次浪潮》，朱志焱、潘琪、张焱译，新华出版社1996年版，第189页。

② 《马克思恩格斯选集》第1卷，人民出版社1995年版，第56页。

③ ［美］阿尔文·托夫勒：《第三次浪潮》，朱志焱、潘琪、张焱译，新华出版社1996年版，第408页。

失，导致技术性思维强化，精神动力不足，社会责任感不强。科技和人文比重的严重失调，带来了越来越严重的信仰危机、道德滑坡、情感冷漠和文明水准下降。按照历史唯物主义的观点，人的发展大致经历三个阶段，即人对人的依赖阶段、人对物的依赖阶段、人的自由而全面发展的阶段。人机关系错位，人对信息技术过分依赖和崇拜，这在本质上是人对物的依赖的一种新的形式。

第二，虚拟与现实的分离。网络化带来了人们交往的虚拟化和生存的虚拟化。在网络社会，人们以数字化、符号化形式而存在，人们可以从中寻求在现实社会中寻求不到的自我认同和生存方式，可以无所顾忌地发表言论而不必为自己的所作所为负责。由于网络的新颖性、诱惑性及虚无性特征，也由于目前网络社会的法律机制不健全，现实生活中的人要么深陷虚拟社会中无法自拔；要么自身现实发展深受虚拟社会虚无主义的影响，如某韩国明星由于不堪网络谣言的压力而最终自杀的惨案。事实上，虚拟社会的环境污染问题及人们在虚拟环境中遇到的发展障碍来自虚拟社会与现实社会的分离。"网瘾意味着个体向虚拟生存的过度偏离，使得主体在现实与虚拟世界之间出现失衡，虚拟生存下的行为与价值观和现实生存中的行为与价值观的相关性下降。"[1] 人向虚拟社会的过度偏离导致人的现实性逐渐缺失，主体人格出现冲突与分裂，以至于人的发展呈现畸形与片面性。

第三，感性与理性的偏差。在信息社会的大潮中，信息的瞬息万变、信息技术的日新月异对人的影响具有非逻辑性、非理性的特征。传播手段的动态性、场域转化的流变性、交往过程的互动性、虚拟空间的开放性和去中心性，使人们的技术性思维、碎片化思维、感性化思维占主导地位，理性思维因信息技术变动性、信息多样性的冲击难以形成和发挥作用。这种即时性思维，是一种以个人为立足点和归属，以感性、眼前利益为满足，忽视全局与长远，陷于不确定性的思维。这种思维方式，只认定社会偶然性、不确定性因素的存在，不愿去探索偶然性、不确定性因素所隐含的必然性与规律性，因而也会对揭示社会与人发展的必然性、规律性理论产生排斥，使具有理性特征的理想信念难以形成。人们被现象的、表面的、变动的信息所包围，失去了对隐藏其后的本质的、深刻的、稳定的规律的认识和把握。人对信息和信息技术的崇拜缺乏合目的性的理性支撑。感性与理性比重的失衡必然导致人们重科技轻人文、重物质轻精神、重当前轻长远，使人们陷于零碎的思维

---

[1] 汪广荣：《从虚拟生存与现实生存的关系看网瘾问题》，载《学术论坛》2008 年第 6 期。

中，缺乏宏观的思考与把握，对信息难做分辨与取舍，产生迷惘与困惑，甚至产生"信息强迫症"。

### 三、合理利用信息技术促进人的全面发展

第一，正确认识人机关系，发挥人的主体性。在对待科学技术的问题上，一直以来存在技术乐观主义和技术悲观主义这两种论调的碰撞与纠缠。乐观主义者如爱尔维修、狄德罗等人认为科学技术极大地推动了人类社会历史向前发展，科学技术是无所不能的，它是人类得到幸福的关键。技术悲观主义者着眼于科学技术的应用给自然及人类社会带来的负面影响，如马尔库塞认为发达资本主义国家片面强调科技发展，把人变成了"单向度的人"；哈贝马斯认为科学技术起到了意识形态的作用。笔者认为，科学技术本身没有好坏之分，它实际上是人认识世界和改造世界的工具，其影响如何关键看使用科学技术的人。信息技术是科学技术新的发展形式，它是人达到所要追求的价值目标的手段，人的全面发展才是目的。信息技术作为人的创造性的结果，是人的主体性的彰显和体现，而对它的合理把握与应用，当然也依赖人的主体性的发挥和彰显。"主体性是人作为实践活动主体的质的规定性，是作为现实活动主体的人为达到为我的目的，而在对象性活动中表现出来的把握、改造、规范、支配客体和表现自身的自觉能动性和创造性的特质。"①它包括自主性、独立性、创造性等。在人面临信息技术异化的情况下，发挥人的主体性要坚持两方面的原则。一方面，人作为具有能动性的主体，要适应信息社会的要求学习和掌握信息技术。这是信息社会条件下人生存和发展的前提条件，也是推动人向前发展的重要途径和方式。另一方面，在学习和利用信息技术的同时，要增强对信息的处理能力和对信息技术的合理运用能力。过度依赖信息技术，只会导致人对自身力量的忽视和人作为主体的价值目标的丧失。在现代社会，无论信息和信息技术多么重要，运用和掌握它们的始终是人自身，人的发展才是信息和信息技术得以产生和运用的终极目的。

第二，正确协调现实与虚拟的关系，立足全面发展。主体向虚拟社会偏离及对现实社会疏离，是因为虚拟社会有着比现实社会更为广阔的主体得以沉浸的空间，这些空间来自虚拟社会制度、规范的缺失以及时空的不受限

① 陈文红：《论人在虚拟世界中的主体性地位》，载《法制与社会》2008年第12期。

制。突破时空的限制原本是网络社会的客观优越性所在。虚拟社会作为新事物，既能良好运转，又能使人们在虚拟与现实中实现平衡发展，只能是在突破时空局限性的基础上确立虚拟社会人交往和实践的制度、规范。姚红玉、刘粤钳依据美国哲学家约翰·塞尔的理论在《论虚拟环境的社会本体性质》一文中得出，在网络虚境中，纯自然事实与普通社会事实可以被模拟，如石头、树木、螺丝刀、椅子等；而制度性事实则可以真实地存在，如钱、个人财产、棋类游戏等。英国哲学家彼得·文奇说过，社会现象和自然现象的不同之处，就在于前者遵守规则，而后者呈现规则。从这层意义上来说，制度、规则可以而且应该存在于虚拟社会之中。网络虚拟社会本质上仍是人的集合体，是现实社会的延伸和发展。虚拟社会的一切活动，应该受到法律法规的制约，不应该成为任意妄为之地。如果虚拟和现实没有通过法律制度、道德规范这条纽带连接起来，那么最终呈现的将始终是二者的分离。在二者之间，如果偏离虚拟疏离现实，"网迷""网虫"网络暴力现象将继续存在；如果偏离现实疏离虚拟，人将无法适应信息社会的发展浪潮而最终被现实社会所淘汰。只有实现人虚拟和现实的协调发展，才能保证人全面而非片面的畸形发展。

第三，正确处理感性与理性的关系，坚持可持续发展。在人的思维呈现感性化、碎片化的趋向下，协调与平衡感性和理性之间的关系就显得尤为重要和迫切。人们既要对信息和信息技术有发自内心的认同和接受，又要对它们持一种理性的辩证态度。笔者认为，感性与理性的这种平衡与结合体现在既树立符合信息社会发展规律、又有利于人自身可持续发展的信仰追求上。"信仰是基于一定的世界观、价值观、人生观而产生的，对世界（宇宙、社会）和人类的本质、前途以及个人命运的坚定的信念，是对科学、主义或宗教的极其信服、尊重和崇敬的态度，是对未来理想社会的执着追求。"[①]在信息社会的客观环境中，这一信仰追求的价值取向是真、善、美的统一。所谓真，就是事物发展的客观规律。真的本质在于合规律性，是主观符合客观。在信息技术条件下，坚持求真就是要求人们按照信息技术的发展规律永不停止对信息和信息技术的追求。所谓善，就是事物对人的有用性，善的本质在于合目的性。在信息技术条件下，坚持求善就是人对信息技术的追求和应用应符合人的目的，即从终极意义上促进人的全面发展。所谓美，就是真和善的高度统一，是理想人格的最高境界。在信息技术条件下，坚持求美就

---

① 陈志尚：《人学原理》，北京出版社 2005 年版，第 347 页。

是对信息技术的利用要坚持合规律性和合目的性的高度统一，就是要坚持对信息技术的追求和对人可持续发展的追求的高度统一。树立对真、善、美的追求，人们才能协调感性与理性的关系并以正确的态度对待信息技术，人们才能从更高的精神境界去认识人与信息技术的关系，从而为人的全面发展提供可持续的驱动力。

# 论学习观念的转变与学习能力建构<sup>*</sup>

实现人的现代化，思想观念现代化是前提，能力的充分、自由、全面发展是核心。思想观念现代化，是在对现代社会理解和认识基础上的思想升华，是时代精神的体现，它的形成和作用都只能以现代社会的实践为基础和对象，即它是抽象于现代社会实践和反作用于现代社会实践的统一。

抽象于现代社会实践，是现代人观察、判断、分析、学习、借鉴等一系列能力的体现，反作用于现代社会实践是现代人实践、开发、创造等一系列能力的体现。没有或缺乏这一系列能力，现代思想观念难以产生，也不可能在指导实践中发挥作用。所以，马克思把人的全面发展，首先界定为"作为人的目的本身的人类能力的发展"，"任何人的职责、使命和任务就是全面发展自己的一切能力"①，"每个人都无可争辩地有权全面发展自己的才能"②。恩格斯提出要使人们成为"才能得到全面发展、能够通晓整个生产系统的人"，并预言"根据共产主义原则组织起来的社会，将使自己的成员能够全面发挥他们的得到全面发展的才能"③。因此，人的能力的全面发展是人的发展概念最基本、最一般的含义。

## 一、现代人的学习能力与能力结构

所谓人的能力结构，就是人的能力的全面性（即各种能力要素）与系统性（即各种能力的组成方式）。研究现代人的能力结构，一是为了从整体上把握人的能力的全面发展，避免人的能力的片面、畸形发展；二是为了从各种能力的相互关联与作用方式上，发挥能力的整体效应。

研究人的能力结构的学派和理论成果颇多，如教育侧重研究人的学习、理解的能力结构，心理学主要研究人的心理活动能力结构，哲学研究人的认识、实践能力结构；等等。其中，认知学派对人的能力结构的研究比较全

* 原载于《学校党建与思想教育》2005 年第 1 期，作者郑永廷、曹群，收录时有修改。

① 《马克思恩格斯全集》第 3 卷，人民出版社 1979 年版，第 33 页。
② 《马克思恩格斯全集》第 2 卷，人民出版社 1979 年版，第 61 页。
③ 《马克思恩格斯选集》第 1 卷，人民出版社 1995 年版，第 243 页。

71

面，影响也比较大。认知学派把人的能力分为三个层面，即人的体能、人的技能和人的智能。人的体能是指人在生理和心理上的健全程度，包括自然能力、生理能力，是一种简单能力、初级能力；人的技能是指人的基本技术与掌握生产流程合理规则的熟练程度，包括训练能力、技巧能力、重复能力，是一种中级能力；人的智能是指人在各种领域中创造性开发及其创新性含量的程度，包括学习能力、联想能力、创新能力，是一种高级能力。认知学派经过实验研究证明，在现代社会中，体能、技能、智能三者存在一种关系：社会对人的体能、技能、智能的投入之比为 1∶3∶9，人的体能、技能、智能为社会所创造的财富与价值之比为 1∶10∶100。也就是说，只具有体力的文盲，其贡献仅为一个有技术的工人的 1/10，只相当于一个科学家的 1%。

从认知学派研究的结果可以看出，随着社会的发展和科技的进步，人的体能的投入与所创造的价值不断减少，而智能的投入与所创造的价值越来越大。也就是说，社会的发展和科技的进步，对人的能力结构是不断改变的，特别是高级的智能结构，必定会不断丰富、发展和改变其能力的作用方式，形成现代人的能力结构。

学习能力是现代人认识和适应自然、社会和自我发展变化的本领，是人的智能的重要组成部分，是形成其他能力的基础，对人的发展作用越来越大。学习能力的基础地位之所以在现代社会条件下得到突出，其一是现代科学技术的迅速发展，把人类认识和改造自然的活动，不断向宏观领域、微观领域和交叉领域深层次推进，不断丰富、更新科学技术知识和手段，需要人们不断学习和掌握。其二是经济全球化的发展和市场体制的建立，广泛而深刻地改变了社会的生产方式、组织结构和社会活动、生活方式，社会新情况、新问题不断涌现，需要人们不断学习和适应。其三，随着社会竞争的加剧和人对全面发展的追求，人把自己作为对象的认识、调节和开发活动越来越广泛和深入，人的学习和提高也越来越自觉。所以，学习观念成为现代人的突出观念，学习能力成为现代人的基础能力。

## 二、转变学习观念，全面提高学习能力

转变学习观念，就是转变传统学习观念，确立现代学习观念。只有确立现代学习观念，才能自觉提高学习能力。传统学习与现代学习相比较，主要区别在以下四个方面。

第一，传统学习是单一的，现代学习是全面的。传统学习在社会生活范围内主要表现为经验学习，在知识、理论、技能方面，主要表现为在学校范围内的书本学习与技能培训。而现代学习，除包含传统学习内容之外，已经打破了学习的狭小范围、冲破了学习的经验层面，把学习扩展到人的全部活动领域，并把学习提高到高度自觉的层面。现代学习要求人们适应信息社会的要求，具有的获取、追踪的能力；对不断发展的实践，要有敏锐观察、体察的能力；对新的知识与理论，要有理解、消化的能力；对人类已有的知识和理论要有传承、借鉴的能力；在与人交往以及学术、生活交流中，要有向他人学习的能力。总之，现代人要有向理论与实践、过去与未来、社会与个人学习的全面能力。

第二，传统学习是受动的，现代学习是自主的。传统学习的受动性，主要表现为学习活动与学习能力的培养提高是在一种依赖、被动状况下获取的，忽视、压制人的独立意识，漠视、抑制人的独立学习能力的提高是传统社会的弊端。这种状况与传统文化的依赖性和计划体制的依赖性有关，即学习在很大程度上是一种外在性的服从，而不是内在性的需要；学习是一种社会需要的安排，而不是自身生存发展的方式，于是，人的依赖性表现为学习的被动性。随着市场体制的建立和社会民主的发展，人的主体性逐步提高，表现在学习上，首先是独立学习意识的增强和独立学习能力的提高。独立学习意识与独立学习能力既是现代人主体性增强的重要标志，也是现代人主体性增强的前提。独立学习能力，表现为独立自主制订学习计划的能力，独立选择学习内容与方式的能力，独立进行信息、理论、知识、经验判断的能力等。其次，人的主体性表现在学习上就是学习的主动性与积极性。主动性与积极性既是一种学习态度，也是一种学习能力，这种学习能力表现为一种出于内在需要（或生存发展方式，或兴趣与爱好）的持续力、意志力。学习意志力是保持学习主动性与积极性的基础，没有这种意志力，一时的学习热情和学习的积极性难以持久，人的主体性也难以保持和提高。人的独立学习能力与人的学习意志力是不可分割地联系在一起的，不断提高独立学习能力是增强学习意志力的前提和基础；缺乏学习独立性和独立学习能力的人，肯定缺乏学习意志力，而学习意志力的不断增强，是提高独立学习能力的保证；缺乏学习意志力的人，无法增强学习独立性、提高独立学习能力。

第三，传统学习是维持性的，现代学习是创新性的。在自然经济和计划经济条件下形成的维持性的学习，是传统学习的典型特征，这种学习也需要和培养一定的能力，主要是对已有知识理论的记忆、理解能力，对已经发生问题的解释能力，对现实社会、环境的适应能力。这些能力，主要是对已有知识理论的复制、运用，对现实生活、社会条件的维持、适应。在市场经济和信息社会条件下，社会的激烈竞争和信息的迅速更替，维持性的学习已经不能适应社会和人的发展要求。人们在激烈竞争和迅速发展的社会条件下，简单维持就意味着停滞与落后，必须改变学习仅仅面向过去和现实的"适应性"传统，使学习面向未来，增强学习的"预期性"。学习的"预期性"，不仅表现为一种敢于探索的学习态度，而且表现为一种独立思考能力，创造性地运用、加工、丰富知识的能力，以及学习的预测能力、模拟能力和转化能力。正如学者金马所说的，创新学习是"思维态势适当超前的表现，是积极直面人生、认真识别生存背景可能发生的各种变化的生存方式，是主动地熟谙高速发展规律并进而从某种程度上驾驭或改变生存背景的一种追求，特别是它强调为可能遭遇的消极因素、重大挫折以至致命伤害，保持应有的警觉和转危为安的准备"①。因而我们可以说，创新学习能力是一种更好地适应未来社会需要、创造未来新生活的能力。

第四，传统学习是阶段性的，现代学习是终身性的。所谓传统学习阶段性，是指在传统社会中，人接受学校教育的时段性。在这个学校教育的时段，只有一部分人，而不是所有的人接受教育和进行学习；这个时段的教育和学习，基本上集中在人的青少年阶段，以书本知识为主；这个时段教育和学习是终身受用的，除此之外，基本上没有继续教育与继续学习。因此，传统学习是一次性的、受动性的、局限性的。在当代社会条件下，科技发展日新月异，知识、信息呈爆炸式增长；经济结构和社会结构不断发生变革；人们的职业和岗位变动频繁。传统学习的阶段性，受到现代社会发展的剧烈冲击，成人教育、继续教育、终身教育逐步发展并普及开来。1972 年在联合国教科文组织授权下成立的国际教育发展委员会，经过对 23 个国家进行考察和对世界形势进行研究后，完成了题为《学会生存——教育世界的今天和明天》的报告，提出了终身教育、终身学习的系统性思想，并确立了它的国际地位。所谓终身学习，"是通过一个不断的支持过程来发挥人类的潜能，它激励并使人们有权力去获得他们终身所需要的全部知识、价值、技能与理解，并在任何任务、情况和环境中有信心、有创造性和愉快地应用它们"②。终身学习、终身教育概念的提出可以与哥白尼式的革命相比，它是

---

① 金马：《创新智慧论》，北京师范大学出版社 1993 年版，第 113 页。

② 吴咏诗：《终身学习——教育面向 21 世纪的重大发展》，载《教育研究》1995 年第 12 期。

教育史上最引人注目的事件，孕育着真正的教育复兴。它标志着人把自身作为实践对象进行潜能开发的自觉，标志着人的继续学习能力、生存发展能力的不断提高与升华。

## 三、现代人的学习能力结构

从上面的分析，我们可以把现代人学习所需要的各种能力综合起来，形成学习的能力系统，其中全面学习能力是反映在各种学习内容上的能力，自主学习能力是学习者应有的动力，创新学习能力是实现学习最高目标的能力，终身学习能力是保证学习活动不断丰富、发展的能力。

在学习能力结构中，全面学习能力是反映在各种学习内容上的能力。狭义上的大学生思想政治教育工作机构，包括高校党的各级组织，如党委、党总支、党支部；团的各级组织，如团委、团总支、团支部；思想政治教育工作具体执行部门，如宣传部、学生工作部、思想政治理论课教研室。大学生思想政治教育工作队伍主体是学校党政干部和共青团干部，思想政治理论课和哲学社会科学课教师，辅导员和班主任。全面学习能力，是学习者坚持全面发展的基础；自主学习能力是学习者面向社会实际、发展提高自身的内在驱动力；创新学习能力是学习者实现学习最高目标，推进开拓精神的能力；终身学习能力是保证学习者适应竞争社会需要，是学习活动不断丰富、发展的能力。这些能力对现代人来说，都是不可缺少的，并且要把它们综合起来，形成能力体系，才能保证我们不断适应并推进现代社会的发展。

# 论个体价值取向的分裂、冲突与整合<sup>*</sup>

价值取向对人们的行为具有明显的导向和驱动作用，它促使人们去追求、去行动、去实现自己的愿望，满足自己的需要。和谐社会不仅指人与自然、人与人的和谐，而且指人的自身发展（包括价值取向）的和谐；构建社会主义和谐社会要求实现个体自身价值取向的和谐。

## 一、个体自身价值取向和谐的内涵

个体自身价值取向的和谐包括三层含义。

### （一）价值取向的全面

个体自身价值取向的和谐首先意味着价值取向的全面而非片面。人类所追求的价值是多种多样的，从空间上看，有个体价值与集体价值之分；从时序上看，有当前价值与长远价值之分；从内容上看，有物质价值与精神价值、科技价值与人文价值、知识价值与道德价值等类型。价值取向的全面性是指这诸多价值被全面地追求。

个体价值与集体价值是不可分割、辩证统一的。因此，要把个体价值和集体价值结合起来，既尊重个体价值，又维护集体价值。当二者发生矛盾时，个体价值服从集体价值，必要时甚至牺牲个体价值。

当前价值与长远价值是不同时序上的一对价值形态。二者对于个人的发展都是必要的。当前价值与长远价值互为前提、相互促进、共同发展。因此，我们应该正确处理当前价值与长远价值的关系，既要照顾当前价值，更要看到长远价值。

物质价值和精神价值分别满足人类最基本的两种需要：物质需要和精神需要。因而无论是人类群体还是个体，都同时需要这两类价值。物质价值和精神价值相互依存、相互联系：物质价值制约着精神价值及其发展，精神价

＊ 原载于《深圳大学学报（人文社会科学版）》2012 年第 7 期，作者江传月、郑永廷，收录时有修改。

值能够促进物质价值的创造和实现。

人类从诞生起，便拥有了科技与人文两件武器。从最早的钻木取火和凿壁刻石，到现今的计算机技术以及日益发达的人文科学和人类文化，人类借着这两件武器从刀耕火种来到了科技信息时代。其间，科技与人文二者缺一不可。科技可以改善人的物质生存条件，医治具体的疾患和创伤；人文解决人的精神、爱、幸福等人生问题。

知识价值与道德价值是人类发展所依靠的两种重要价值形态。知识是人们对客观世界的理性认识，是人类认识世界、改造世界的理论结晶。而道德是指在社会生活中，人们必须自觉遵守的交往原则和行为规范。在人类的生活中，知识价值与道德价值都是不可或缺的：人们需要知识来认识、理解和把握世界；同时，人们也需要道德来调节人们之间的各种关系。

### （二）价值取向的协调

多种价值之间是相互关联、相互影响和相互作用的，个体自身价值取向的和谐意味着价值取向的协调而非冲突。个体价值和集体价值应该是和谐统一的。马克思说："在选择职业时，我们应该遵循的主要指针是人类的幸福和我们自身的完美。不应认为这两种利益是敌对的，互相冲突的。"① 这里所说的"人类的幸福"是指集体价值，"自身的完美"是指个体价值。在当代，价值主体由社会本位转向个人本位，个体价值被前所未有地高扬，因而，个体价值和集体价值的和谐变得格外重要。

当前价值可以使个体的需求最快速地得到满足，可以说是生物本能需要，往往也是自然合理的。但有些情况下，当前价值可能会与长远价值发生冲突。当前价值与长远价值发生矛盾时，应该牺牲当前价值，服从长远价值。只顾当前、不顾长远，只看到手的现实利益、不谋求未来产生的更大收益，这只是动物的本能，比如水中游鱼不顾性命吞吃鱼饵。就个人而言，社会的发展使我们的当前价值能够得到一定程度的实现，因而，我们可以而且应该超越当前的功利价值，着眼个人的长远价值。

当代社会，生产力的发展增加了物质财富，提高了民众的物质生活水平。这提升了人对精神价值的新需求，也使精神价值对于人的发展具有更为特殊的重要性。因为，精神价值在更广阔的背景下、更深的层次上展示着人之为人的本质：人的物质需要总是具有一定的饱和点，在这一个饱和点之

---

① 《马克思恩格斯全集》第 40 卷，人民出版社 1985 年版，第 7 页。

上，更多的物质对人的发展来说意义不大，物质带来的幸福感有边际效益递减规律。如同人需要空气一样，足够活命就行了，再多便是多余；吃东西能够保障营养、满足口味就行了，过量就有超重的忧虑了。而精神价值则是永无止境的。因而，在这个物质丰富的时代，人的全面发展应该主要靠精神价值的满足得以实现。科技与人文相互依存。一方面，人文依赖科技，没有科技，人文是空洞的甚至迷信的。另一方面，科技依赖关怀，没有人文关怀，科技盲目发展，后果可能不堪设想。在对待科技和人文的关系上，每个人应始终本着辩证的观点，不能厚此非彼，特别是要将"单向度"的科技发展纳入与人文和谐发展的轨道，达成"人文"对"科技"兼容，"科技"对"人文"并蓄。知识价值与道德价值二者处于协调状态是人的全面发展的要求。如果一个人过度偏重于知识尤其是技能性知识的学习而轻视道德素质的提升，就会导致自身的畸形发展。当前，知识数量剧增，知识更新加快，任何人都必须不断学习。但同时，知识的增长使道德的作用显得更加突出：没有道德对知识的指导，知识会成为脱缰野马，在无"善"的生活中狂奔，轻则害人害己，重则可能导致人类毁灭。

## （三）价值取向的整合

价值取向的和谐是以多种价值取向并存为前提的，单一的价值取向就无所谓和谐。同时，多种价值取向必须经过合理的整合，处于有序状态，否则就可能混乱而不能和谐。但古今中外都曾出现过价值取向的互相对抗，主要表现在提倡单一价值取向，用它抑制甚至替代其他价值取向的现象。这种价值取向的抑制或简单替代不仅不科学——因为它可能造成某种价值取向的单一和片面存在，所以不可能有什么价值取向的和谐，而这种状况只能抑制人和社会的发展；而且，可能在强行抑制或替代的过程中造成价值观的激烈冲突而使社会动荡不安。

价值取向的整合就是要整合物质价值与精神价值、科技价值与人文价值、知识价值与道德价值、自我价值与社会价值、当前价值与长远价值，使它们有机地结合在一起，使它们相互促进，实现最大限度的发展。价值取向的全面、协调和整合，是人的全面发展的要求，是人的本质的体现。马克思主义认为，人的全面发展归根到底是人的本质的全面占有。区分人与动物的"本质不是胡子、血液、抽象的肉体本性，而是人的社会特质"①，因而，社

---

① 《马克思恩格斯全集》第 1 卷，人民出版社 1956 年版，第 270 页。

会性和精神性是人的本质特性，人的全面发展是自然属性、社会属性和精神属性的全面发展。

## 二、当前我国部分人价值取向不和谐

社会主义价值观在我国始终占主导地位、起主导作用，人们的价值取向总体上是和谐的，但部分个体存在价值取向不和谐的现象。

### （一）空间向度上夸大个人价值而淡化集体价值

这种倾向主要表现在认为"自私是人的本质"，因而把个人利益作为出发点和归宿，强调自我价值而忽视甚至否定集体价值。有人忽视社会主义市场经济体制与资本主义市场经济体制的性质区别，陷于个人本位、个人中心、自我封闭状态，对集体、社会漠不关心。极少数人甚至为了私利而不惜损害国家和集体的利益。这种价值取向是资产阶级的个人主义和利己主义价值观。个人主义和利己主义是密切联系在一起的。法国政治评论家历克西·德·托克维尔就曾经把个人主义称为温和的利己主义。个人主义和利己主义都认为"人的本性是自私的"，并以此为理论依据，以个人利益为目的，视社会与他人为手段。这种价值观会导致无政府主义，危害社会。美国伦理学家弗兰克·梯利曾经指出："一个极端的利己主义者容易给社会生活造成危险。"[①] 集体主义价值观是我国调节个人利益与集体利益的准则，而集体主义与个人主义和利己主义有本质区别：集体主义从人的社会存在和历史活动来考察个人，因而能把个体价值与集体价值结合起来。个人主义和利己主义价值观奉行个人利益至上，是对集体主义价值观的偏离。

### （二）时间向度上重视当前功利满足而忽视长远价值追求

少数个体过于急功近利，只顾当前价值，不谋求长远发展，存在着重视当前功利满足而忽视长远价值追求的倾向。这主要表现在三个方面。

第一，注重现实功用和功效，忽视持续和全面发展。如在学习、工作上，急于求效果和结果，忽视条件创造和艰苦努力的过程；在人际关系上，使用低俗和实用准则，只进行利益交往，忽视情感和友谊的发展；在发展

---

① ［美］弗兰克·梯利：《伦理学导论》，何意译，广西师范大学出版社 2002 年版，第 361 页。

上，片面追求能力和才干，忽视德性和为人，不思发展前景，用"前途，前途，有钱就图"的价值规则支配行为。

第二，注重现实和眼前利益，忽视根本和长远利益。片面重视对物质和金钱的占有，忽视政治、道德和价值，如对挣钱、分钱劲头十足，对思想政治活动毫无兴趣；对学习和工作的评估和奖惩只注重经济效益而忽视思想道德意义；在道德上以自我为标准，忽视社会使命和责任；陷于自身利益，不讲诚信，以假冒伪劣损害他人利益和社会利益。

第三，注重感性思维和感官满足，忽视理性思考和理想信念。具体就是重视就事论事的思维和感性刺激，忽视辩证唯物主义的哲学思维和远大目标的确立，如重技术性思维、即时性思维，轻哲学思维、逻辑思维；重浏览式和"快餐式"学习，轻思考性和探究性学习；重低俗娱乐的感官愉悦，轻远大理想的确立和追求。

### （三）内容向度上强调物质价值、科技价值和知识价值而藐视精神价值、人文价值和道德价值

这种倾向具体表现在三个方面。

一是把"享乐"作为幸福的唯一标准，把"挣钱""发财"作为唯一追求，理想信念淡漠，精神生活贫乏；只认钱不理情，亲人缺乏亲情，朋友没有友情，恋人失去爱情，对弱者丧失同情，甚至亲人、朋友之间为了钱而争斗不已、反目成仇；在官场上以权谋私、钱权交易，在市场上有假冒伪劣和欺诈行为，在文场上钱文交易，有剽窃舞弊行为；等等。

二是过于崇拜科技，忽视人文。有人突破生产力范畴，把"科学技术是第一生产力"的命题推向社会一切领域，包括观念上层建筑领域，接受西方国家科学技术主义观点，形成了"科技为本""科技万能"的价值取向。在教育领域，教育者只强调科技知识，犯"重理轻文"的错误，不少学生把"学好数理化，走遍天下都不怕"奉为圭臬；在经济领域，不少商家以高科技为依托制假售假。少数人的情感交往以悖论的方式发生着裂变。一方面，高科技的发展如电脑的普及和上网人数的增加，人们之间远距离的交往变得方便和快捷，"天涯若比邻"，甚至使许多未谋面的人结成朋友；可另一方面，近距离的情感越来越疏离，咫尺变为天涯，甚至连家庭成员之间也疏于交流，日常生活中到处是熟悉的陌生人。

三是部分人重知识轻道德。部分学生把精力只放在专业知识学习上，不重视个人道德修养，结果道德素质不高，甚至道德败坏，极少数人还走上了

犯罪道路。

这种强调物质、科技和知识而藐视精神、人文和道德的价值取向来源于商品内在的社会性与其表现的物的外观的矛盾和不一致性，即"拜物教是同商品生产分不开的"①。这种价值取向"用对钱袋的影响来衡量每一种活动的意义"②，既违背人的本质，也不利于人的全面发展。马克思主义认为，人应当是"通过人并且为了人而对人的本质的真正占有"③，"以一种全面的方式，也就是说，作为一个完整的人，占有自己的全面的本质"④。人的全面本质主要是社会的和精神的。物本主义价值取向忽视人的社会和精神实质，实际上是人的动物化，这是不科学的，因为"人的本质是人的真正的社会关系，人在积极实现自己本质的过程中创造、生产人的社会联系、社会本质"⑤。

## 三、促进个体价值取向和谐的措施

虽然在开放环境、改革深化、市场体制、多元文化条件下，我国部分人存在价值取向的不和谐是难以完全避免的，但不能任其发展，必须进行引导和矫正。为了促进个体自身价值取向的和谐，我们要坚持社会主义核心价值体系在个体自身价值取向中的主导地位，大力发展精神文化，加强和改进价值观教育。

### （一）坚持社会主义核心价值体系在个体价值观中的主导地位

矛盾的主次方面的原理说明，任何社会和个人都应该有占主导地位的核心价值观。针对我国部分人价值取向不和谐的情况，要坚持社会主义核心价值体系在个体价值观中的主导地位。马克思主义是社会主义核心价值体系的灵魂和旗帜，决定我国社会的性质和发展方向；中国特色社会主义共同理想体现我国人民对美好前景的向往和追求；以爱国主义为核心的民族精神和以改革创新为核心的时代精神，为人的全面发展提供强大动力；社会主义荣辱观为人民确立了基本道德准则。社会主义核心价值体系既体现了个体发展的

---

① 《马克思恩格斯全集》第23卷，人民出版社1972年版，第89页。
② 《马克思恩格斯全集》第26卷，人民出版社1972年版，第300页。
③ 《马克思恩格斯全集》第42卷，人民出版社1979年版，第265页。
④ 《马克思恩格斯全集》第42卷，人民出版社1979年版，第265页。
⑤ 《马克思恩格斯全集》第42卷，人民出版社1979年版，第265页。

潜能和活力，又明确了发展所应遵循的方向和规范，因而对人民的全面发展，具有坚定正确方向、实现远大目标、提供强大动力、遵循基本准则的重要作用。

发挥社会主义核心价值体系的主导作用，一是要坚持马克思主义在意识形态领域的指导地位，坚决反对指导思想多元化；坚持用马克思主义，特别是用中国特色社会主义理论体系开展教育活动，用马克思主义世界观引领价值观，从坚定马克思主义信仰的高度，反对各种消极、不良的价值观。二是要大力加强中国特色社会主义共同理想教育，引导人们认同目标、明确取向、凝聚力量、规范行为，形成引导和矫正价值取向偏差的社会力量。三是要开展爱国主义和改革开放教育，用爱国、亲民的民族优秀文化传统和改革开放的伟大成就，激励、振奋民族精神和时代精神，抵制资产阶级价值观的消极影响。四是用社会主义荣辱观进行对照检查，规范言行，作为个人的道德标杆。为此，我们要将社会主义核心价值体系融入国民教育和精神文明建设全过程，使社会主义核心价值体系渗透到人们的实践和生活之中，成为人们实际遵循的价值准则。

## （二）大力发展精神文化

精神文化是人的本质体现，具有价值导向、精神动力、民族凝聚和社会规范作用，而且在当代社会关系到人们创造力的激发。所以，随着社会的发展，精神文化的价值不是降低了，而是提高了；人们的精神需求不是减少了，而是增加了。胡锦涛在党的十七大报告中特别指出："当今时代，文化越来越成为民族凝聚力和创造力的重要源泉、越来越成为综合国力竞争的重要因素，丰富精神文化生活越来越成为我国人民的热切愿望。"[①]

但是，在市场经济条件下，在人们普遍重视经济建设和科技学习与创新的环境中，有些人对精神文化有所忽视。这种倾向既不符合当代社会的发展趋势，也不适应现代人的发展要求，因而要大力发展精神文化。党中央强调要大力发展精神文化，要增强精神力量，包括发挥政治、文化、道德等软要素的作用，激励民众士气，整合民众力量，发挥民众聪明才智。大力发展精神文化就要加快发展文化事业和文化产业，不断提高我国文化的总体实力和国际竞争力，生产更多更好的精神产品以满足人们的精神需要；通过多种渠

---

① 胡锦涛：《高举中国特色社会主义伟大旗帜　为夺取全面建设小康社会新胜利而奋斗》，人民出版社2007年版，第20页。

道关注人们的精神需求，要积极组织引导开展多种形式的群众文化活动，丰富人们的精神生活；提高文化传播力，不断扩大我国文化的影响力；调动社会各方面的力量参与支持文化建设，激发全社会的文化创造力。

（三）加强和改进价值观教育

价值观教育是实现个体自身价值取向和谐的重要途径。面对我国部分人存在价值取向不和谐的现象，价值观教育要创新教育理念，最主要是坚守以人为本、教育目标和内容的共性与个性相统一的教育理念。要充分利用电视、广播、报纸、杂志、网络等多种载体，采取丰富多彩的形式，形成价值观教育、熏陶、感化的氛围。要针对价值取向上的迷惘和困惑，及时解疑释惑、理顺情绪、平衡心理、化解矛盾，把人文关怀和心理疏导贯穿、渗透到工作和生活的各个环节，通过解决实际问题促进价值观教育。

# 论大国崛起中的理性精神<sup></sup>*

新时期爱国主义面临工具理性畸形化、批判理性极端化、价值理性功利化、实践理性激进化等理性困惑。

2012 年日本与中国关于钓鱼岛的争端，激起了国内民众及全球华人的强烈愤慨。随后，内地多个城市爆发了反日游行示威，爱国主义情感空前高涨。然而，在内地的反日游行示威中，部分地方出现了打砸抢烧现象，使原本具有神圣性的爱国主义蒙上了"误国害民"的阴影。一时间，"爱国"与"理性"成为我们呼吁最高的两个词汇。由于种种原因，我国新时期爱国主义面临着理性困惑。

## 一、爱国主义的工具理性畸形化

爱国主义的工具理性亦即爱国主义的政治理性，是指爱国主义的意识形态性，其核心是维护国家利益。新时期，爱国主义的工具理性主要表现为拥护中国共产党的领导，拥护社会主义制度，实现爱国与爱社会主义、爱中国共产党、爱人民政府的有机统一。新时期的爱国主义必然体现在对中国共产党和社会主义的热爱，这是我们每一位公民必须坚持的立场和态度。然而，有一部分人由于受西方自由、民主的欺骗，他们声称爱国但信奉资本主义；也有一部分人由于对党以前犯的一些错误和党目前尚未解决的一些矛盾有所误解，他们声称爱国但攻击党。这是典型的爱国主义工具理性畸形化或虚无化。邓小平曾经指出："有人说不爱社会主义不等于不爱国。爱祖国是抽象的吗？不爱共产党领导的社会主义新中国，爱什么呢？港澳、台湾、海外的爱国同胞，不能要求他们拥护社会主义，但至少也不能反对社会主义新中国，否则怎么叫爱祖国呢？至于对中华人民共和国领导下的每一个公民，每一个青年，我们的要求当然更高些。"①

---

* 原载于《人民论坛》2013 年第 6 期，作者张梅花、郑永廷，收录时有修改。

① 《邓小平文选》第 2 卷，人民出版社 1994 年版，第 392 页。

## 二、爱国主义的批判理性极端化

爱国主义的批判理性是一种辩证的思辨。新时期，爱国主义批判理性主要表现在以独立的意识、包容的心态和多元的观念对待各种矛盾，维护国家统一、民族团结、政治稳定、社会和谐。事实上，当国家利益无端受损、名誉遭受侵犯时，大众的国家主义往往空前高涨。正是在这种"刺激源"存在的时间段内，总有那么一部分人源于对中国近代遭受的屈辱阴影下形成的敏感心理，他们渴望中国以一个崛起的大国身份强势地维护国家利益和名誉。他们对中国外交上采取的韬光养晦的政策甚是不满。当大国情绪与理性精神之间失去平衡时，爱国主义的批判理性开始走向极端。于是，网络上充斥着大量的激烈言论，也引来众多网友的围观与盲从。不少网友以爱国为出发点的批判理性的极端化行为无助于问题本身的解决，反而影响了国家形象，影响了国家发展大局。

## 三、爱国主义的价值理性功利化

爱国主义的价值理性是指人们注重爱国主义行为本身所能代表的价值，体现人们对爱国主义价值的理性思考。新时期，爱国主义价值理性主要表现为国家富强、民族复兴。当前，我国正处在经济转型、体制转轨的整合期，主体利益的多元化决定了各种思想意识相互交织、碰撞、融合，给人们的爱国主义价值理性带来了冲击，其功利化倾向开始浮出水面。具体来说，主要体现在以下两个方面：一是部分人内心秉持利己主义哲学，一切行为以是否对己有利作为评判标准。有利则行、无利则止，包括对待同胞的生命。更有甚者，把个人利益凌驾于国家利益和集体利益之上，做出伤害同胞、损害民族利益、背叛国家的可恨之举。二是部分人表面上高举爱国主义大旗，借爱国之名实则行利己之事。例如，有的党政机关公职人员利用职权进行贪污腐败；有的企业打着政治品牌、民族品牌的神圣光环，实则是为了企业自身的利益。这些人标榜爱国，打着爱国主义的名义，却利用国家欺骗民众，实则可耻。

## 四、爱国主义的实践理性激进化

爱国主义的实践理性是指人们从事和选择正当爱国行为的机能和能力。

它包括两个方面的内容：一是人们具有从事正当爱国行为的欲望、愿望和能力；二是存在一个评价人们爱国行为正当与否的公共的普遍的标准。其本质特征是务实性。新时期，爱国主义实践理性要表现为脚踏实地地干好本职工作。爱国是一种神圣的情感，但这种神圣情感在热血沸腾的年轻人心中极易被不法分子和境内外敌对势力煽动而变得缺乏理智，导致爱国主义的实践理性激进化。其典型代表是新时代"愤青"的出现。"愤青"作为一个群体，是随着网络的兴起而成长起来的。今天的中国，谁也很难说清到底有多少青年属于"愤青"，而一旦某些特定的事件发生时，他们就会站出来，着实愤怒一把。在这些人群中，有的借助一些网络论坛肆无忌惮地发表着不负责的言论，甚至诋毁与谩骂。他们以一种慷慨激昂的民族主义者姿态自居，高举理想主义大旗，声嘶力竭地盲目排外，大呼抵制外国产品，完全不顾全球化背景下排外的现实不可行性和本国经济、政治的损失；有的则实施了他们所认为的"爱国行动"。例如，2012年多城市爆发了"保钓"游行，对日货、日系车、日本店进行打砸抢。这群人由于爱国主义实践理性的激进化，情感上主观爱国，行动上却充当了侵权、违法的暴民，实属误国误民。

## 五、用理性精神构建新时期爱国主义

（1）重知——爱国认知理性化。这就需要区别两对概念：一是爱国感性与爱国理性。爱国需要激情，但最终指向却是理性。没有激情，爱国主义难以深入；没有理性，爱国主义容易狭隘。爱国感性是爱国理性的基础，爱国理性是爱国感性的归宿。二者相互作用，缺一不可。二是爱国主义与狭隘民族主义。爱国主义不同于狭隘民族主义。狭隘民族主义表现为对自身民族的忠心与认同，不惜以各种手段损害其他民族的利益，而爱国主义在维护国家和民族利益时并不主张贬抑和排斥其他民族。

（2）养情——爱国情感理性化。爱国情感理性化是指人们把朴素的爱国情感上升为理性的爱国觉悟。爱国情感是爱国的低层次阶段，也是社会要求的低标准和国民爱国行为的低境界。我国传统的爱国主义主要为朴素的爱国主义。这种爱国情感是朴素的、感性的，缺乏理性的分析，它显然具有局限性。新时期的爱国主义不能简单地诉诸这种朴素的情感，而应在朴素情感中注入理性反思的爱国觉悟，鼓励人们对自己的国家和民族的传统文化和现实状况进行理性分析，不盲目自大，也不妄自菲薄，继承和发扬其合理内核，摒弃和改造其腐朽落后成分，并对现存问题提出建设性的改革建议。

（3）坚意——爱国意志理性化。爱国不是虚情假意的口号，也不是与人谩骂的口水爱国，更不是时有时无的情绪爱国。爱国不是虚无缥缈的，而是要付诸实际行动。人们在付诸爱国实际行动时必然要付出一定的"代价"，即必然要有所奉献，有所牺牲。在选择为国付出"代价"的过程中，迫切需要人们的爱国意志理性化。在新时期和平年代，爱国意志理性化体现为在个人利益与国家利益、民族利益、集体利益发生冲突需要进行选择时，主动放弃个人利益，自觉维护国家利益、民族利益和集体利益。

（4）持行——爱国实践理性化。新时期，爱国实践理性化要求宏观把握利益逻辑，恰当表达爱国行动。具体来说，体现在以下三个方面：一是脚踏实地做好本分事宜，为构建富强、民主、文明、和谐的社会主义新中国贡献自己的一份力量。二是坚持国家利益至上原则，以实现国家利益为最高爱国目标，用实际行动维护国家利益。三是遵守法律，维护同胞生命财产安全。不借爱国之名，行欺人、侵权、违法之实。

# 论小康社会高校思想政治工作的新课题*

我国从 21 世纪开始，已经进入全面建设小康社会、加快推进社会主义现代化建设新的发展阶段。在这样一个新的发展阶段，高校思想政治工作如何适应新的发展需要并推进自身发展，如何在促进高校发展过程中发挥更大作用，这是在新的历史条件下所要研究的新课题。

## 一、小康社会是全面、协调发展的社会

"小康"一词，源自古典用语。我国古代圣人孔子把社会分为据乱世、升平世、小康、大同四个层次。他先提出大同思想，描述了"天下为公"的理想社会图景，之后又提出小康思想，这是继大同之后低一级的社会构想，即各亲其亲、各子其子、货力为己的所谓"天下为家"而又充满田园牧歌式生活方式的和睦协调的社会。大同思想和小康思想，对历代思想家和志士仁人产生过重大影响，是我国人民自古以来一直向往和不懈追求的美好社会。邓小平将"小康"这个概念作为表达我国现代化建设的阶段目标，既富有中国传统文化特色，又富有时代特征。

邓小平认为，中国的现代化应当从中国的实际出发，有自己的标准与道路，是中国式的四个现代化。"这个小康社会，叫做中国式的现代化。"① 小康社会是以社会主义初级阶段理论为指导提出来的。社会主义初级阶段是一个相当长的历史发展过程，为了使这一发展过程具体、清晰，邓小平把社会主义初级阶段分为贫穷、温饱、小康和富裕四个阶段。这样，一个既区别于贫穷又不同于富裕的小康社会就成为中国社会主义建设必须完成的社会发展目标。根据邓小平的社会主义初级阶段理论和小康社会思想，我国制定了社会主义现代化分"三步走"的战略部署。

小康是一个综合性的社会发展指标，而不是单一的经济发展指标；小康社会是社会发展战略，而不是单一的经济发展战略。邓小平在讲到小康水平

---

* 原载于《思想理论教育》2003 年第 2 期，收录时有修改。

① 《邓小平文选》第 3 卷，人民出版社 1993 年版，第 54 页。

时，虽然多次主要讲的是国民生产总值的人均水平，强调经济指标，但是邓小平讲小康社会的经济指标是有前提的。他指出："我们确定了一个政治目标：发展经济，到本世纪末翻两番，国民生产总值按人口平均达到八百美元，人民生活达到小康水平……更为重要的是，在这个基础上，再发展三十年到五十年，力争接近世界发达国家的水平。"① 将实现小康社会作为一个政治目标对待，说明邓小平对于实现小康社会这一目标，绝不仅仅看作一个经济目标，而是包括政治和精神生活在内的综合目标。他说："真正到了小康的时候，人的精神面貌就不同了。"② 他在论述小康时，总是把小康同摆脱贫穷落后联系起来，物质生活的贫穷不是社会主义，精神生活的贫穷也不是社会主义。根据邓小平小康社会是政治、经济、社会发展综合目标的思想，全国第七届人民代表大会第四次会议通过的《中华人民共和国国民经济和社会发展十年规划和第八个五年计划纲要》对小康目标进行了详释并指出："我们所说的小康生活，是适应我国生产力发展水平，体现社会主义原则的。人民生活的提高，既包括物质生活的改善，也包括精神的充实，既包括居民个人消费水平的提高也包括社会福利和劳动环境的改善。"③ 鉴于小康社会的经济指标容易量化，比较具体、明确，往往能够引起社会和人们的关注与重视，这使得一些人产生一种误解，以为小康社会的目标就是经济目标。小康社会的政治、民主、法制、道德等精神生活的指标，由于不易量化，比较抽象、原则化，往往被一些人忽视，甚至有人否定其作用与价值。因此，在小康社会，高校思想政治工作同样会面临以上矛盾。无论是从我国社会层面，还是从高等学校的角度，都需要针对以上问题，研究小康社会思想政治工作的发展与特点。

## 二、小康社会高校思想政治工作面临的新课题与新特点

首先，高校思想政治工作始终面临业务工作与思想工作的矛盾，矛盾的内容与方式将随着形势的发展而变化。改革开放以来，我国物质文明建设和精神文明建设都取得了举世瞩目的成就，都有很大发展。但两个文明的发展

---

① 《邓小平文选》第3卷，人民出版社1993年版，第77页。

② 《邓小平文选》第3卷，人民出版社1993年版，第109页。

③ 李鹏：《关于国民经济和社会发展十年规划和第八个五年计划纲要的报告——1991年3月25日在第七届全国人民代表大会第四次会议上》，载《中华人民共和国国务院公报》1991年第12期。

一直不平衡，存在着物质文明建设"一手硬"、精神文明建设"一手软"的矛盾。这种矛盾现象在高校的表现就是重科技、轻人文，重业务工作、轻思想政治工作。

随着社会竞争的全面展开与激化，社会对高质量人才的需求越来越迫切，这一发展趋势使高校面临巨大发展压力。高校与高校之间的生源、人才竞争已经展开，内部一直比较平稳的状态也出现了动摇，人事制度改革、岗位聘任与竞争，以及学生的选优与淘汰，使高校产生强大的活力与动力，这是高校适应市场经济体制、寻求发展的必由之路。然而，在竞争过程中，有形的竞争指标，如业务分数、科技成果、教学课时等，往往容易比较而占有优势地位；无形的竞争内容，如政治素质、道德水平、工作态度等，往往不易显现而难以比较。这种情况如果不能根据物质与精神、业务与道德相结合的原则，全面制定竞争指标，引导师生进行公开、公平、公正的竞争，就容易导致一些高校和师生产生"重业务、轻道德，重业务工作、轻思想政治工作"的倾向。这种倾向在价值取向上的表现是：重物质条件攀比，轻思想道德修养；重眼前现实利益，轻自身长远发展；重科学技术知识，轻人文精神动力；重学术功利行为，轻正确价值取向。在学校层面的表现是：相互矛盾而缺乏统一，分散而缺乏凝聚，发展缓慢而缺乏后劲。在师生个体身上的表现是：心情浮躁、焦躁、易生牢骚情绪；心理失衡甚至出现心理障碍，有些人甚至发生业务投机与学术腐败行为。这些倾向与表现已经在高校不同程度地存在，而且会随着竞争的激化而扩展。这就是高校思想政治工作面临的新矛盾：一方面，高校和高校师生都希望发展快一点，都力求成为竞争的强者，愿望是好的；但另一方面，竞争折射出许多新的问题，这些问题产生的原因是什么，许多师生往往不愿正视。

我们应当清醒地看到，社会正在悄然发生变化，这个变化的显著标志就是随着知识经济时代的到来，全世界出现精神价值彰显和文化热潮的兴起。面对这个变化，人们还缺乏自觉的认识与把握，断裂式的思维方式、表象性的认识以及传统的价值观念，是制约认识更新与升华的主要原因。一些师生看到和重视的，首先是科学技术知识的竞争，而对隐藏于科学技术知识后面的人文动因缺乏体认与开掘；容易看到科学技术的价值，对其表现出一种强烈的向往与崇拜，而没有或没有全面认识发明、运用现代科技所显示和所需要的本质力量。把现代科技看成一种可以游离于人之外的力量，这样势必会忽视科技创造与科技运用的思想道德条件。科学技术对人和社会的发展，具有基础的、决定的作用；思想道德对人和社会的发展，具有灵魂、动力的作用。科学技术与思想道德的整合互动所要解决的基本问题是科学技术决定论与精神动力论的统一，是智能与德性的和谐发展问题，其核心是科学技术运用、创造发明的根源与动因是从科学技术自身去满足，还是从精神领域里去寻找的问题。为此，根据科学文化与精神文化对人的发展同等重要的原则，江泽民在党的十五大报告中指出："必须着力提高全民族的思想道德素质和科学文化素质，为经济发展和社会全面进步提供强大的精神动力和智力支持。"[①] 并针对社会上忽视思想道德素质的取向，在第三次全国教育工作会议上，江泽民特别强调："思想政治素质是最重要的素质。"[②] 因此，高校思想政治工作要研究高校竞争引发的新问题，把握现代社会科学技术与精神文化协同发展的趋势，对竞争进行正确引导。

其次，高校思想政治工作面临个体自主发展与社会公平要求的矛盾。随着市场经济体制的形成与发展，过去计划经济体制下政治主体与科教主体基本同一的状况逐步改变，高校作为独立自主的主体与政府脱钩，按照科教发展规律，拥有独立决策、自由选择、自主发展的权利。这种独立、自由、自主的权利，是市场经济体制的基本要求，也是高校发展的基本条件。同时，高校也要改变过去过多统一的行政化倾向，充分尊重师生业务上自主自由发展的权利，为师生选择、创造、发展个性特点创造良好的环境与条件。这是增强高校活力、推进高校发展的基础，是思想政治工作的重要任务。

另外，我们也要看到，师生自主自由发展，必须遵循社会主义道德规范、法制规则和学校的规章制度。而在竞争中，一些师生往往考虑自身利益多，受法规与道德制约少；充分行使自主自由权利多，受限自主自由权利少；考虑自身发展多，顾及全局政治少。并且总会有一些人过度行使自主自由权利，或违反法规与道德侵犯社会与他人利益，或污染环境、破坏生态危害社会与他人发展，或激化矛盾、导致冲突影响社会秩序与稳定等。针对这些情况，思想政治工作必须按照法制、道德规范，通过教育、管理方式，维护学校秩序与社会公正。唯有如此，全校才有发展的条件，才能保证每个师生真正自主自由发展。因此，在小康社会，高校师生自主自由发展与学校维护社会公平、学校秩序的矛盾将会突显出来，这是政治与业务关系在新形势下的新表现，是高校思想政治工作面临的新矛盾。

---

① 《江泽民文选》第 2 卷，人民出版社 2006 年版，第 33 页。
② 《江泽民文选》第 2 卷，人民出版社 2006 年版，第 332 页。

## 三、小康社会高校政治文明建设的新任务

党在社会主义初级阶段的基本路线，提出了要把我国建设成为富强、民主、文明的社会主义国家。邓小平强调："没有民主就没有社会主义，就没有社会主义的现代化。"① 江泽民又特别指出："发展社会主义民主政治，建设社会主义政治文明，是全面建设小康社会的重要目标。"② 这些论述，明确规定了小康社会民主政治发展的价值目标，提出了政治文明建设的任务。

1844 年 11 月，马克思在《关于现代国家的著作的计划草稿》中就提出了"政治文明"概念，强调人民主权、依法治国、实行民主、相互监督，用"政治文明"作为废除集权制的主要手段。③ 国外许多学者也有诸多关于政治文明的论述，美国学者威尔·杜兰对社会文明进行了要素分析，认为："文明是增进文化创造的社会秩序。它包括四大因素：经济的发展，政治的组织，伦理的传统，以及知识与艺术的追求。"④ 英国学者汤因比，不仅将社会文明明确划分为经济、政治、文化三个部分，而且详细论述了这三部分的关联性与整体性，他指出："文明乃整体，它们的局部相依为命，而且都发生牵制作用。在这个整体里，经济的、政治的、文明的因素都保持着一种美好的平衡关系。"⑤

江泽民关于政治文明的概念，是根据社会结构和社会整体文明内容提出来的，是对我国社会文明建设的补充与发展。政治文明建设具有丰富的内涵。首先，社会主义政治文明包括社会主义政治思想文明。政治思想包括政治理论、政治观点、政治理想、政治道德、政治态度与政治情感等，其中政治理论、政治观点、政治理想起主导、支配的作用。高校对学生的政治理论教育是培养学生思想政治素质的主渠道，事关人才素质与中国的前途命运；与政治相关学科的理论教学和研究，事关社会政治文明建设的全局。社会主义的理想与目标的确立，政治思想的形成和政治行为的规范，不可能自发实

---

① 《邓小平文选》第 2 卷，人民出版社 1994 年版，第 146 页。
② 江泽民：《全面建设小康社会 开创中国特色社会主义事业新局面——在党的十六大上的报告》，载《人民日报》2002 年 11 月 8 日。
③ 《马克思恩格斯全集》第 42 卷，人民出版社 1995 年版，第 238 页。
④ ［美］威尔·杜兰：《世界文明史》第 1 卷，幼狮文化公司译，东方出版社 1998 年版，第 3 页。
⑤ ［英］汤因比：《历史研究》（下），曹未风等译，上海人民出版社 1986 年版，第 463 页。

现，只能依靠有组织、有目的的政治文明建设来完成。而且，资本主义"民主"思潮、"自由"观念、"人权"思想的强大冲击，我国封建社会的等级特权、官贵民轻、人际依附、法制淡漠的影响，严重阻碍我国走向民主化、现代化。其次，社会主义政治文明也包括政治行为文明。政治行为文明是指政党、团体以及公民政治生活、政治活动方式的文明程度，是政治思想文明在行为上的反映。由于我国政治文明规范尚处在系统建设之中，政治生活中存在的无政府主义与自由化倾向，无视法纪规范的"大民主"现象，政治生活的盲从与自发行为，干部中的家长制作风，领导层的等级特权，有法不依、执法不严、违法不究的行为，以及官僚主义、以权谋私、欺上瞒下、任人唯亲等，不仅在社会上较为普遍，高校中也不同程度地存在。这些不文明行为不仅直接阻滞政治建设和民主发展，而且严重影响和制约科学的进步与人才培养。再次，社会主义政治文明还包括政治制度文明。政治制度文明是指政治与法治规范、政治与法治程序的文明程度。实现民主制度化、规范化，建设社会主义法治国家，是我国政治文明建设的目标。

江泽民提出政治文明建设的战略举措，是根据小康社会的奋斗目标提出的，即目标中实现"富强"的目标，要靠物质文明建设；实现"文明"的目标，要靠精神文明建设；而实现"民主"的目标，则要靠政治文明建设。这一举措，为我国社会的全面、协调发展提供了理论指导和政治保证。高等学校理应在民主建设、依法治教方面走在社会的前面。

社会政治民主的发展，高等学校科学技术水平的不断提高，各种教育内容的丰富与发展，为师生增强民主意识提供了基础，它使学生逐步摆脱自发自在状态，追求民主与文明，不断提高自身思想政治素质。教师在科学技术研究上的深化以及科技成果在社会上的广泛运用，教育面向社会服务的展开，特别是高等教育大众化发展趋势，不仅直接促进社会经济的发展与开放的扩大，而且为教师、学生认识自然和社会的必然性，善于与社会各类人员协调与沟通，充分发挥自主性与创造性提供了实践基础。教师、学生通过学习与运用科学技术、开展各种教育，不仅能获得更多的自主与自由，同时也为师生正确了解、评价、参与国家与社会的民主管理准备了文化、知识与技术条件。科学技术水平与人们接受教育的程度，往往与政治民主的要求是成正比关系的。所以联合国教科文组织指出，随着高等教育逐步成为社会的"主要组成部分"，"教育是人权、民主、可持续发展及和平的根本支柱"。①

① 卢晓中：《当代世界高等教育理念及对中国的影响》，上海教育出版社 2001 年版，第 34 页。

世界各国的高等学校都把民主建设作为重要内容，把实现教育民主化作为教育现代化、走向国际化的重要标志。因此，高等学校在发展过程中，既能够推进高校、社会政治文明的发展，也需要政治文明作为发展的基本条件。

高校的政治文明建设，主要是民主与法制建设。高校民主建设，包括政治民主、学术民主、教学民主、管理民主等多个方面的内容。政治民主建设主要是高校党组织的政治思想建设、组织建设以及党内民主建设，也包括高校民主党派、政治团体的民主建设。学术民主建设，重点是遵循学术发展的基本规律，保证师生在学术上的民主、自由权利，形成民主、自由的学术氛围。教学民主建设是要发展师生民主、平等关系，发挥教师、学生自主选择、主动参与的积极性，形成师生互动、教学相长的局面。管理民主建设是要坚持公开、公平、公正的原则，实现民主决策、民主监督、民主参与、民主评价的管理格局。这些民主建设的内容，是相互依存、不可分割地联系在一起的。其中，政治民主建设在学校民主建设中起主导作用，是学术民主建设、教学民主建设、管理民主建设的保证；学术民主建设、教学民主建设、管理民主建设是学校民主建设的基础，也是政治民主建设的重要条件。政治民主建设、学术民主建设、教学民主建设、管理民主建设体现在学校的教学、科研、管理等各个层面，贯穿于学校的每个工作环节，必须与教学、科研、管理的工作实际协调一致，相互促进、共同发展。因而，高校民主建设，是高校的一项基础性建设，是实现学校民主、社会主义现代化建设民主目标的根本途径，是保证高校教学、科研、管理顺利进行的根本条件，是现代高校赖以生存与发展的基础。没有高校民主，就没有高校的活力与创造力，也没有高校的现代化。

高校政治文明建设的另一个重要内容，就是依法办学、依法治校，提高制度化水平，使学校管理民主化、规范化。高校民主建设与制度建设是相辅相成、不可分割地联系在一起的，民主建设是制度建设的基础和前提，制度建设是民主建设的规范与保证。没有民主建设，制度建设就会走向强制；没有制度建设，民主就会流于形式。民主建设薄弱，必然导致制度建设疲软；制度建设无力，也必然导致民主建设脆弱。民主建设为制度建设提供广泛的群众基础和合理性取向，制度建设保证并实现民主的制度化、规范化、程序化。民主建设与制度建设的这种不可分割的关系，决定这两项建设必须同步进行。

制度建设的目的，是实现依法办学、依法治教，增强高校制度文化的权威性，保证高校运行的规范性，为学校发展创造良好的氛围与秩序。

制度建设的任务主要有两个方面：一方面是要以国家和教育领导机关的法规为准则，结合高校自身实际与特点，系统制定规章制度，使学校各项工作以及工作的各个环节都有章可循、有制可遵，尽可能消除工作上的随意性和因人而异的状况。同时，要根据学校全局发展需要，协调各项规章制度的关系，使之相互配合、共同规范，避免因顾此失彼或主次不分而造成矛盾与冲突。另外，要建立保证制度运行的机制，即对制度的执行过程与执行结果进行监督、检查、评估，对遵循者进行肯定、奖励，对违纪者进行批评、惩罚，逐步提高学校制度化能力。

制度建设的第二方面的任务，就是要以思想道德建设为基础，提高师生执行制度的自觉性。应当看到，由于历史原因，我国高校既缺乏民主传统，也缺乏法制传统。发展民主、完善法制的任务都很艰巨。相比之下，规章制度的制定，即有形的法制是比较容易做到的，但无形的法制建设以及为法制建设提供基础和条件的思想道德建设、民主建设往往更重要，也更困难，两者必须结合起来共同建设。如果有形的法制建设没有相应的无形的思想建设作为基础与思想上的保证，有形的规章制度就是一纸空文；而思想建设如果没有必要的制度保证，思想建设的任务也会落空。我国是一个富有伦理传统、重视德治的国家，人们在行为规范上，比较注重内在的思想、道德修养与自控，也正是由于这个原因，以解决内在思想问题为主的思想政治教育在社会管理中富有传统和优势。因此，要使有形的法制建设充分发挥作用，必须认识和尊重民族的这一传统，发挥其优势。所以，江泽民在全面考察我国现代化建设进程之后，根据我国民族文化传统和党的传统，对思想政治教育进行了重新定位，重申加强思想政治教育是我们党的政治优势，并提出了依法治国与以德治国相结合的治国方略，强调了法制建设与道德建设的结合。

# 论自主创新的人格诉求*

2006 年 1 月，党中央、国务院召开了全国科技大会，并颁布了《国家中长期科学和技术发展规划纲要（2006—2020）》，将提高自主创新能力、建设创新型国家提升作为一项国家战略。自主创新活动，既是人对客观对象的认识活动，也是人对客观对象的改造活动，是人自觉的对象性活动。而个人的自主创新能力与其人格塑造存在重要关联。

## 一、独立人格：自主创新精神与能力形成的前提

个体依据自身的需要、知觉、预见、经验和判断来进行反应或活动，而不为环境的要求或他人的影响所左右，其人格便是独立人格。人格的载体是现实个体的人，人是社会性的人，人格亦只有在人的社会实践活动中才能形成，在人的行为中往往存在着依赖倾向。我国传统人格在依赖性上的积淀比较深，至今影响深远。

### （一）传统依附人格对独立人格的影响

中国古代社会是以自给自足的农业经济为基础、以血缘关系为纽带、以等级依赖为特征的社会结构。宗法家族制和官本位制度相结合，形成了金字塔式的等级制和特权制。以长幼尊卑、忠孝节义为规范的儒家伦理，由于适应了这种社会结构的需要而在古代中国取得"独尊"的地位。正是这种社会环境和文化氛围塑造了依附型人格，其主要表现在以下两方面。

第一，社会结构决定的依附型人格。中国古代社会的"三纲五常"所规定的纲常关系，既是一种伦理关系，也是一种政治关系，是一种典型的依附关系。这种依附关系在新中国成立后虽然发生了根本改变，但古代的文化影响不仅继续存在，而且还会以新的形式强化。比如，在计划经济体制下，一个人从出生到入学、工作，都由组织负责安排，只要等待计划和上级安排就行了。因此，计划经济体制又以另一种方式助长了"等、靠、要"的依

* 原载于《思想理论教育》2006 年第 9 期，作者郭厚佳、郑永廷，收录时有修改。

赖状况。这种依赖性影响至今仍存在于一些人的内心深处，弱化了人的主体意识，抑制了人的创造性与探索勇气，使许多本可有所作为的人消极无为。

第二，社会心理所体现的依附型人格。传统社会中，人们凡事依从传统习惯和祖宗之法，只求适应、顺从，少有个人独立见解，缺乏个性，喜欢从众、随大流。传统人格的心理积淀在现实生活中以各种改头换面的形式发挥着作用。现代社会依然存在依附型人格，既有体制方面的原因，也有社会心理的积淀与影响。社会结构的转型可以在制度上迅速完成，但社会心理因为有根深蒂固的传统积淀而无法在短时间内扭转。社会转型过程中产生的一系列问题，在很大程度上是由缺乏独立性所造成的。

## （二）现代人格在独立性上的要求

首先，独立人格要求人具有独立性。社会主义市场经济条件下，个人已成为市场经济活动的主体，但只有具备独立人格的人，才能成为真正的主体。市场经济摒弃千篇一律的无个性的人格，呼唤具有独立个性的人格。人们的主体意识、自立自强的独立精神、进取精神普遍得到了催生和发扬光大，优胜劣汰、公平竞争的社会机制从生存压力和文化氛围上迫使社会群体和个体通过艰辛的努力和奋发进取以适应新的生存环境，从而有利于创新人才脱颖而出，这正是市场经济的积极功效。市场经济体制的逐步完善，从法律制度上保证了人的平等和独立，增强了人们的自主性与创造性。但是，由于受传统习惯的影响，人的独立性仍受到某些限制。如受传统官本位思想的影响，一些手中有权力的人把自己摆在普通人之上，存在着滥用职权、侵犯他人人格独立的行为；一些人不讲原则，谁有权势就拜倒在谁的脚下；一些人缺乏法律意识，不懂得维护自己的人格；等等。同时，在商品经济形态下，一些人的人格独立是建立在对物的依赖基础上的，因而人格的独立也必然是有限度的，如现实中出现了拜金主义的人格，人成为金钱的奴仆，这种把人生目的完全寄托于物的人格，不仅丧失了人格的独立，而且扭曲了人性。独立人格强调人对自我的自觉性和自主性，这种自我意识使人能够意识到自己的生存和努力方向，并使自己的意志和行为服从于自己所确立的人生目标。现代人格的实质意义就在于它的独立性，只有培养人们的自主人格和平等自由的权利意识，才能使个人人格获得健康、全面的发展。

其次，独立人格要求人具有自主能力。人格独立的人善于进行理性思考，能牢牢把握自己的命运。而缺乏理性的人，即"跟着感觉走"的人，往往在市场经济大潮中，盲目地掀起一次又一次的热潮，如"下海热""出国热""炒股热""房地产热"等，这都因为不善于了解、调节和控制自己，不能对形势进行科学的理性分析，产生对环境、他人的盲目追随。人格独立的人努力实现自己的理想和信念，较少抱怨客观条件。现实中的许多人谈起一些不公正的社会现象和不好的社会风气时，往往义愤填膺却又不同程度地陷于其中，顺应所谓"社会潮流"。这正是缺乏自主性的表现。

最后，独立人格反对两种倾向。培养独立个性不同于个人主义，个人主义把自己的人格价值与社会价值决然对立起来，仅仅把个人利益的满足与否当作个人价值实现的尺度。现代人格的独立个性是把自我价值与社会价值有机统一起来。唯物史观认为，人的本质属性是社会性。社会不仅是个人生存发展的基础，而且是个人主体性发挥的现实场所，因为人的独立个性是建立在对社会客观必然性认识的基础上的，是与社会价值相融的。现实中一些人却高举个人主义的旗帜，把个人和集体对立起来，为了保全个人的利益，或眼看别人的利益受到侵犯而无动于衷，或不惜一切手段，不惜损害他人、集体和国家利益，这些人格特征背离了独立人格的内涵。人格独立的人并不封闭自我，实际上，人格越独立的人越勇于开放自我，善于吸取外来的一切有益的东西。现实中的人们对待外界冲击往往容易走向两个极端，要么一概拒绝，要么全盘接受。人格独立的人却能始终立足于自我的生存和发展，取其精华、去其糟粕。

### （三）独立人格对于自主创新的意义

首先，具备独立人格是个体自主创新的前提。人格独立的人崇尚理性思考，紧紧把握自己的命运，努力实现自己的理想，不怨天尤人，面对各种困难总是积极地为实现自己的理想创造条件。独立人格强调人对自己的自觉性和自主性，使人能够意识到自己的生命活动，并给自己的生命存在和人格赋予方向和意义，并能够使自己的意志和行为服从于自己所确立的人生目标。人格独立意味着人可以自己改变自己、自己塑造自己、自己创造自己的本质，正像恩格斯所说："人离开狭义的动物愈远，就愈是有意识地自己创造自己的历史。"① 人格独立的人按自己的意愿，独立自主地塑造自己的人格，而不再以外在约束和要求为尺度来衡量和裁剪自己的人格。现代人格的实质意义就在于它的独立自主性，只有实现独立人格，才能使个人人格获得健康、全面的发展。

---

① 《马克思恩格斯选集》第4卷，人民出版社1995年版，第274页。

其次，人格独立的人能主动适应并改造环境。具有独立人格的人，对新事物充满好奇心，易于并喜欢接受新事物，具有较强的环境适应能力。在人与环境的互动过程中，不是消极地被动和忍耐，而是以前瞻的思维和眼光做出预测和判断，及时地调整自己的行动方案。尤其是在知识经济时代，科学技术的不断更新、职业岗位的不断转换、人际关系的不断变化使得人们几乎始终处在一个变化的环境中，这就需要具备良好的自我调控能力、人际交往能力和应对复杂问题的处理能力，使自己始终与变化的环境保持协调统一，并能积极影响环境、改造环境。

最后，人格独立的人拥有合理的知识结构和宽阔的文化视野。自主创新者的人格不仅要有扎实的理论功底和系统的知识，而且要有合理的知识结构。拥有独立人格的人，摆脱了学习的依赖性，往往善于学习、研究和思考，能主动熟悉本学科的最新动态，又能根据需要主动了解相关学科的进展。因此，一个具有独立创新精神的现代人，会从社会需要和自身提高出发，形成宽阔的文化视野和思维空间，正确对待传统文化和现代文化、东方文化和西方文化、主流文化和大众文化，坚持正确的思想方向与科学的世界观、人生观和价值观。

## 二、道德人格：责任感和创新目标形成的基础

道德人格是从伦理学角度理解的人格，是指个体在一定的生理和心理素质基础上，在一定的社会历史条件下，通过社会实践活动形成和发展起来的比较稳定的行为倾向和生活态度。它是个体比较稳定的价值观念与内在精神，支配和决定个体的道德行为。道德人格作为人的内在精神世界，在形成个体社会责任感和正确树立价值目标方面起着决定性作用，是形成创新责任和创新目标的基础。

首先，任何自主创新活动，都是在一定社会条件与道德规范下进行的，人的道德品质是人的社会责任感的重要体现。因而，创新主体必须按照社会的道德要求，正确处理与创新客体以及与他人、社会的关系，使创新行为具有合理性与规范性。在我国当代社会条件下，发展是国家的第一要务，自主创新作为我国公民的一种历史责任，已经现实地摆在了每个人的面前。是不是自觉、自主地创新，是衡量公民道德责任的一个重要标志。同时，市场经济同其他经济形式一样，要求有与之相适应的伦理道德基础。市场经济体制是以理性化为特征的经济制度，市场经济社会需要公平、有序和稳定，需要

以自由、平等、信用和契约为基础建立一种普遍性的交换关系。这种关系不是靠人情、等级和特殊性，而是以一套具有普适性的、非人格化的规范和程序来维持社会的运行，从而形成一种新型的现代人际关系——合作关系。这种新型的人际关系要求创新主体应以现代市场经济和现代文明规范为基础，包括人格自由、平等，尊重人权，遵守社会公德，公平竞争，依法守法等。"个别人的私人利益和所谓普遍利益，总是互相伴随着的。"① 正是这些新的人际关系，为现代新型人格的发展开拓出了新的空间。

人们常以德性状况来衡量一个人的人格。道德不是纯粹的知识，而是一种实践，是一种自觉的行为，体现在人的意识情感和具体行为方式之中。现代人无论从事什么职业，不仅要遵守职业道德，也要具有作为公民的共同品德，如爱国、遵纪守法、诚实、公正、勇敢，还要确立善恶观念、正义感、是非感、荣辱感、良心意识和责任意识等人类最基本与最普遍的道德意识和道德情感。社会公德水平关乎国家形象、地区形象、个人形象，但现实状况却不尽如人意。一些人在创新活动中往往存在知而不行、能而不为的知行脱节现象，有的甚至"重器鄙道"，即重科技、轻道德。在创新活动中，若连最起码的公德都没有，就不可能形成更高水平的道德责任。有德无才是缺憾，有才无德更有害和可怕。创新主体若不能将知识化为美德、将文化化为教养、用才智造福人类，创新活动就会失去意义，甚至给社会造成危害。

其次，任何创新活动，都有一个为什么创新、为谁创新的价值目标问题。价值目标不仅规定创新的性质与方向，而且为创新主体提供创新需求与动力。创新的价值目标，有真假之分，也有善恶之别。在市场经济的激烈竞争条件下，在新旧体制的转换过程中，新旧观念的碰撞、中西文化的冲突使得各种道德观念、价值准则良莠并存，真与假、善与恶的价值取向相互交织，进而影响一些人的道德选择和道德行为。假的、恶的价值取向不仅败坏社会道德风尚，而且抑制、扼杀创新活动，迟早会受到社会的唾弃与惩罚。唯有真的、善的价值取向，才能为社会创造精神财富与物质财富。与市场经济相适应的价值目标，表现在人身上为独立、理性、自由、平等、公正等品质，这种现代道德人格首先尊重人的自由、平等，使人意识到自己生活中正在出现并扩大的人与人之间的共同利益、共同价值以及正在形成的共同规则、共同伦理，这些都是一个现代人所必须承认和遵守的。因此，创新主体在创新过程中，还要学会合作、关心他人，学会与有不同价值取向的人和谐

---

① 《马克思恩格斯全集》第 3 卷，人民出版社 1974 年版，第 272-273 页。

相处。"人们奋斗所争取的一切，都同他们的利益有关。"① 在追求人类发展与进步的目标下，做到对他人的尊重、宽容、关怀、理解，学会通过对话、沟通克服自私狭隘、自我中心式的人格取向。在这种情况下，如果缺乏自律精神，人就会感到混乱、迷茫、无所适从。因此，只有具备自律意识，才能充分发挥人格主体的主观能动性，在复杂的社会环境下保持清醒的头脑，独立思考、科学决策、正确选择，向着更高的道德境界迈进，从而正确树立自己的价值目标。

### 三、创新人格：创新精神与能力形成的关键

"有没有创新能力，能不能进行创新，是当今世界范围内经济和科技竞争的决定性因素。历史上的科学发现和技术突破，无一不是创新的结果。"②

创新与人格密切相关。创新是人的本能，但人的创造性却是潜在的，需要后天的教育和培养。创新人格是人格的一部分，是与创造性有关的人格特征，其主要特征是浓厚的求知兴趣、强烈的创新激情、坚定不移的信念、敢于牺牲的精神、不怕挫折的意志以及求实、严谨的做事风格。具有创新人格者，必须具有强烈的创新冲动，不满足于现状，并将这种创新意识凝聚成一种创新精神，矢志不渝、孜孜以求，在创新精神的鼓舞下通过知识积累形成创新能力。创新人格促进个体创新意识的强化，促进个体创新精神的发扬，促进个体创新潜能的挖掘，促进个体创新行为的成功。创新人格的具体表现是：求知欲望强，立足实际，富于幻想，创新动力充足，个性基本形成，思维具有独立性、批判性、原创性，对工作、生活充满信心与憧憬，富有活力，灵感丰富；敢于标新立异，勇于实践，不囿于传统思想观念的束缚，不被权威、名人所吓倒。

一个人是否具有创新性并不是一个单纯的智力问题，首先要看其是否具备创新人格。创新人格是在先天素质的基础上，后天养成的对创新的意愿性和习惯性作用，即表现为创新素质内在的自然倾向性。创新人格是创新活动的内在动力机制，是创新意识和创新精神在个人心理层面的积淀，是创新能力形成的内在动力源。创新活动，需要智力因素与非智力因素的共同作用。在现代社会条件下，学历、文凭、专业、知识、技能固然重要，但非智力因

---

① 《马克思恩格斯全集》第 1 卷，人民出版社 1956 年版，第 82 页。
② 《江泽民文选》第 3 卷，人民出版社 2006 年版，第 36 页。

素的作用更加重要，如主体意识、竞争意识、效率意识、公平意识以及科学精神、人文素养、心理素质，还有责任感、价值观念、毅力和协作精神等。这些非智力因素实际上是一种精神状态、一种人格特征、一种做人处事的道理。这些因素在很大程度上决定了人的创新才能及其发挥水平。因此，重视创新人格的培养，致力于发现蕴藏在人身上潜在的创造性品质，培养坚韧不拔的意志、艰苦奋斗的精神、团结合作的作风以及适应社会生活的能力，是形成创新精神与能力的关键。

不满足于现状是个体在实践中萌发出来的创新意向，它带有明显的自觉性和能动性。影响和左右着创新意识的人格特征是求知、创新的激情。创新人格是指有利于创新意识开发、创新精神彰显、创新能力强化的人格特质。它包括独立生存的自信心、不进则退的进取心、百折不挠的坚韧心和胸怀社会的责任心，集中体现为强烈的创新动机、执着的创新情感、顽强的创新意志、持久的创新毅力、勇敢的创新行为等。这种创造性个性和能力倾向是创新素质发展的动力和方向保证，是实现创新所表现出来的心理状态。创新能力是个体独立地以新的模式和程序去掌握与运用知识、技能以及发展新原理、形成新技能、发明新方法、获得新成果的能力。

培养创新精神与创造能力，需要充分认识自身意志品格中的优点与弱点，有意识地培养主体意识、竞争意识，增强抗挫能力，养成貌视困难、勇于拼搏的品质和精神。人需要充满自信心、自豪感、成就欲，要积极参与富有竞争性的活动，改造自己身上存在的甘居平庸、萎靡不振等不良的人格表现，努力克服认识障碍，化解不利因素，充分调动智力因素，实现创新目标。

# 人的全面发展与思想工作改革<sup>*</sup>

关于人的全面发展问题，早在古希腊时期就已提出来了。资产阶级文艺复兴时期的许多启蒙思想家和一些进步的资产阶级教育家，也提出过诸如人要多方面发展、人要协调和谐发展的主张。空想社会主义者基于人道主义的思想，企图用教育的方法来改变人们片面发展的悲惨状况，不切实际地描绘了一幅人的全面发展的虚幻蓝图。所有这些主张，都不可能正确地解决人的全面发展问题。只有马克思主义，坚持以社会分工为基础来考察人的发展，按照历史唯物主义原理，指导人的研究，从而把人的全面发展学说从空想变成科学。马克思主义关于人的全面发展学说，既为我们提出了培养一代新人的目标模式，也为我们提供了分析人的发展的科学方法，是教育工作和思想工作的重要理论基础。但是，由于我们受社会分工的制约和传统习惯的影响，在人的全面发展理论的理解和实践上，发生过偏差，经受过曲折。当前，改革开放的深入发展和社会的进步，强烈冲击着我们关于人的发展的狭隘片面的观念，不断在广度和深度上丰富着人的发展内容，有力推动着教育和思想工作的改革。

## 一、思想教育的简单化模式与人的职能单一化趋向

我国的各级各类学校，在开展思想政治教育的过程中，始终坚持以马克思主义关于人的全面发展理论为指导，并从指导方针和办学方向的高度给予了强调和确定，这在理论上和实践上无疑是正确的。正因为如此，我国教育战线能够按照正确的方向，培养了一批又一批德、智、体全面发展的人才，保证了社会主义建设事业发展的需要。但是，应当承认，过去在开展政治思想教育、贯彻全面发展教育方针的过程中，我们的确存在简单化倾向。这种简单化倾向主要表现在这样两个方面。

第一，我们的思想政治教育，往往过分局限于学校和课堂的范围，要求学生按照书本和理论的框架与方式进行思维和训练，忽视引导学生面向生动

* 原载于《武汉大学学报（哲学社会科学版）》1989 年第 1 期，收录时有修改。

活泼的社会生活，根据社会分工和执行社会职能的客观要求，进行理论学习和思维训练。这样，学生把深刻的理论变成了抽象的教条和简单的记忆符号。当一些学生习惯于公式化、概念化的思维方式之后，他们也把现实社会形式化、理想化，一旦头脑中理想的社会模式同现实的复杂状况发生冲突，他们要么简单地否定理论的价值，不愿学习；要么盲目地责怪社会现实，产生不满情绪。这种以理论与实际相分离为特征的思维倾向，简化了运用理论分析、指导社会现实和从社会现象抽象本质规律的复杂过程，是一种肤浅的、孤立的、简单的思维方式，是教条主义或经验主义产生的基础。它不仅妨碍思想教育的深入进行，而且有害于学生理性思维、创造性思维能力的培养与训练。而高层次思维能力的缺乏又不利于智能潜力的开发。因此，浅层思想水平和简单的思维方式，不是全面发展的标志，而是全面发展的障碍；只有高深的思想素质和创造性的思维方式，才是人的全面发展的象征和可靠的基础。

第二，思想政治教育不仅存在浅层性简单化状况，还存在单一性简单化情况。单一性的表现之一是教育内容上的不完全性。例如，过分强调道德、思想观念教育，不大重视法纪规范养成教育；过分突出政治教育，常常忽视与职业相联系的责任感、事业心教育；比较重视理论教育，缺乏以艺术、美育为内容的陶冶教育。这些教育的有与无、轻与重，直接影响着学生的思想素质和价值取向。单一性的表现之二是教育倾向上的极端性。所谓教育倾向上的极端性，是指在教育过程中，把某种教育内容和教育方式提到绝对重要的地位，甚至取消、代替其他教育。如劳动教育，过去我们大搞"劳动上学""开门办学"，不仅以劳动代替其他形式的思想教育，而且以劳动代替了必要的智育和体育。而现在，尽管大家都认为劳动教育很重要，但事实上在许多学校又以各种方式被智育所取代。单一性的表现之三是教育要求上的个性一律性。我们的教育对象，在个性特点上可以说是千姿百态，在个性发展上也呈现出生动活泼、丰富多彩的状况，不可能按照一个标准、一个模式发展。但是，我们过去对受教育者的内在个性品质研究不多，忽视了个体的个性特点，只强调外在的共性的要求，甚至对有鲜明个性的学生，采取抑制、压制的办法，使学生按照个性一律的方向发展。这样，不少人个性平淡，缺乏特色，惯于循规蹈矩，不善于求异创新。这样平淡的个性，将不可避免地导致平庸的智能。总之，思想教育的简单化模式，不管是浅层性简单化，还是单一性简单化，都只注重某一方面的教育或只训练人的某一方面素质，抑制人的思想素质和个性的全面发展。这样，不仅造成价值观念的倾斜，而且容易形成线性的单一的思维方式。这种片面的价值观念和思维方式无疑影响了人们的职业选择与智能发展，并最终以社会职能单一化趋向表现出来。

所谓社会职能，是指人们在社会实践活动中运用智力和才能的状况。能够比较全面、充分地发挥智力和才能的人，是全面发展的人；只能部分地运用智力和才能的人，则是片面发展或全面发展不充分的人。当然，我们这里所说的全面发展，并不是要每一个人都不受任何社会分工的限制，精通所有专业和会做社会上的各种工作。而是要求人们能够在自己所从事的专业领域内承担各种职能，并能根据科学技术和社会发展的需要，变更、丰富社会职能，以便在工作中全面、充分地运用智力和才能，卓有成效地为社会做出贡献。我们在教育简单化条件下培养的部分人才，的确存在着职能单一化倾向，这种倾向概括起来主要有两点。

其一，只能执行单一职能，缺乏其他职能的配合与辅助。不管是在学校、科研单位工作的知识分子，还是在其他企事业单位工作的知识分子，其中很大一部分人，只考虑了所学专业的某一项职能，而忽视了与该项职能相关的其他职能。例如，有的老师只重视教学职能，不重视教育职能以及科研职能；只管教书，不愿或不会育人；只善于传授现存的知识，不习惯坚持研究，无法不断吸收新成果、更新教学内容。又如，有些科研人员，只注重科研职能，忽视管理职能和生产职能。结果，许多人不愿意相互协作，配合起来承担大型科研项目，只习惯于单个式的小型科研；不善于把科研成果转化为生产力，致使科研分散、重复、经济效益差。像这样一类现象绝不是个别的，而是具有普遍性。尽管许多人都在十分认真地执行自己的主要职能，但由于缺乏相关职能的配合做保证，主要职能往往执行不好，工作显得平淡。

其二，只能执行固定职能，难以进行职能变更。在过去的条件下，不管是在校的学生，还是已经工作的知识分子，多数人在职业的选择上都具有从一而终的想法，即找一个岗位干一辈子，力求安稳，担心变动。对要求流动者，常斥之"不安分"；对变更职能者，视为"不务正业"。于是，在企事业单位，不少知识分子当了干部，就丢了业务；如果不当干部，转向业务工作，自己的思想和职能就难以变更，其他人的看法也难吸收。至于一旦进行专业调整、工作变换、岗位更替，工作就更难做。这样一来，在一个单位里，分工越来越细，职能越来越单一，人员越积越多，出现了一门课的内容长但时间不变，一个研究课题几十年不改，人员派不进、调不出、流不动的状况。

显然，这种职能单一、职能固定不变的现象，是人片面发展的表现。它与前面我们所分析的思想政治教育的简单化模式有着某种因果联系，即思想教育简单化导致了人的职能单一化。但人的职能单一化不光有教育方面的原因，还有更为深刻的社会原因，这就是以产品经济为基础的"大一统"计划体制。

众所周知，我国虽然建立了社会主义制度，但商品经济并不发达，小生产的习惯势力十分强大。小生产的经济基础不仅产生了封闭、分散的观念来束缚人们的思想，而且以其落后、低下的生产方式妨碍着人的社会化程度的提高，制约着人的全面发展以及人们智力和才能的充分发挥。再加上从上到下的"大一统"计划体制，容易滋生被动服从、盲目依赖上级的思想情绪和保守心态，容易形成上级提倡什么就一味追求什么的单一价值取向。这种情况既淡化了人们主动全面发展自身的主观要求，又缺乏人们在全面发展上的竞争条件。所以，克服小生产的习惯势力，大力发展社会主义商品经济，提高人的社会化程度，才是改变思想教育简单化和人的职能单一化的根本出路。

## 二、商品经济的发展与人的社会适应

随着改革开放的不断深入和商品经济的迅速发展，每一个人、每一项工作都经受到巨大的冲击，都面临着严峻的挑战。思想观念、工作状况是否适应商品经济发展的要求，已成为全社会普遍关注的问题。

在现实生活中，为什么有的人比较适应，有的人不大适应，有的人很不适应呢？这种适应上的差距，是什么原因造成的呢？这里，我们首先分析商品经济的发展向人们提出了哪些客观要求。

首先，商品经济的发展，不断冲击着人们的狭隘观念和封闭心态，冲破了产品经济的地域界线与分散状况，把人们推向了联系更为广泛的社会大舞台，提高了人的社会化程度，为人们开阔视野、丰富思维、更全面地发挥自己的能力提供了条件和机会。

马克思主义经典作家在对人的全面发展条件进行分析时认为，个人的全面发展由生产方式的全面发展以及所受教育的情况所决定。从根本上说，生产力和生产关系的全面性，是人的全面发展的前提条件。因此，变革落后的生产方式，确立新的生产方式，才真正为所有人的发展创造了条件。我们知道，在以产品经济为基础的"大一统"体制下，学生接受分配、人们接受分工是被动的、服从的，在一定程度上具有盲目性，缺乏单位对人员的严格挑选和人员对职业的合理选择，这无论在兴趣上还是在智能上，都不利于人的充分发展。同时，"大一统"体制下，机构臃肿、分工过细、人员过多，限制人员流动，也不利于人们优势和职能的发展，容易造成人的智能耗损和浪费。另外，干多干少一个样、干好干坏一个样、能力大小一个样的平均主义，"大锅饭"的分配方式，缺乏激励人们充分发展自身的机制，削弱了人们开发自身潜力的欲望与动力。因此，产品经济条件下的分工方式、工作方式、分配方式，虽然在过去起过积极作用，但随着社会的发展，已经不利于人的全面发展了。

现在，在社会主义商品经济条件下，社会分工方式发生了变革，多种形式的聘任制、合同制、选举制、优化组合制、淘汰制等逐步建立起来，学生分配实行双向选择，知识分子可以流动。尽管这些方式还正在建立和完善中，有待进一步发挥作用，但这些方式也正有力冲击着社会的各个单位和每一个人，冲击着固定的用人模式与单一的社会职能，为广大青年学生和知识分子充分发挥自己的聪能才智，开辟了新的天地。同时，尽管在整个社会范围内出现了"体脑"倒挂、知识分子待遇偏低、社会分配存在不公的现象，影响了一些学生和知识分子的积极性。但应当看到，在知识分子之中，分配在事实上也拉开了差距。许多能适应商品经济发展要求的，在工作中能充分发挥自己智力和才能，并为社会做出突出贡献的知识分子，在荣誉上、经济上、地位上不同程度地得到了社会的承认。尊重知识、尊重人才，正在逐步成为鼓励人们向高层次智能发展的动力，真正执行社会主义按劳分配政策和实际收入差距拉开的社会现实，必然激发人们全面发展的强烈欲望。

其次，商品经济的发展，无疑会带来社会竞争，社会竞争虽然表现在经济、技术、设备等各个方面，但在现代社会条件下，不管是国内还是国际上，社会竞争归根结底是人的竞争。而人与人之间的竞争绝不是抽象的、偶然的，更不是过去在政治运动中的那种争权夺利和派别斗争，而是人的全面素质和职能的比较。社会主义商品经济的根本要求是发展经济、发展生产力。它按照这个根本目标，撕破了人为笼罩在人们相互关系上的虚假面纱，对社会、对每个人毫不留情地进行鉴别、比较与选择，按照优胜劣汰的竞争原则，把社会和人们向前推进。因此，只有那些思想、智能素质全面发展的人，社会职能水平高的人，才能适应并推动我们社会的发展。而素质低下、职能单一的人难免在激烈的竞争中处于被动地位，乃至被淘汰。

再次，商品经济的发展，还将通过竞争而提高效率。讲究效率观念是商品经济的一个重要观念。工作效率、学习效率、经济效率不是凭空可以提高的，也不是光靠良好的主观愿望和高度的热情可以奏效的。效率的提高，同样要靠人的全面素质和社会职能。

例如，一个单位如果仪器设备条件都很好，本可以提高工作效率，但结果承担工作的人思想素质差，或者智能素质低，则绝不可能发挥仪器设备的优势而获得高效率成果。又如，一项复杂的教学任务或科研工作，需要几种职能配合方能完成，如果由一位职能单一的人来承担，也绝不会做出令人满意的结果。因此，学习、工作的效率，是人的素质的物化，是人履行职能的结果。它的高低与人的全面素质和职能成正比关系。

总之，社会主义商品经济的发展，既向人的全面发展提出了更高的客观要求，又为人的全面发展提供了更加有利的条件。充分利用新的经济体制所创造的有利条件，引导人们适应社会主义商品经济发展的客观要求，全面提高自身素质和职能水平是当前思想政治工作的一项重要课题。应当看到，在由产品经济体制向商品经济体制转变的过程中，会有一部分人，由于受传统习惯的影响而思想不适应，由于智能素质的制约而社会职能不适应。这两方面不适应的情况，相互影响、相互交错在一起，无形中成为新旧体制转换的阻力，从而也成为人们全面发展的障碍。例如，许多人习惯于过去计划体制下依赖保险、均衡、缓慢的运行方式，现在转变到商品经济条件下的自主、不平衡、快节奏运行状况，容易产生失落感、危机感和不满情绪；放弃个人或集体必要的努力，把困难和矛盾往上推，想方设法寻求依赖组织、保持安稳的倾向；不论能力和贡献大小而拼命攀比，力求达到均衡势态的情况；习惯于缓慢、过时的工作方式与学习方式，不愿更新专业内容、工作方式，主张几十年一贯的心态，还是比较普遍的。又如，在商品经济的激烈竞争中，有的单位和个人不是从增强实力、提高自身素质和职能水平入手，切实发展生产力，做出实实在在的成绩，而是改形式、换牌面、赶风潮，大搞短期行为。有的甚至以投机假冒、欺骗的方式，大肆冲击刚刚发展起来的商品经济，损害平等条件下的竞争。所有这些情绪、议论、矛盾、行为交织在一起，常常会把新的观念按传统习惯老化，把适应商品经济发展的政策与制度用旧的方式同化，把推动社会发展的改革活动用不正当的方式丑化。于是，有的单位和个人改革讲得很多，局面依然如旧；改革制度已经执行，实际情况变化不大，甚至有的人怀疑改革、否定改革。因此，在新旧体制的转换过程中，一些人产生不适应状况，并由此而生发各式各样的议论和社会问题，是难以完全避免的。我们要运用教育和管理的手段，帮助人们认识不适应状况产生的原因以及它对改革的危害，引导人们从转变思想观念、提高自身素质和职能水平入手，尽快改变不适应状况，推动改革的深入发展和商品经济新秩序的建立。

### 三、人的职能转变与思想教育改革

通过前面的分析我们可以看出，产品经济体制向商品经济体制的转换，不单纯是一个体制的变化，还是一场思想革命，是人的发展的一次变革。在这场广泛、深刻的社会变革中，除了思想要适应、观念要更新之外，更重要的是实现人的职能转变。

马克思主义经典作家曾经科学分析了社会条件、社会变革与人的发展的关系，指出："如果这个人的生活条件使他只能牺牲其他一切特性而单方面地发展某一特性，如果生活条件只提供给他发展这一特性的材料和时间，那么这个人就不能超过单方面的畸形的发展。"① 因此，小生产只为人们部分地运用智力和才能提供了条件，不可能推动人的全面发展，而社会化大生产才把人的全面发展问题作为"生死攸关"的问题提了出来。因为社会化大生产要求"用那种把不同社会职能当作相互交替的活动方式的全面发展的个人，来代替只是承担一种社会职能的局部的个人"。也就是说，"专精于一艺的部分个人，应当为全面发展的个人所代替。对于这种人，各种社会职能，只是相互交替的活动方式而已"② 。应当承认，在过去的产品经济条件下，我们培养人、使用人在很大程度上受到小生产方式的影响，使一些人只能承担"局部职能"，把本来面向社会的专业职能，变成了小手工业者的单一技艺。现在，随着科学技术的迅速发展，商品经济新体制的建立必然引起社会内部分工的革命化，促进广大学生和知识分子以及全体劳动者职能的变更。其变更主要表现在以下两个方面。

第一，人的职能由单一转向多样。这一转变是现代社会复杂化的客观要求。我们现在所处的社会环境，比过去复杂多了，我们所做的每一项工作，相关因素也比过去更多了。而社会对我们工作的要求也比过去更高了。所以，现在做工作、办事情比过去难度大，它除了要求人们执行自己的主要职能之外，还要求人们具有相应的职能以解决工作中环境因素与相关因素的影

---

① 《马克思恩格斯全集》第3卷，人民出版社1960年版，第295-296页。
② 《马克思恩格斯全集》第23卷，人民出版社1960年版，第534页。

响。例如，一个高等院校的教师要把教学搞好，必须了解本专业的科研情况并着手开展科研工作，以便更新教学内容，提高教学质量；还要根据教学制度改革的要求，熟悉教学对象，加强教学的组织管理，保证教学顺利进行。又如，一个企业的厂长不仅要善于组织生产，还要掌握与产品有关的经营情况，并能够组织科技人员进行产品的研究与开发。面对这种情况，虽然社会分工可以更细一些，但我们不可能把某一单项工作分成更小的内容，让具有不同职能的人承担，只能在执行主要职能的过程中，运用其他职能加以配合，否则工作将难以进行。

第二，人的职能由固定转向变动。这一转变是社会变化节奏加快的客观要求。在现代社会，科学技术的发展呈加速趋势，社会信息量按几何级数剧增。我们不管做什么工作，遇到的新情况、新问题会接连不断，涌来的新知识、新信息会让人应接不暇，我们再也不能像过去那样，满足于读几本书，掌握一技之长就心安理得。而是需要坚持学习，积累知识，增强解决新情况、新问题的能力，不断开发自己的潜在智能，提高履行职能的水平。只有这样，我们才能适应社会发展的要求，做出符合时代需要的工作实绩。如果我们光凭原有的知识，而拒绝提高自己的职能水平，我们就会同社会拉开距离。同时，社会的快速发展，既在不断推出一批又一批权威，又在不断地隐没一批又一批权威；既为人们提供了更多的成功机会，又给人们带来了更多失败的可能，风险、机遇在各个部门、各项工作中都会不同程度地存在。例如，科研的失败、企业的破产、竞争的失利等，这些在商品经济的发展过程中都是难以避免的。这就要求我们具有应对意外变化的能力，能够在不利的情况下实现职能转换，避免不必要的损失，争取新的成功。如果我们面对困境毫无应变能力，遭受失败后不能进行职能转换，我们同样会被社会淘汰。

总之，社会的变革与发展，向人们提出了职能转变的客观要求。而人们能否自觉地、顺利地实现这个转变，还取决于人们的主观条件，即认识与智能水平。主观认识是实现转变的先导，智能水平是实现转变的基础。主观认识上不去，转变就会缺乏内在动力；智能水平提不高，转变就没有实现条件。因此，帮助人们正确认识职能转变的迫切性，鼓励人们在新的历史条件下提高素质、全面发展，适应社会变革的要求，是一项富有战略意义的任务。这项任务理所当然地由教育来承担。

作为整个教育的一部分，思想政治教育要承担起促进人们全面发展的任务，必须进行改革。思想政治教育改革与人的职能转变出于同一社会根源，即都源于我国当前正在进行的经济体制与政治体制的改革。思想政治教育只有改革，才能改变过去对全面发展的狭隘理解，冲破人才培养的简单化模式，丰富、充实全面发展的内容，把人的发展提高到适应现代社会发展需要的高度。只有这样，思想政治教育才可能与社会发展同步，才可能适应并推动我国改革的深入发展，才可能为提高广大学生乃至全民族的素质做贡献。否则，思想政治教育还会按过去经济体制与政治体制条件下的观念、模式培养、教育学生，限制人们的思想和素质的发展，不可避免地同社会的实际需要发生矛盾和冲突。

同时，在促进人的职能转变的过程中，思想政治教育的职能也要转变。这个转变，就是对思想政治教育的作用以及发挥作用的方式进行改革。过去，思想政治教育由于受体制和大规模政治运动的制约，其职能也存在单一化、固定化的倾向。例如，强调政治思想工作的统帅作用，以政治冲击一切、代替一切，这种把人和社会生活政治化的极端倾向，不仅取消了思想政治教育的应有职能，而且取代了其他社会活动的职能，这种倾向曾经造成我国社会的严重病态和人的畸形发展。又如，思想政治教育进行灌输、批评多，强调疏导、激励少；对业务、经济工作的作用，只讲统帅、保证，不讲渗透、服务。所有这些把思想政治教育职能极端化、单一化的倾向，或压抑人们思想和智能的发展，或影响人们的正常的价值取向与全面发展。因此，我们必须转变以阶级斗争为纲、以政治运动为中心条件下的思想政治工作职能，确立具有灌输、疏导、激励、塑造、保证、服务等多种职能的思想政治教育，以满足人们全面发展的多方面需要。

此外，思想政治教育还要改变从书本、理论、概念出发，脱离现实生活的状况，要转到为发展社会主义生产力服务的轨道上来，切实发展、提高人们的社会职能。因为按照功能—结构原理，一定的职能既要以知识和能力为基础，又是知识和能力实际运用的表现。知识、概念不等于人的职能，只有能够在实践中运用知识、概念，具有某种解决实际问题的能力，才具有了某种职能，才可以转化为生产力。如果我们的思想政治教育只满足于教给学生一些概念而不会运用，只要求学生学习知识而不去实践，只注重书本而不重视社会的客观要求，那么，这就是忽视了学生的社会职能的培养与训练，忽视了发展社会生产力的根本要求。学生培养出来之后，到社会上应做什么？能做什么？特别是在商品经济的竞争条件下，学生的社会适应性如何？这是每一个思想教育工作者必须认真考虑的问题。

# 人类命运共同体视阈下的世界梦概念辨析*
## ——兼论中国梦与世界梦的关系

同一个世界，同一个梦想。虽然人类生活在不同文化、种族、肤色、宗教和不同社会制度所组成的世界里，但是都有对幸福生活和理想社会的美好向往和执着追求。随着人类命运共同体的形成，人类社会的价值共同点和利益交会点逐渐增多，追求长久和平和共同繁荣已成为各国人民的共同梦想。本文拟从人类命运共同体的视角，分析世界梦提出的背景，辨析其深刻内涵，探讨中国梦与世界梦的关系，以深入领会习近平同志治国理政的新思想和新理念。

## 一、世界梦提出的背景

从词源学意义上来讲，世界梦实际上是中国梦在国际传播过程中衍生出来的一个新话语。2012 年，习近平同志在参观《复兴之路》展览时首次提出中国梦。中国梦一经提出，便在世界各国引起热议，其中既有正确的理解，也有误读和妄议。① 于是，习近平同志利用出访俄罗斯、非洲、拉美和美国等地的机会，联系世界各国和各地区人民的梦想，向国际社会诠释中国梦的内涵与目标，强调指出中国梦的实现带给世界各国人民的将是机遇而非威胁，是和平而非战争，是共赢而非独赢。② 在这一过程中，为了让国际社会能够感同身受，更为快速、更为准确地理解、接受和认同中国梦，习近平同志提出它的姊妹概念——世界梦。其中的原因，一方面是基于国际社会构建合作共赢新伙伴，打造人类命运共同体的利益诉求；另一方面是出于为中国的开放发展拓展更大国际空间、营造更好国际环境的客观需要。

---

* 原载于《毛泽东思想研究》2016 年第 3 期，作者胡子祥、郑永廷，收录时有修改。

① 刘爱武：《国外学术界对中国梦的研究：主要观点、偏见及启示》，载《社会主义研究》2014 年第 4 期。

② 《习近平谈治国理政》第 1 卷，外文出版社 2018 年版，第 273 页。

（一）打造人类命运共同体的战略需要

随着经济全球化和社会信息化的深入，世界格局进一步朝着多极化方向发展，人类将面临前所未有的发展机遇，但是同时也要应对新威胁、新挑战。一方面，不同社会制度、不同历史传统、不同发展水平和不同基本国情的国家之间相互依存度和利益交融度显著加深，在这种情况下除了国家利益之外，政治、经济、文化、生态、安全、国际机制等方面的区域性和世界性价值的共同点和利益交会点明显增多。另一方面，全球性问题，譬如恐怖主义问题、民族主义问题、生态环境问题、人口问题、贫困问题、毒品问题等，也愈加突出，此类问题的协同解决将直接关系到人类生存与发展的安全，体现了全人类的共同利益。由此可见，当代人类的命运已被史无前例地紧密联系在一起，你中有我、我中亦有你的人类命运共同体应运而生。持久和平与共同繁荣的世界梦，既反映了世界各国人民的共同愿望和普遍追求，也将是国际社会打造人类命运共同体的战略需要。

（二）构建新型国际关系的目标诉求

当今世界格局正处在一个加快演变的历史性进程之中，让和平、发展、进步的阳光穿透战争、贫穷、落后的阴霾，让世界各国共享持久和平、永续发展，新的形势与新的梦想迫切需要树立新的理念和新的思维。那就是，各国应当积极树立"双赢、多赢、共赢"的国际合作新理念，坚决摒弃"我赢你输、赢者通吃"的冷战、热战旧思维，共同推动建立以合作共赢为核心的新型国际关系。其具体内容包括五点：一是建立平等相待、互商互谅的伙伴关系；二是营造公道正义、共建共享的安全格局；三是谋求开放创新、包容互惠的发展前景；四是促进和而不同、兼收并蓄的文明交流；五是构筑尊崇自然、绿色发展的生态体系。[①] 鉴于此，习近平同志在国际社会重要场合屡次呼吁，世界各国人民一起来维护世界和平，促进共同发展，以共圆世界梦。

（三）推进高层次开放发展的战略支点

对外开放是中国一项长期的基本国策。未来几年，为了顺应我国经济深度融入世界经济的趋势，我国将坚持内外需协调、进出口平衡、引进来和走

---

① 《习近平谈治国理政》第 2 卷，外文出版社 2018 年版，第 522–525 页。

出去并重、引资和引技引智并举的原则，发展更高层次的开放型经济，积极参与全球经济治理和公共产品供给，进一步提高我国在全球经济治理中的制度性话语权，构建广泛的利益共同体。① 尤其值得一提的是，2013 年习近平同志在出访中亚和东南亚国家期间，先后提出共建"丝绸之路经济带"与"21 世纪海上丝绸之路"两项重大倡议。据此，2015 年中国政府制定并发布《推动共建丝绸之路经济带和 21 世纪海上丝绸之路的愿景与行动》。"一带一路"建设构想的提出与实施，既是我国高层次开放发展的重要战略举措，也是对国际合作以及全球治理新模式的有益探索。它符合世界各国人民的共同利益和价值诉求，也彰显了人类社会对共同理想和美好生活的向往和追求。

## 二、世界梦的界定及其内涵

### （一）学界对世界梦的界定

虽然世界梦概念的提出已近三年，但是理论界对此的研究仍较薄弱。学者们甚至对世界梦的界定也各执己见，远未像中国梦那样能够达成共识。归纳起来，主要有以下不同观点。

（1）中国主体说。该观点认为，世界梦是中国或中国人对世界的梦想。它可以细分为两个小类。其一，包含说。有学者认为，世界梦是中国梦的组成部分，即世界梦不是别的国家的梦想，而是中国人关于世界秩序和人类文明发展的理想状态。在他看来，中国梦的外延不仅包括中国对自强的要求，还包含中国人对世界的秩序安排与发展理想。② 无独有偶，美国华盛顿大学沈大伟教授等也认为，中国梦的要素之一即国际关系，在中国的出版物中经常被称为"中国的世界梦"。具体地说，它包含四个要素——和平、发展、合作、共赢。③ 相比较而言，沈教授等对"世界秩序安排"的描述更为具体。其二，并列说。有学者认为，中国有两个梦想：一是实现中华民族伟大复兴的中国梦，一是构建人类命运共同体的世界梦，二者相辅相成，相互促

① 《中共中央关于制定国民经济和社会发展第十三个五年规划的建议》，载《人民日报》2015年 11 月 4 日。

② 郭树勇：《中国梦、世界梦与新国际主义——关于中国梦的几个理论问题的探讨》，载《国际观察》2014 年第 3 期。

③ 沈大伟、狄飞：《中国的世界梦——新型大国关系以及美中关系的未来》，载《当代中国史研究》2014 年第 4 期。

进，互为机遇。① 显然，这一观点认为中国梦与世界梦都是中国人的梦想，且认为世界梦所回答的是"中国到底想要一个什么样的世界"的问题。总之，持"中国主体说"观点的学者是从中国看世界的角度，审视和反思世界梦这一课题。这对于中国处理外交事务以及制定国际关系政策不无启示和借鉴，但是这一观点只是纯粹从学理角度进行阐发，忽略了习近平同志关于世界梦系列讲话的语境和精神，并不符合习近平同志关于世界梦思想的精神实质。

（2）世界主体说。该观点认为，世界梦是世界对于自身发展的愿景和追求。这一观点也可以细分为两个小类。其一，人类命运共同体的共同梦想说。有学者认为，历史悠久的战争与屠杀、刻骨铭心的饥饿与贫穷、日益污染的环境，让这个世界的每一个人都梦想有一个适宜人类居住的地球，全世界的人都梦想着人类有一天能够远离战争与杀戮，没有饥饿与贫穷，环境适宜居住，这就需要基本实现全球正义。② 显然，这一观点实际上是基于人类命运共同体的共同价值和共同利益，从和平、发展以及绿色等视角来界定全人类的共同梦想。其二，世界各国梦想集合说。有学者认为，习近平同志先后提出了中国梦、世界梦和亚太梦，构建了以中国梦为中心的三梦一体的同心圆，彰显了"三位一体"的战略关联性。③ 这一观点实际上将中国梦作为核心，寓于或包含于世界梦之中，认为世界梦就是包括中国在内的世界各国对于自身发展的梦想的集合。虽然这两种观点比较契合习近平同志关于世界梦系列讲话的语境，但是它们的界定也是不完整的，甚至是片面的。尤其是后一种观点将中国梦置于所谓"圆心"的位置，形成了两个层次的所谓包含关系，实际上也有悖于逻辑。

## （二）世界梦的内涵辩证

要正确理解世界梦的内涵，必须要深入研读习近平同志系列重要讲话精神。他在不同的国际社会场合所阐释的世界梦，虽然都是相对于中国梦而言的，但是却具有不尽相同的意蕴。归结起来，主要有三层含义。

（1）国家梦，即世界各国人民的梦想。每个国家都有自己独特的历史

---

① 阮宗泽：《人类命运共同体：中国的"世界梦"》，载《国际问题研究》2016 年第 1 期。

② 石永之：《中国梦与世界梦——从天下正义到全球正义》，载《管子学刊》2014 年第 2 期。

③ 周显信、阚亚薇：《论中国梦、亚太梦与世界梦的逻辑关系及其建构》，载《探索》2015 年第 1 期。

脉络、文化传统和基本国情，因此各国人民都有自己独特的梦想和追求。其中主要有：第一，俄罗斯梦。2013 年 3 月 22 日，习近平同志对俄罗斯进行国事访问，敦促中国梦与俄罗斯梦的相向对接。习近平同志在莫斯科国际关系学院的演讲中强调指出："我们要实现的中国梦，不仅造福中国人民，而且造福各国人民。"① 可见，习近平同志借阐释中国梦，向世界传递和展示中国的责任和担当。第二，美国梦。2013 年 6 月 7 日习近平同志与美国总统奥巴马共同会见记者时，从三个层面阐释了中国梦、美国梦以及世界梦的关系：①中国梦是实现国家富强、民族振兴、人民幸福的梦，是和平、发展、合作、共赢的梦；②世界梦是指包括美国在内的世界各国人民各自所拥有的美好梦想；③中国梦与世界梦息息相通。② 这是习近平同志首次联系美国梦，阐释世界梦，宣传中国梦。第三，法国梦。2014 年 3 月 27 日，习近平同志在中法建交 50 周年纪念大会上的讲话中深入剖析了中国梦与法国梦之间的合作共赢关系：①中国人民和法国人民都在努力实现各自的美好梦想；②中国梦将是法国的机遇，法国梦也将是中国的机遇；③中法两国人民将相互理解、相互帮助，在实现各自梦想的基础上，努力实现"中法梦"。③总之，从国家层面上来讲，世界梦是指世界各国人民对幸福生活和理想社会的美好向往和执着追求。

（2）区域梦，即世界区域共同体的梦想。由于毗邻的地缘关系、悠久的传统友谊和紧密的利益纽带，世界各区域的国家及其人民之间基于共同价值而建立区域命运共同体，因此就产生了区域梦。其中主要有：第一，非洲梦。2013 年 3 月 25 日，习近平同志在坦桑尼亚尼雷尔国际会议中心发表演讲，联系非洲梦以及世界梦，向国际社会隆重推出中国梦。主要有：①中国人民要实现中华民族伟大复兴的中国梦，同样非洲人民也要实现联合自强、发展振兴的非洲梦；②中非人民要加强团结合作，加强相互支持和帮助，努力实现各自的梦想；③中非人民要同国际社会一道，推动实现持久和平、共同繁荣的世界梦。④ 第二，拉美梦。2013 年 5 月 31 日，习近平同志在接受特立尼达和多巴哥《快报》、哥斯达黎加《共和国报》和墨西哥《至上报》联合书面采访时指出，拉美和加勒比国家共同体正在积极推进实现团结协

---

① 《习近平谈治国理政》第 1 卷，外文出版社 2018 年版，第 275 页。

② 《习近平谈治国理政》第 1 卷，外文出版社 2018 年版，第 279 页。

③ 习近平：《出席第三届核安全峰会并访问欧洲四国和联合国教科文组织总部、欧盟总部时的演讲》，人民出版社 2014 年版，第 25 页。

④ 《习近平谈治国理政》第 1 卷，外文出版社 2018 年版，第 310 页。

作、共同发展的梦想，"中国愿同拉美和加勒比各国紧密团结、相互支持、真诚合作，在通往发展繁荣的美好梦想的道路上携手共进"①。这是习近平同志首次阐释中国梦和拉美梦之间的合作共赢关系。第三，亚太梦。2014年11月9日，习近平同志在亚太经合组织工商领导人峰会上发表主旨演讲，首次系统阐明亚太梦概念。主要有：①亚太梦的内涵。亚太梦就是坚持亚太大家庭精神和命运共同体意识，顺应和平、发展、合作、共赢的时代潮流，共同致力于亚太繁荣进步的梦想。②与世界梦的关系。亚太命运共同体继续引领世界发展大势，为人类福祉做出更大贡献。③建设路径。亚太梦能否实现，将取决于经济是否更有活力、贸易是否更加自由、投资是否更加便利、道路是否更加通畅、人与人交往是否更加密切。④根本目标。就是让人民过上更加安宁富足的生活，让孩子们成长得更好、工作得更好、生活得更好。② 由此可见，从区域层面来看，世界梦就是世界各区域命运共同体的人民基于共同价值和利益而加强区域合作，相互支持、互利共赢的美好梦想。

（3）人类命运共同体的梦想。首先，从国际社会来看，随着经济全球化、政治多极化和社会信息化的发展，维护世界和平和保持国际形势总体稳定，已具备更多有利条件。但是，当今世界并不安宁，国际金融危机、霸权主义、新干涉主义、粮食安全、能源资源安全、网络安全等全球性问题非常突出。因此，和平与发展仍然是当今时代的主题与追求。其次，从中国的角度来看，天下大同是中华民族数千年来的古老梦想。近代以来，中国历经屈辱、磨难而迈步走向辉煌。因此，相比较而言，中国人民倍加珍惜和平。无论是 1953 年周恩来所提出的"和平共处五项基本原则"、1985 年邓小平所提出的"和平与发展是当今时代的两大主题"，还是 2015 年习近平同志所提出的"同心打造人类命运共同体"都无可辩驳地证明：中国坚定不移地走和平发展道路，倡导国际社会共谋和平、共护和平、共享和平。中国还将长期坚持开放、共享的发展理念，一方面在平等互利的基础上协同推进战略互信、经贸合作和人文交流，通过合作促进自身的发展；另一方面欢迎世界各国搭乘中国发展的顺风车，分享中国发展的经验与机遇，实现共同发展。可以说，实现持久和平和共同繁荣的世界梦，是包括中国在内的人类命运共同体的长期追求和美好愿景。

---

① 《习近平谈治国理政》第 1 卷，外文出版社 2018 年版，第 57 页。

② 习近平：《出席亚太经合组织工商领导人峰会开幕式并发表主旨演讲》，载《人民日报》2014 年 11 月 10 日。

## 三、正确处理中国梦与世界梦的关系

"中国人民的梦想同各国人民的梦想息息相通。实现中国梦，离不开和平的国际环境和稳定的国际秩序，离不开各国人民的理解、支持、帮助。中国人民圆梦必将给各国创造更多机遇，必将更好促进世界和平与发展。"① 中国人民在实现自己美好梦想的同时，愿意同世界各国人民一道，携手共圆世界梦。为此，我们要注意以下三点。

### （一）既增强国家意识，又树立人类命运共同体意识

增强国家意识有两层含义：其一，从微观视角看，是增进公民对自己所属国家历史、地理、制度、生产力水平、国际关系等方面的认知以及对国家身份的认同。从这一点来讲，增强国家意识，往往能够激发人们强烈的历史责任感，增强爱国主义情感，进而加深对"国家好，民族好，大家才会好"的理解和认同。其二，从宏观视角看，是增强国家在国际社会中的身份意识，包括国家主权意识、国家利益意识和国家安全意识等。习近平同志指出，中国人是讲爱国主义的，同时我们也具有国际视野和国际胸怀。随着国力的不断增强，中国将在力所能及的范围内承担更多国际责任和义务。② 人类共有一个地球，各国同处一个世界。要和平不要战争，要发展不要贫穷，要合作不要对抗，要进步不要退步，推动建设持久和平、共同繁荣的和谐世界，已经是各国人民的共同愿望。因此，世界各国人民应当自觉树立人类命运共同体意识，也就是树立"在追求本国利益时兼顾他国合理关切，在谋求本国发展中促进各国共同发展，建立更加平等均衡的新型全球发展伙伴关系，同舟共济，权责共担，增进人类的共同利益"③ 的意识。世界梦能否实现，在很大程度上取决于世界各国人民能否将人类命运共同体意识内化至心灵深处，并将责任共担、利益共享、共进共赢等理念自觉外化为实际行动。

---

① 《习近平谈治国理政》第 2 卷，外文出版社 2018 年版，第 525 页。

② 《习近平关于实现中华民族伟大复兴的中国梦论述摘编》，中央文献出版社 2013 年版，第 67 页。

③ 《胡锦涛文选》第 3 卷，人民出版社 2016 年版，第 651 页。

## （二）既弘扬和践行社会主义核心价值观，又共建人类的共同价值

社会主义核心价值观是中国梦的价值基础和思想保证，它为中国梦凝练价值内核，构筑价值共识，提供价值准则。面对当今世界思想文化多元多样多变的新态势，面对"互联网+"时代价值观交流交融交锋的新挑战，积极培育和弘扬社会主义核心价值观，对于凝聚实现中华民族伟大复兴中国梦的正能量，对于国家的长治久安和社会的和谐稳定都具有重大现实意义。因此，中国梦的宣传和阐释，一定要与社会主义核心价值观的培育与弘扬紧密结合起来。从另一个角度看，中国梦也集中体现了中国人民和中华民族的价值体认和价值追求，可以说它是中华民族团结奋斗的最大公约数。[①] 与此相对应的是，全人类的共同价值是实现世界梦的价值原则和价值理念，它包括和平、发展、公平、正义、民主、自由等基本内容。共同价值是人类命运共同体成员之间共有共享的正当性规范和核心原则，可谓人类命运共同体价值追求的最大公约数。但是，共同价值建设的目标远未完成，路漫漫其修远兮！国际社会应当继承和弘扬联合国宪章的宗旨和原则，共建以合作共赢为核心的新型国际关系，同心打造人类命运共同体。总而言之，我们在进行价值教育和实践的时候，既要弘扬和践行作为社会主义意识形态集中体现的社会主义核心价值观，也要推动国际社会共建体现人类命运共同体价值诉求的共同价值。

## （三）既坚持独立自主，自力更生，又坚持合作共赢的开放战略

实现中国梦，必须坚持独立自主，自力更生。它包括三层含义：一是必须走中国道路。换言之，就是走中国特色社会主义道路，而不是走封闭僵化的老路或者改旗易帜的邪路。二是必须弘扬中国精神。也就是弘扬以爱国主义为核心的民族精神和以改革创新为核心的时代精神。三是必须凝聚中国力量。也就是必须紧紧依靠中国共产党领导下的全国各族人民大团结的力量。[②] 中华民族伟大复兴是亿万中华儿女的共同愿望，它具有强大的凝聚力和向心力，将使海内外中华儿女同心同德、心心相印，共建共享美好梦想。

---

[①] 《习近平谈治国理政》第 1 卷，外文出版社 2018 年版，第 161 页。

[②] 《习近平谈治国理政》第 1 卷，外文出版社 2018 年版，第 39-40 页。

但是，独立自主、自力更生并不是封闭主义，闭关自守；更不是天马行空、独来独往。中国的发展离不开世界，世界的发展也需要中国。中国人民愿意与世界各国人民携手共进，合作共赢，以实现各自的美好梦想。为此，中国一方面将坚定不移地走和平发展道路，坚持独立自主的和平外交政策；另一方面将坚定不移地推行互利共赢的开放战略，通过全面深化合作，促进世界经济增长。① 毋庸置疑，中国首先倡导和推进实施的"一带一路"建设构想就将惠及几十个国家、数十亿人口，它既为实现中国梦而开创开放发展的新篇章，也为实现世界梦而注入合作共赢的新动力，使中国梦与世界梦更加紧密地联系在一起。

---

① 《胡锦涛文选》第3卷，人民出版社2016年版，第651—652页。

# 论思想政治教育实践的人性根源*

　　人是思想政治教育的出发点、落脚点。对思想政治教育实践性何以存在与发展这个基本前提进行的一切理论探讨，均离不开对人的生命活动存在方式的本质追问。人的生命存在的根本方式是什么？与思想政治教育实践性之间存在着怎样的关联？在此，我们将在马克思关于人的生命存在的实践本质思想视域中，探究人所独具的存在方式与思想政治教育实践性之间的关系，揭示思想政治教育实践性的人性根源。

## 一、实践：人的生命存在的根本方式

　　关于人的生命存在方式的本质，历史上不同时期的思想家们提出过不同的看法。苏格拉底认为，"人是一个对理性问题能给予理性回答的存在物"①，强调人是一种理性的存在者。亚里士多德认为，"谁也不会选择单独一个人去拥有一切善。人是政治动物，天生要过共同的生活"②，阐述了人是天生的政治动物、社会动物的思想。在德国哲学家卡西尔看来，人"是符号的动物"，"正是符号思维克服了人的自然惰性，并赋予人以一种新的能力，一种善于不断更新人类世界的能力"③。这些思想家从不同角度出发，在一定程度上揭示出人的某个或某些特性，为我们认识和把握人的生命存在方式的本质及其特征提供了宝贵的思想之源。

　　从本质上看，人的生命存在方式与动物生命存在方式的根本区别究竟是什么？人的生命存在方式具有怎样的特征？

　　关于人的生命存在方式，马克思曾有过许多精辟阐述。他认为，人"不是处在某种虚幻的离群索居和固定不变状态中的人，而是处在现实的、可以通过经验观察到的、在一定条件下进行的发展过程中的人"，是现实

　　* 原载于《现代哲学》2013 年第 6 期，作者郑永廷、曹春梅，收录时有修改。
　　① ［英］卡西尔：《人论》，甘阳译，上海译文出版社 1985 年版，第 9 页。
　　② 苗力田：《亚里士多德全集》第 8 卷，中国人民大学出版社 1994 年版，第 205 页。
　　③ ［英］卡西尔：《人论》，甘阳译，上海译文出版社 1985 年版，第 34、78 页。

的、"感性的活动"的人①；人具有区别于别的生命体的类本质特征，即"有意识的生命活动直接把人跟动物的生命活动区别开"，"人则使自己的生命活动本身变成自己的意志和意识的对象。他的生命活动是有意识的"②；而且"在他所创造的世界中直观自身"，"自然界才表现为他的作品和他的现实"③。人作为"现实的""感性的活动""有意识的"的人，存在于社会现实生活之中，并通过"感性的活动"使自然界、社会和人自身发生现实的变化。"感性的活动"指的是人在人与世界关系中，既变革外在的客观世界，同时也改变自己内在的主观世界，并把自身的本质力量展示出来的活动。在马克思看来，人的这种独特的把握世界的方式，既不是黑格尔所说的那种人对绝对精神的认识活动，也不是费尔巴哈所指的人对自然界的"感性的直观"，而是人改造世界、创生自身的具体的、现实的、感性的活动。这种现实的、感性的、体现着人的主体能动性与受动性统一的物质性活动，是人之生命存在的根本方式。人的"有意识的""现实的""感性的活动"，也就是人的实践性的活动。

从马克思关于人及其存在方式所做的相关论述中，我们看到，虽然人是自然界经过漫长的历史时期发展到一定阶段的产物，"人是作为自然生物产生的"，但人是迄今为止生命有机体的最高级形式。人类发展的历史表明，人的生命存在方式与其他动物相比，已发生了质的飞跃。换言之，"动物和自己的生命活动是直接同一的"，人之外的动物主要靠外界已有的现成物生存；动物的自然本能活动，是一种仅仅维持自己肉体生命存在的活动。而人由于先天并不具有特定的机体功能去适应特定的环境，必须靠人自身后天的现实的感性活动去变革对象才能生存下来，进而在改变环境中获得更进一步的发展。

第一，人的生命存在与发展，主要是通过认识、变革和改造对象的活动即人的实践活动，来满足自身的需要，并在需要及其被满足的矛盾运动中，也就是从需要到需要满足和产生新的需要、再到新的满足，这样一个连续不断的持续进程中实现的。在认识和变革世界的实践活动基础上，人的生命基本生存需要不仅得到满足，而且得到发展。当人原有的需要得到满足之后，又会生发出新的需要，催生新的满足方式即"已经得到满足的第一个需要

---

① 《马克思恩格斯全集》第 1 卷，人民出版社 1995 年版，第 73 页。
② 《马克思恩格斯全集》第 42 卷，人民出版社 1979 年版，第 96 页。
③ 《马克思恩格斯选集》第 1 卷，人民出版社 1995 年版，第 47 页。

本身、满足需要的活动和已经获得的为满足需要而用的工具又引起新的需要"①。在这种"需要—满足—新的需要—新的满足"的交相互动中，人在改造对象的同时也使自身得到丰富和提高。

第二，人的需要及需要的满足，都与人的实践活动相关联。一方面，人的需要源于人的具体现实的实践活动，即"作为确定的人，现实的人，你就有规定，就有使命，就有任务，至于你是否意识到这一点，那都是无所谓的。这个任务是由于你需要及其与现存世界的联系而产生的"②。另一方面，人的需要又在具体现实的实践活动中得到满足。生产物质生活资料以满足人的自然性的物质需要的生产劳动这一最基本的人类实践形式，就是在满足人之生命生存的需要进程中形成和发展起来的。

第三，人是自己实践活动的产物。人的发展史，就是人在物质生产劳动中不断发展和完善自己的历史。物质生产劳动作为最主要的实践活动，是人的第一需要。"人是唯一能够由于劳动而摆脱纯粹的动物状态的动物——他的正常状态是和他的意识相适应的而且是要由他自己创造出来的。"③"整个所谓世界历史不外是人通过人的劳动而诞生的过程。"④ 人的自然属性、社会属性、精神属性等都是在实践中产生与发展的。这种现实的、感性的、体现着人的主体能动性与受动性统一的物质性活动，即为实践。人之所以必须且能够"实践地栖息"在这个世界上，主要缘于以下两方面。

一方面，人的"未完成性"。从事"感性的活动的人"是"未完成的"，必须通过"人自己去完成"。关于人的"未完成性"，德国文化哲学人类学家兰德曼认为："人的生活并不遵循一个预先建立的过程，而大自然似乎只做完一半就让他上路了。大自然把另一半留给人自己去完成。"⑤ 人的存在又总是"人之为人的特性在于：世界上一切存在都只能是'是其所是'，而惟有人这种存在不仅是'是其所是'，而且还可能是'是其所非'，他是一个必须不断去'在'中的'能在'"⑥，即人的未特定化，也就是人是未完成的存在者。人的未完成性（未特定化）是人不同于动物的一大特

---

① 《马克思恩格斯选集》第 1 卷，人民出版社 1995 年版，第 79 页。
② 《马克思恩格斯全集》第 23 卷，人民出版社 1960 年版，第 329 页。
③ 《马克思恩格斯全集》第 20 卷，人民出版社 1971 年版，第 535 页–536 页。
④ 《马克思恩格斯全集》第 42 卷，人民出版社 1971 年版，第 131 页。
⑤ ［德］米夏埃尔·兰德曼：《哲学人类学》，张乐天译，上海译文出版社 1988 年版，第 7 页。
⑥ 王啸：《教育人学：当代教育学的人学路向》，江苏教育出版社 2003 年版，第 246 页。

点，表明人有完善自身的内在需要，因此人必须不断追求超越当下的不完满而达致完满。

另一方面，人的"能动性"。人拥有对象意识和自我意识，可以能动地认识与改造世界。在把人的生命活动与其他任何生命体进行比较之后，我们可以看到，别的生命体的生存都是直接依赖和满足于外界所提供现成的实物，而人则具有真正意义上的自觉目的性活动。"他不仅使自然物发生形式变化，同时他还在自然物中实现自己的目的，这个目的是他所知道的，是作为规律决定着他的活动的方式和方法的，他必须使他的意志服从这个目的。"① 马克思在《资本论》中谈到建筑师劳动和蜜蜂的"劳动"的区别时，通过人有别于其他生命体的本质特征，表明了人的能动性，亦即"有意识的生命活动直接把人跟动物的生命活动区别开来"，"人则使自己的生命活动本身变成自己的意志和意识的对象。他的生命活动是有意识的"②。"一个种的整体特性、种的类特性就在于生命活动的性质，而自由的有意识的活动恰恰是人类的特性"，人能够能动地认识世界。同时，由于"人的不完满性为自我理解所补偿，这种自我理解告诉他能够怎样来完善自己"③，"人不仅通过思维，而且以全部感觉在对象世界中肯定自己"④，即人还能够"通过实践创造对象世界，改造无机界，人证明自己是有意识的类存在物"⑤，人可以能动地改造世界。

此外，人能动地变革世界的活动，与动物"只是按照它所属的那个种的尺度和需要来建造"不同，人"懂得按照任何一个种的尺度来进行生产，并且懂得怎样处处都把内在的尺度运用到对象上去。因此，人也按照美的规律来建造"⑥。"人不是在某一种规定性上再生产自己，而是生产出他的全面性；不是力求停留在某种已经变成的东西上，而是处在变易的绝对运动之中。"⑦ 这就是说，人是在按照外在"物的尺度"与内在"人的尺度"的统一中，变革客观物质世界与人自身内心世界而渐进生成着的存在者。

人的生命存在的活动过程表明，人与其他动物的不同在于，他虽然不能

① 《马克思恩格斯全集》第 23 卷，人民出版社 1972 年版，第 202 页。
② 《马克思恩格斯全集》第 42 卷，人民出版社 1972 年版，第 96 页。
③ ［德］米夏埃尔·兰德曼：《哲学人类学》，张乐天译，上海译文出版社 1988 年版，第 9 页。
④ 《马克思恩格斯全集》第 42 卷，人民出版社 1972 年版，第 125 页。
⑤ 《马克思恩格斯全集》第 1 卷，人民出版社 1995 年版，第 46 页。
⑥ 《马克思恩格斯全集》第 42 卷，人民出版社 1972 年版，第 97 页。
⑦ 《马克思恩格斯全集》第 46 卷（上），人民出版社 1979 年版，第 486 页。

像动物那样从自然界直接获取现成物品来满足自己的需要，却可以自身自觉能动的实践活动改变世界来实现其需要的满足。人通过认识和改造外部世界，使之为自己服务，而不是简单地适应外部世界。这就是说，人是未完成的或人的存在是不完满的，但可以通过自身的努力超越当下，从未完成或不完满走向完善获得升华的；人是从自身创造性的生存活动中生成为人的，人是自身活动的创造者。人在自我生成的创造活动中，使自然成为从属于人的"无机身体"；人"在他所创造的世界中直观自身"，"自然界才表现为他的作品和他的现实"①。

正是人的实践活动本身，构成了人的生命及其本质和本性的现实基础和最终根据。实践不仅是人区别于动物的特殊生命活动，是人的生命活动的特有存在方式，而且是人之为人的特殊生命本质。实践是人所特有的能动地改造客观世界的对象性的物质活动，"是对象性的人在对象性活动中向自我同时也是向世界和未来而生的那种辩证生存方式"②。人是自己创造自己需要的生活资料，并把自己创造为人即自我生成和自我创造的。在此活动中，一方面人改造外部世界，使之成为人的活动客体；另一方面也改造了人自身，人由此成为自身活动的主体。正是在这个意义上，"人是一种实践性的存在"，实践活动被理解为人的最为基本的生命存在和生命活动方式，是人的生命存在的根本方式。

## 二、人的生命存在方式的实践性：思想政治教育实践性存在与发展的现实根基

人通过物质生产实践，满足并提升人的衣、食、住、行等自然生存需要；通过生产实践建立社会关系，并在调整和处理社会关系的社会实践中，满足与完善人的社会生存需要；通过物质生产与精神生产实践，以劳动产品表现和确证自己的价值，满足和提高人的精神需要。人的生存发展与人的实践活动相伴而生，相互促进。人的实践内容与形式随着时代的变迁而日趋丰富多样，人也在多种多样的实践活动中认识、丰富和发展自己。其中，物质生产实践是人类最基本的实践活动形式，是人类生存和发展的基础。马克思在《德意志意识形态》中指出："一切人类生存的第一个前提，也就是一切

---

① 《马克思恩格斯选集》第 1 卷，人民出版社 1995 年版，第 47 页。

② 张曙光：《生存哲学》，云南人民出版社 2001 年版，第 125 页。

历史的第一个前提，这个前提是：人们为了能够'创造历史'必须能够生活。但是为了生活，首先就需要吃喝住穿以及其他一些东西。因此第一个历史活动就是生产满足这些需要的资料，即生产物质生活本身。"① 他还说："这种活动、这种连续不断的感性活动和创造、这种生产，正是整个现成的感性世界的基础。"② 物质生产实践不是"把自己的生命活动，自己的本质变成仅仅维持自己生存的手段"③，而是人自己生命的活动和本质力量的确证，也是人的创造性活动和精神享受的活动，是人的生命自为生存、发展的方式。

人的生命存在方式的实践特性即人的实践性本质，需要思想政治教育实践性予以满足。前者是后者的存在与发展的现实根基，后者是满足前者需要的重要方式。

其一，就人的生命存在的实践活动过程而言，这既是人认识世界的对象性活动，又是改造世界的对象性活动。无论是认识世界，还是改造世界，都需要有正确的思想理论的指导、需要激发人的能动性、需要增强人的主体性等，这一切都需要加强思想政治教育。

其二，就人的生命存在的实践活动条件来看，这既是以现实客观条件为基础，与外部环境进行物质、能量和信息交换的活动，又是以人为主体，以一定理论和一定目标为指导的活动。也就是说，人的生命存在的实践活动既不是纯客观的也不是纯主观的活动，而是主观与客观、物质与精神、观念与行为相统一的活动，是马克思在《1844年经济学哲学手稿》中所界定的"自由的有意识的活动"，是在《资本论》中所讲的"自由自觉的活动"，亦即是物质性、精神性、超越性活动。如果割裂二者的辩证统一关系，就会像马克思在《1844年经济学哲学手稿》中所批判的那样"总是仅仅从外在的有用性这种关系来理解"实践，其结果就会看不到人的能动性，抹杀人的生命存在与动物生命活动的区别。由此可见，人的生命存在的实践活动，需要确立正确的世界观、人生观、价值观及远大的理想信念，需要以一定的思想理论，特别是科学先进的思想体系——马克思主义理论作为行动的指南。这同样需要实施思想政治教育。

其三，就人的生命存在的实践活动遵循原则来讲，这是既坚持"物的

---

① 《马克思恩格斯选集》第1卷，人民出版社1995年版，第78-79页。
② 《马克思恩格斯选集》第1卷，人民出版社1995年版，第77页。
③ 《马克思恩格斯选集》第1卷，人民出版社1995年版，第46页。

尺度"，又坚持"人的尺度"的活动。马克思指出，人"懂得按照任何一个种的尺度来进行生产，并且懂得处处都把内在的尺度运用于对象；因此，人也按照美的规律来构造"①。所谓"物的尺度"，也称为"外在尺度"，就是符合客观事物的规律性。人的生命存在的实践不能违背事物的发展规律，否则会招致实践活动的失败。所谓"人的尺度"，也称为"内在尺度"，主要指符合人的目的性与价值追求，是人的内在需求。因而，人的生命存在实践活动的"两种尺度"，体现了实践过程合规律性与合目的性的有机结合，也体现了"物质力量"与"精神力量"的辩证统一。无论是哪一个方面，都需要确立正确的、可实现的实践目标，特别是形成远大的理想信念形成，需要强化思想政治教育。

其四，就人的生命存在的实践活动结果来说，这既是创造物质财富的活动，又是创造精神财富的活动。毛泽东在论述无产阶级和革命人民实践任务时指出："改造世界的斗争，包括实现下述的任务：改造客观世界，也改造自己的主观世界——改造自己的认识能力，改造主观世界同客观世界的关系。"② 改造客观世界包括改造自然界和社会，主要是创造物质财富，为人们生存与发展提供基本条件并促进社会发展；改造自己的主观世界，主要是提高认识水平与思想境界，提升人的理论水平，创造精神财富，满足人的精神生活需要，促进人自身的发展。不论是物质财富还是精神财富的创造，都离不开人们的认识水平与思想境界的提高，都需要拓深思想政治教育。

从通过思想政治教育满足人的实践性本质需要的分析可以看出，人的生命存在方式的实践性内蕴着思想政治教育实践性。思想政治教育是从人的实践活动中分化出来并为实践服务的活动，是人的生命存在的重要实践活动方式之一。两者统一于人对物质与精神的需要和转化。正如马克思在《〈黑格尔法哲学批判〉导言》一文中概括的："批判的武器当然不能代替武器的批判，物质力量只能用物质力量来摧毁；但是理论一经掌握群众，也会变成物质力量。理论只要说服人，就能掌握群众；而理论只要彻底，就能说服人。所谓彻底，就是抓住事物的根本。但是，人的根本就是人本身。"③ 这里所讲的"理论一经掌握群众""理论只要说服人，就能掌握群众；而理论只要彻底，就能说服人"，表明人的生命存在方式的实践性是思想政治教育实践

---

① 《马克思恩格斯选集》第 1 卷，人民出版社 1995 年版，第 47 页。
② 《毛泽东选集》第 1 卷，人民出版社 1991 年版，第 296 页。
③ 《马克思恩格斯选集》第 1 卷，人民出版社 1995 年版，第 9 页。

性存在与发展的客观现实基础。

### 三、思想政治教育实践性：人的生命存在方式的实践性的内在诉求与体现

以人的思想与行为为对象、以实现思想政治教育的对象化为实质内容的思想政治教育活动，是与人的思想行为的发展以及整个社会的政治、经济、文化发展相关联的教育实践活动。

所谓思想政治教育的实践性，"就是思想政治教育的现实性和思想政治教育价值实现的实效性，在社会生活中表现为与其他实践活动的结合与渗透，它是思想政治教育显著的本质属性"①。随着时代的发展，思想政治教育实践性发展"越来越注重理论本身的实践解释力和对象化程度，越来越重视理论的可操作性，这些与当代理论所处的特殊时代和它所面对的社会现实问题具有内在相关性"②。

人的生命存在方式的实践性，内在地规约着思想政治教育的实践性。思想政治教育实践性是人之生命存在的实践本质的内在诉求，蕴含以下四意。

其一，思想政治教育内容的实践性。思想政治教育内容来源于变革自然、社会与形塑人思想行为的实践活动，要在人的生命存在的实践活动基础上，既能及时、准确地反映社会现实发展的要求，还应能满足人的合理需求。这必须是社会的客观要求与人的主体需要的统一。

其二，思想政治教育形式的实践性。思想政治教育活动的开展，总是在一定的社会实践中，以与其他实践活动相结合和渗透的形式进行的。如美国的学校思想政治教育都十分重视思想政治教育向社会实践活动的渗透：参观纪念馆、历史遗迹、名人故居、博物馆、展览馆、国会大厦、航空航天技术馆、国家公园等楼堂馆所；结合新生入学、老生毕业以及校庆、国庆和节假日等节庆庆典；参加文艺演出、体育活动、竞选宣传、旁听审判大会、政论咨询会、环境治理、为伤残人服务、为移民子女提供外语训练、社区服务活动等活动。这些都成为其进行思想政治教育的重要形式。

其三，思想政治教育目的的实践性。思想政治教育的最后目的，是使受教育者通过接受思想教育、政治教育、道德教育，能够形成符合社会与人发

---

① 张耀灿、郑永廷、吴潜涛等：《现代思想政治教育学》，人民出版社2006年版，第16页。
② 张耀灿、郑永廷、吴潜涛等：《现代思想政治教育学》，人民出版社2006年版，第16页。

展要求的理想信念、政治观点和道德观念，并养成相应的良好行为习惯。这必须体现出思与行的统一。

其四，思想政治教育双方（人）的能动性。这包括发挥教育者的能动性与充分激发受教育者的能动性两个方面。思想政治教育实践双方都是具有能动性的人，因而人的能动性的发挥，是思想政治教育活动能否顺利展开并取得预期效果的重要环节。

思想政治教育实践性是人的生命存在方式的实践性的体现。在坚持与发展思想政治教育实践性中满足人的实践性本质需要，主要体现在以下三个方面。

其一，教育引导人们开展劳动是第一需要。物质生产劳动创造了世界，也创造了人本身。"全部人类历史的第一个前提无疑是有生命的个人的存在。因此，第一个需要确认的事实就是这些个人的肉体组织以及由此产生的个人对其他自然的关系……任何历史记载都应当从这些自然基础以及它们在历史进程中由于人们的活动而发生的变更出发。"① 按照马克思主义的观点，人类作为动物进化的特殊阶段，必然具有与动物共同或相似的自然属性。因而人必然有物质性需要，人只有通过劳动，才能满足并提升人最基本的衣、食、住、行等物质需要，为生存与发展奠定基础。没有人的物质生产实践活动，人将无法生存下去，其他需要的满足也将无从提起。

其二，协调与引导人们的社会关系以满足人的社会需要。马克思主义认为，人在人的生命存在的实践活动中，创造、生产人的社会联系、社会本质，实现自身的完善与发展。正因为如此，"人们从一开始，从他们存在的时候起，就是彼此需要的，只是由于这一点，他们才能发展自己的需要和能力等等，他们发生了交往"②。列宁把社会关系"分成物质的社会关系和思想的社会关系。思想的社会关系不过是物质的社会关系的上层建筑，而物质的社会关系是不以人的意志和意识为转移而形成的，是人维持生存的活动的（结果）形式"③。社会关系，不管是物质的社会关系，还是思想的社会关系，都是人的创造和人的存在方式，是人的内在需要与外在制约，决定并推进着人的发展。人的自然属性、社会属性、精神属性，决定人对物质关系、社会关系、思想关系的需要。思想政治教育通过研究人的社会关系结构及功

---

① 《马克思恩格斯选集》第 1 卷，人民出版社 1995 年版，第 67 页。
② 《马克思恩格斯全集》第 42 卷，人民出版社 2002 年版，第 360 页。
③ 《列宁全集》第 1 卷，人民出版社 1984 年版，第 120—121 页。

能，满足人们社会关系的需要。在调节人们相互之间的关系，使之协调和谐的过程中，促进人的全面发展。人的发展，从横向与纵向的关系来看，"一个人的发展取决于和他直接进行交往的其他一切人的发展；彼此发生关系的个人的世世代代是相互联系的，后代的肉体的存在是由他们的前代决定的，后代继承着前代积累起来的生产力和交往形式，这就决定他们这一代的相互关系。总之，我们可以看到，发展不断地进行着，单个人的历史决不能脱离他以前的或同时代的个人的历史，而是由这种历史决定的"①。

其三，帮助人们立足于现实丰富内心世界以满足精神需要。人是自然属性、社会属性与精神属性的统一体。人的精神属性亦即意识属性，是人类特有的属性，人"生命活动的性质包含着一个物种的全部特性、它的类的特性，而自由自觉的活动恰恰就是人的类的特征"②。恩格斯更为明确地指出："社会发展史却有一点是和自然发展史根本不相同的……在社会历史领域内进行活动的，是具有意识的、经过思虑或凭激情行动的、追求某种目的的人；任何事情的发生都不是没有自觉的意图，没有预期的目的的。"③ 人的意识、思虑、意图、目的，是人的精神属性。人的这种精神属性不是凭空产生的，而是人在与自然、社会以及与人之间的关系中，人有肯定自己、展示自己本质的需要，这种需要表现为人的能动性，成为人的精神需要。人只有通过实践过程，特别是劳动产品，表现和确证自己的价值，才能真正满足人的精神需要。因此，思想政治教育要满足人们的精神性需要，就要增强人们实践的能动性，帮助人们提高精神境界、丰富精神家园、确立远大的理想信念并坚定不移地为之奋斗，才能在实践中取得更大的成果。思想政治教育帮助人们实现对现实的超越，主要是指提高目标的追求层次，其目的不是为脱离实际而想入非非，而是为更大更艰巨的实践提供目标与动力。

综上所述，思想政治教育实践性的人性根源揭示出：思想政治教育不是外在强加于人的活动，而是人通过思想将自身的活动作为思想对象加以反思，从而为自己的生活确立根据的活动；它是与人的生命息息相关的生存方式，是人的生命生存重要方式之一，是人的生命实践生存的内在诉求。

---

① 《马克思恩格斯全集》第 3 卷，人民出版社 1960 年版，第 515 页。
② 马克思：《1844 年经济学哲学手稿》，刘丕坤译，人民出版社 1979 年版，第 50 页。
③ 《马克思恩格斯选集》第 4 卷，人民出版社 1995 年版，第 247 页。

# 探索富有民族特色的教化与修养方式[*]

　　人类社会的各个历史阶段，既形成了与其经济基础相适应的意识形态和社会心理，也形成了与意识形态和社会心理相适应的教化与修养方式。我国古代的道德教化与修养，西方中世纪的宗教教化与修炼，以及发达国家的社会教化与心理调节，都是在不同社会和国家起主导作用的教化与自我修养方式，对传播意识形态、平衡社会心理、减少人际摩擦、缓解社会矛盾具有重要作用。在经济全球化、社会信息化、文化多元化的社会背景下，我国宗教的影响有所扩大，西方国家的价值观与学科理论相继涌入，古代的文化传统不断被发掘，从而使我国在文化教养与自我修养方面呈现出丰富多彩的状况。

　　一定的教化与修养方式，既受制于一定的经济基础与意识形态，也为一定的经济基础与意识形态服务。因而不同时代、不同国家的教化与修养方式是不同的，表现出异质性与间断性。但教化与修养方式作为一种文化，在历史发展过程中，又具有一定的传承性与连续性。我国如何借鉴国外教化与修养方式，继承本国教化与修养的优良传统，并根据时代要求、立足实际，进行教化与修养方式的探索与创新，是我国坚持社会主义意识形态的主导地位、形成中国特色社会主义共同理想和提高国民文明素质的重要课题。

## 一、宗教教化与修炼的启示

　　宗教通过设立神圣与恐惧相结合的目标来引导人的追求。宗教信仰不同于政治信仰、科学信仰与道德信仰的地方，就是它超脱了现实，因而具有神秘性，产生了对超人间力量的承认与信奉，将善以超人间力量集中在具有至高无上品格与能力的佛祖、真主、上帝身上加以崇拜；对恶则以超人间力量形成恐惧并进行排斥。宗教既有对人行"善"的神圣目标引导，又有对人作"恶"的严厉惩罚与威慑，这种强烈而鲜明的神圣感召与罪恶排斥，易使教徒产生对神灵的归服心理和对残忍行为的恐惧心态，从而形成相对稳

---

　　* 原载于《社会科学辑刊》2008 年第 4 期，作者曹群、郑永廷，收录时有修改。

定、严肃、认真的信仰。因而，宗教信仰的稳定性是由其价值取向的鲜明性所决定的。

宗教通过对人的否定来实现人的自我控制。所有宗教都以对上帝、佛祖、真主等神灵的绝对肯定为前提，来对人进行否定。基督教设定了"原罪说"，佛教提出人生"苦海说"，伊斯兰教和其他宗教都采用神话方式对人予以否定，使人成为一种缺陷性、否定性的存在，从而为人的教化与修炼设定前提，给人套上自我规约的枷锁。对人的否定，就是对自身的否定，就是要限制、约束自己甚至消灭自身。因此，宗教是把神当作目的，把人当作手段的；其教化与修炼方式，是实现宗教目的的手段。宗教正是利用了人们对神圣事物敬畏与向往的心理，以及人们对现实生活和死后灵魂的关切来确立其教化与修养目标和方式的。

宗教通过群体互感来扩展和巩固其信仰。所有宗教，都因共同追求的神圣性目标而为教徒所认同，这种认同在宗教团体的集会、仪式和禁戒活动中，利用人们对神灵的恐惧与崇敬，以及自身的卑微感与内疚心理，突出神的权威，降低人的地位，并通过人人自责的方式互相感染、互相压抑，推进不同民族、国家、区域教徒之间的亲近、亲和与感染，形成一种服从与自我约束统一的局面，以强化、扩展宗教信仰氛围，加深个人信仰程度，增强宗教团体凝聚力。

尽管宗教的教化与修炼带有明显的玄虚性，消解了人的主体性，但它通过教化与修炼形成追求神圣和排斥丑恶的精神寄托、思想张力与稳定信仰，对我们不无启示。在确立中国特色社会主义共同理想的过程中，既要劝导人们求富向善，又要告诫人们脱穷惩恶；既要引导人们对自然、社会规律的遵循，又要帮助人们认识个体的局限；既要组织共同的教育活动，又要发展个体的修养方式。而宗教正是依靠内容与方式的综合，才形成稳定的信仰。同时，宗教对极端个人主义、享乐主义行为的制约也不无启示。人不能由对神绝对肯定的一个极端走向对人绝对肯定的另一个极端，人总是要受到某些外在力量的制约而不能对自然、社会、他人为所欲为。任何人都不是自发的完善性存在，都需要接受一定社会意识形态的教化并进行自我修炼以趋于完善。

## 二、借鉴发达国家的社会教化与调节方式

西方发达国家的社会教化与调节方式，是以资本主义价值理论为基础

的，其思想理论和道德原则的核心是资产阶级个人主义。个人主义可分为经济个人主义、政治个人主义、伦理个人主义。经济个人主义所追求的是不受约束的自我利益和私有财产，实际上就是经济自由主义；政治个人主义则是将个人的民主、自由、权利置于国家之前，把个人作为终极实体；伦理个人主义强调个人是道德价值、道德原则、道德评价及其标准的来源和终极权威。资产阶级个人主义把人们引向对个人利益、财富、幸福、享乐的无限追逐，把社会引向自由个性和激烈竞争，这样不可避免地会出现趋乐避苦、道德沦丧的社会局面。

面对这种局面，为了在追逐个人利益中不遭到损毁，为了在激烈竞争中寻求平衡与慰藉，人们唯有采用相应的教化与调节方式。归纳起来大致如下：一是心理调适。心理学在西方发展较早也较快，各种流派、理论、教化与调节方式繁多。心理学因应西方国家激烈竞争的现实需要而产生，是现代社会人们心理保健、心理平衡、心理发展的一种较有效的教化与调适方式。这种方式用于思想道德方面，具有教育和自我教育作用。二是制度规约。西方国家具有法治传统，不仅各种法规、制度完善，而且人们有依法行事的习惯。按法律、制度规约行为进行自律，是西方发达国家教化与调节的主要方式。三是行为控制。行为控制是与西方发达国家重管理的传统相联系的。在经济领域，西方发达国家探索并形成了许多管理理论和管理方式。这些管理理论和方式把思想道德、价值观念融于管理理论和管理条文之中，寓教于管，以行为调控方式来实现其价值目标，这是西方发达国家进行教化与调节的普遍方式。

发达国家为适应现代社会发展的需要，发展了教化与调节方式，但它受制于资本主义价值观，表现出明显的特征：一是契约性。为了维护西方社会个人本位而又不至于相互发生冲突，人与人之间和群体与群体之间就要订立契约，共同遵守。契约成为自约、自律的一种方式。契约自律虽然也是一种道德行为，但它并不一定反映社会公正，也不是一种道德追求。契约自律只是一种规范自律，它是为达到个人目的服务的。二是外在性。如果说我国古代重伦理，侧重于自我修养的话，发达国家则重法治，侧重于他律和自律。他律和自律，就是着重于法规、制度的规范约束，着重于人的行为控制，而非注重观念的内化，因而是一种有形的、外在的控制。三是学科性。为适应现代科学技术的发展，西方国家重视在一切领域进行科学开发，他们从不同角度研究人的思想和行为，形成了心理学、管理学等学科，不仅使人们的思想和行为符合资本主义社会的发展要求，也在不同层面进行人力资源开发。

西方发达国家的教化与调节方式，虽然传承了西方文化传统，但也根据现代社会的要求，进行了探索和创造，如管理理论与方式、心理学理论与方式，既受资本主义价值观制约，同时也具有现代性与科学性。这是我们应当借鉴的。

### 三、传承和发展我国传统的教化与修养方式

中国古代社会思想道德教化与修养的理论基础不是宗教，而是伦理，主要是儒家伦理。儒家伦理是建立在以农立国、以家为本、家国一体的血缘关系和宗法关系基础之上的。儒家伦理所设定的人性是善的，认为人人都有向善的本性，即潜在的善端。这种善端可以通过教育和人们的领悟（即自我教育）发挥出来，所以，儒家十分重视社会的道德教化和个体的道德修养。

儒家伦理为社会和个人设立了相互联系的两个目标：一是社会目标，就是治国、平天下；二是个人目标，就是修身——通过格物、致知、正心、诚意，树立崇高的人格理想。由此形成了我国古代一整套教化与修养方法：第一，学思结合、知行合一方法。即既重视教和学，又重视思，以此解决认识问题；既重视知，又重视行，以此解决实践问题。第二，自省方法，亦称内省或反省。孔子常说："见贤思齐焉，见不贤而内自省也。"（《论语·里仁》）其弟子曾参提出"吾日三省吾身"（《论语·里仁》）的主张，孟子则提出"反求诸己"等自我修养方式。第三，克己方法，即以社会道德标准来约束和克制自己。孔子主张"克己复礼为仁"，"约之以礼"，"非礼勿视，非礼勿听，非礼勿言，非礼勿动"（《论语·颜渊》）。第四，慎独。即在独处无人注意的情况下，能自觉按一定的道德准则思考和行动，而不做任何坏事。

从上述内容可以看出，我国古代教化与修养也呈现出明显特征：一是鲜明的指向性。中国古代社会以"德政""德治"为主要方略，提出与世俗伦理内在一致的"小康""和谐""大同"社会目标，反对"奸事奸道"之"乱世"与"小人同而不和"之秩序；于个人强调道德修养、注重人的道德价值，提出追求"君子"与"圣贤"的人格目标，摒弃"小人"与"贱人"行为；主张内修圣人之道，外施王者之政；内以圣人的道德为体，外以王者的仁政为用。内圣是要追溯道德价值的源头，以求达到致仁、致圣的境界，外王是要贯彻道德价值要求，实现王道、仁政目标。二是突出的内省性。我国古代的教化与修养，把现实的社会目标与个体道德目标融为一体，

无论是教育还是自我教育，都着力于人的内在价值、内在教化——"内化""内圣"，而不是致力于对人的外在规约与强制，具有明显的自教自律性。三是个体谦抑性。我国古代的教化与修养，强调人的自省、自克，缺少宗教教化与修养那样的群体方式，且脱离实际，这容易把人的思想和行为禁锢于狭小范围，泯灭人的欲望与追求，抑制人的创造性和生命活力。正是这种独特的教化与修养方式，为我国古代实施"德政""德治"奠定了社会思想基础，形成了富有特色的德教、修养文化。

我国古代社会教化与修养的传承是通过传统文化和社会心理进行的。传统文化层面的影响方式主要是理论知识的灌输。我国近代知识分子，面对国家危亡、人民贫困的境况，采取多种途径与方式寻求救国救民的道路，或西化强国，或实业兴国，或科教救国，但都因脱离我国传统文化的根基而失败了。

以毛泽东为首的中国共产党人所创立的思想政治教育，既是对我国古代注重德治和德教、注重追求世俗美好的社会理想、注重以民为本思想的继承，又是在新的历史条件下的创新与发展。这一重要经验，在新的实践中得到贯彻，成为党和国家的政治优势。但是，由于"文化大革命"的冲击，思想政治教育面临严峻挑战，社会主义理想信念经受着重大冲击。30年来，以邓小平、江泽民、胡锦涛为首的中国共产党人，认真总结历史经验教训，重新审视传统文化，根据新的时代要求，开创了中国特色社会主义道路，确立了建设小康社会、和谐社会的目标，提出了依法治国与以德治国相结合的治国方略，形成了主导社会全面发展的社会主义核心价值体系，明确了规范社会与个人行为的"八荣八耻"荣辱观。这些目标、方略和思想，既深刻蕴含着我国古代传统文化的精华，也具有丰富的时代内涵，成为我们在新的历史条件下进行教育与修养的理论基础。

## 四、创新中国特色社会主义教化与修养方式

中国特色社会主义的教化与修养方式，是为提高国民的社会主义思想道德素质、形成中国特色社会主义共同理想、促进中国特色社会主义现代化建设服务的。它既不同于其他社会的教化与修养方式，又要继承我国古代教化与修养的优良传统，借鉴其他国家教化与修养方式的精华。中国特色社会主义的教化与修养方式，既是人们自身存在和发展的方式，也是社会存在和发展的条件；既是个人的内在需要，也是社会和谐的需要；是人与社会、人与

人、人与自然和谐相处、协调发展的文化保证。

社会主义社会的理想，是反映和代表广大人民群众根本利益的理想；①社会主义道德，是以为人民服务为核心、以集体主义为原则的新型道德；社会主义法制是无产阶级和广大人民群众意志的体现。因此，社会主义社会的教化与修养方式具有坚实而广泛的群众基础。

在社会主义社会，由于人民的根本利益和奋斗目标的一致性②，加上人们享有社会主义民主，人们对自己的思想、行为具有自主、负责的精神，并能通过民主生活会、组织生活会、群众代表会以及群众团体等方式，进行民主讨论、评议，对存在的问题和不足开展批评与自我批评③，从而形成一种相互监督、相互帮助、共同发展的自我教育局面。在社会主义社会，人们为了有秩序地学习、工作、生活，不仅能以体现社会主义社会绝大多数人意志的法律规范自觉约束自己的行为，而且能结合本单位、本地区的实际，制定具体的规章、制度、协约，实行民主管理，共同参与、遵守。社会主义社会的教化与修养，与其他社会相比较，应当更具自主性、自觉性、民主性与规范性的特点。但是，我们也必须清醒地看到，我国在意识形态领域，既有优秀民族文化的传承，也有落后、腐朽思想的延续，还有国外各种文化的涌入和各种思潮的冲击。多元、多样的文化因素，在大众传媒和互联网络的作用下，既相互交汇、融合，又相互矛盾、冲突，因而意识形态领域显得复杂、多变，一些人在思想信仰上也呈现出迷茫困惑与纷繁多样的状况。

随着市场经济体制的建立和社会主义民主的发展，加上开放扩大与社会信息化的推进，人们的自主性与自由性不断增强，信仰自由、行动自由充分展现。思想政治教育面对流动的人群和拥有自主、自由的个体，面临着挑战。批评与自我批评在过去严密的组织保证下可以发挥作用，但在阶级斗争与政治运动中的过度使用，使其失去信誉与效力；修养方式在"文化大革命"中遭受批判，削弱了认同程度，影响了实际运用；从西方国家引入的心理学、管理学，受到许多人的重视与运用，但它毕竟是在西方政治、经济、文化背景下形成和发展起来的，与我国民族文化和民众心理契合有限，其影响与作用也难以向纵深拓展；宗教的教化与修炼方式，引起了一些人的重视，其影响有所扩大，但它毕竟难以满足社会主义意识形态的要求，再加

---

① 《邓小平文选》第3卷，人民出版社1993年版，第373页。
② 《毛泽东著作选读》（下册），人民出版社1986年版，第757页。
③ 《毛泽东选集》第1卷，人民出版社1991年版，第90页。

上我国没有西方国家的宗教传统，即使有人主张推广，也只能在教徒中发挥作用。从这些分析说明，随着多元文化格局的形成和多样化价值取向的出现，我国社会的教化与修养方式也出现了多样化。在这种多样化价值取向与方式的影响下，不少青年学生难以选择和确定自己的取向与方式，缺乏内在思想与外在行为的平衡、约束机制，不明确究竟应当以什么方式来认识、调节和提高自己，致使许多人陷于精神生活的自发状态，有的甚至走向迷信，道德、法纪失范行为频繁发生。

在多样化的现代社会条件下，价值取向和修养方式多样化不可避免，但如何在多样化状况下坚持社会主义核心价值，如何确立、创新坚持以社会主义核心价值为主导的教化与修养方式，则是我们必须解决的重大课题。从前面的分析可以看出，古今中外各个历史阶段和各个国家，都要进行教化与修养，这是平衡个体心态、减少人际摩擦、缓解社会冲突、维护和谐格局必不可少的德教、德治方式。我国古代的道德修养、西方中世纪的宗教忏悔与祈祷、发达国家的心理科学与管理科学都是在不同社会和国家起主导作用的教化与修养方式。我国的道德修养与思想政治教育有悠久的历史，有极其丰富的资源，有深厚的社会心理积淀。应继续发挥传统文化的优势，并根据新的历史条件，传承和发展传统的教化与修养方式，在全党、全民中开展文明修身活动，以此作为我国主导的教化与修养方式，在个体与社会自我调适、自我约束、自我发展上走出一条中国特色的路子来。

文明修身包括内容与方式两个方面。文明的内容包含以消费文明为主的物质文明，以法纪文明为主的政治文明，以道德为主的精神文明和以和谐为主的生态文明；文明相对于愚昧、落后而言，是个体和社会都可接受而无理由拒绝的进步要求，具有明确的导向与约束作用。在修身方式上承继我国文化传统，包括心灵、德性的自我养育，情绪、心态的自我平衡和身心的自我调节，这是现代社会每个人为适应激烈竞争和各种风险应当具备的。

# 香港回归对内地和港澳大学生思想的影响<sup>*</sup>

1997 年 7 月 1 日，香港回归祖国。它标志着中国人民彻底洗刷了 19 世纪中叶以来一段一百多年的民族耻辱，标志着祖国统一大业又向前迈出了重要的一步。这是彪炳中华民族史册的重大事件。为了了解这一事件对内地和港澳大学生思想的影响，我们在部分内地和港澳大学生中进行了问卷调查，同时进行了座谈。我们发现：香港回归，增强了两地青年的民族意识，激发了学生的爱国情感。

## 一、关心祖国统一，关心香港发展

历史进入 1997 年，青年学生谈论着香港，关心着香港，"香港回归"是青年学生共同的话题。内地学生为思念已久的香港即将回归而兴奋；香港学生为即将回到祖国的怀抱而激动。他们都在为祖国的兴旺发达而欢呼，为祖国的统一而歌唱。从我们对青年学生的调查中不难看出这一问题的实质。在接受调查的内地大学生中，97.55% 的青年学生对香港回归祖国表示"关心"；认为"一国两制"是解决香港问题的基础，对"一国两制"的内涵"知道"、"清楚"或"有较全面理解"的学生占 99.5%。在接受调查的港澳学生中，95% 的学生对大陆"十分关心"，"愿意了解内地人民的生活"，"愿意为中国贡献个人的力量"；84% 的学生对香港回归祖国这件事"关心"和"非常关心"；94% 的学生对"一国两制"的含义"知道"、"了解"或"非常清楚"。在调查中我们发现：内地青年学生对香港回归表现出极大的热情，认为香港回归是民族统一的象征，是中国强大的标志，它说明中国在国际政治舞台上的地位越来越重要，中国经济发展了，中国强大了，中国人民真正站起来了。港澳学生对香港回归也能正确看待，并且国家观念、民族意识正日益加强，但他们更关心香港的发展、繁荣和稳定。他们认为，"一国两制"是解决香港问题的最佳选择，在迈向新世纪的过程中，"港人治港"符合香港的实际情况，有利于香港的发展。

---

\* 原载于《青年探索》1997 年第 3 期，作者王仕民、郑永廷，收录时有修改。

## 二、增强了民族自豪感，提高了民族凝聚力

1997 年的中国香港，它赋予中华儿女的不仅仅是香港的回归，而是作为一个中国人的自豪。在调查中，98%的港澳学生认为自己是"龙的传人"，并且以自己是一个中国人而自豪；67%的港澳学生认为，他们的生活方式与内地的生活方式"相同"、"有些相同"或"比较接近"。而86.5%的内地学生认为港澳居民的生活方式与内地"完全相同"或"有些相同"。香港回归也提高了民族的凝聚力。中华儿女在香港回归的旗帜下更加团结。港澳学生与内地学生以各自的方式表达着民族的情感，表达着对彼此的关注。在被调查的内地学生中，有97.5%的人通过"收看香港电视节目"了解香港；而通过"收听香港广播"的占43%；"阅读港澳报纸杂志"的占52%；"阅读港澳著作"的占15.5%。在他们中，认为香港文化是"东西方文化的融合，而又倾向于东方文化"的占69%。他们对香港的电视、电影、歌曲比较感兴趣，分别占65.5%、69%和60.5%。被调查的港澳学生了解内地的方式也是多种多样，其中"听学校老师介绍"的占38%，"收听内地广播"的占26%，"听内地学者的讲学"的占17%，"观看内地电视、电影"的占15%。他们中95%的人认为中国文化是"独特而珍贵的"；62%的人对内地的饮食文化感兴趣；内地的舞蹈、诗歌、歌曲对他们也有一定的吸引力，分别占被调查者的20%、15%、18%。因此，香港学生中明确表示现在或将来"愿意"到内地求学的占57%，"等回归后再考虑"的占30%，这充分说明了内地对香港青年的吸引力和中华民族的凝聚力。

## 三、重读历史，激起爱国情感

为了迎接香港的回归，内地不少大学特意安排有关香港的系列讲座，开设"中国香港1997""香港经济""香港法""香港特别行政区基本法"等课程，加深青年学生对香港的认识，增强青年学生的历史使命感。我们在调查中发现，100%的内地学生都知道：英国强占香港是通过强迫清政府签订一系列不平等条约而实现的。其中，91.5%的内地学生知道《南京条约》使中国失去"香港岛"；68%的内地学生知道《北京条约》使中国失去"九龙半岛"；58%的内地学生知道《展拓香港界址专条》，使香港大片土地丢失，从此中国失去了整个香港。通过调查我们也发现，港澳学生对这段历史

也有相当的了解。由此可见，这段历史，是任何人都无法抹杀的。国耻难忘，更激起青年学生对现在的珍惜，对自己祖国的无限热爱。

香港回归，是香港历史发展的转折点。历史正沿着"一国两制"的轨道，驶向香港回归的 1997 年 7 月 1 日。内地的青年学生和香港的青年学生一样，正在以实际行动迎接香港的回归，盼望香港的回归。我们相信，香港的明天一定会更加美好。

# 中心发展与边缘渗透<sup>*</sup>

中心发展与边缘渗透相结合是我国社会主义意识形态发展的一个重要特点。我国社会主义意识形态，是一个丰富的、具有层次的思想体系。在这个体系中，有中心部分或核心部分，也有相对边缘的内容。中心部分集中体现社会主义意识形态的本质，以其鲜明的特性区别于其他意识形态。边缘内容服从和服务于中心部分，反映社会的一般属性，与其他意识形态的边缘内容有一定程度的兼容与交叉。中心部分制约、指导边缘内容，边缘内容丰富、维护中心部分。

社会主义意识形态的中心部分或核心部分，就是马克思主义理论，在当代中国，就是当代中国的马克思主义。当代中国的马克思主义理论，既是我国社会主义意识形态的指导理论，也是社会主义意识形态的核心内容。社会主义意识形态的主导地位和主导作用，主要是通过马克思主义理论体现和实现的。马克思主义理论的发展，不仅直接丰富了社会主义意识形态的内容，强化了社会主义意识形态的主导作用，而且可以指导、带动其他社会意识形态的发展，使社会主义意识形态呈现中心主导、整体推进的发展态势。为此，中国共产党不管面临什么情况，总是始终坚定不移地坚持马克思主义、发展马克思主义。特别是改革开放以来，以邓小平为代表的党的第二代领导集体，以巨大的政治魄力和理论勇气，断然结束"文化大革命"，实现工作重点转移，确立党的基本路线，进行改革开放，建立社会主义市场经济体制，在实践中大胆探索，在理论上敢于创新，形成了当代中国的马克思主义——邓小平理论。在邓小平理论指导下，我国社会主义现代化建设取得了举世瞩目的伟大成就，我国社会主义意识形态以鲜明时代特征和民族特色的新形象，展现出巨大活力。以江泽民为代表的党的第三代领导集体，驾驭当代社会发展的历史潮流，探索我国社会发展的基本规律，坚持解放思想、实事求是，与时俱进、开拓创新的思想路线，提出了"三个代表"的重要思想，揭示了党的建设和我国社会主义现代化建设所应遵循的规律，形成了统领我国社会主义文化建设、意识形态发展的马克思主义理论。总之，马克思

\* 原载于《中国特色社会主义研究》2003 年第 2 期，收录时有修改。

主义理论在当代中国的发展，是社会主义意识形态发展的中心和主导。

社会主义意识形态的发展，还表现为另外一种发展状况，即边缘渗透发展。边缘渗透发展是指对我国古代和其他国家文化的继承与借鉴，例如继承我国古代以德治国的思想和传统美德，借鉴发达国家的法制思想、管理理论和与市场经济体制相一致的道德等。这些继承和借鉴的内容，不仅对我国经济建设、社会发展和人的素质提高有好处，而且丰富了社会主义意识形态的内容，是社会主义意识形态的一种多样性、广泛性的发展。正是这种多样性、广泛性的发展改变了过去对古代和资本主义文化采取一概批判、排斥的简单做法，为我国对外开放、借鉴古今、发展自身奠定了思想基础。

社会主义意识形态中心发展与边缘渗透是两种既相区别、又相联系的发展状况。中心发展是主导性发展，是社会主义意识形态发展的核心和重点；边缘发展是多样性发展，是社会主义意识形态发展的基础和补充。中心发展指导、统领边缘渗透，边缘渗透服从、服务于中心发展。中心不发展或发展缓慢，边缘渗透势必因缺乏有力的主导而出现混乱；而中心发展若没有边缘渗透的多样性配合，则发挥不了主导性。因此，我国社会主义意识形态的发展只能坚持中心发展与边缘渗透发展相结合的发展道路。

# 思想政治理论课教学心理因素探析<sup>*</sup>

思想政治素质是人的综合素质中的核心和灵魂，江泽民同志在第三次全国教育工作会议上曾明确指出：思想政治教育在各级各类学校都要摆在重要地位，任何时候都不能放松和削弱。思想政治素质是最重要的素质。不断增强学生和群众的爱国主义和集体主义、社会主义思想，是素质教育的灵魂。我国教育长期以来都特别强调和重视思想政治教育，从小学到大学各级各类学校不仅设有专门的思想品德课，而且其他课程也都担负着育人的任务。虽然教育的投入较多，但教育的效果却难以尽如人意，其中一个很重要的教育因素是不少教育者忽视了学生的心理因素与心理特点，不善于运用心理学的知识施教。我们认为，结合学生的心理因素施教是解决这一问题的关键之一。"两课"教师在教学中若能高度重视并做到以"情"激"知"、以"知"引"知"、以"意、行"固"知"，其教学定将收到事半功倍之效。

## 一、教学过程重视学生心理因素的主要理论依据

学习者的心理因素在教学过程中具有的重要地位与作用已为众多学者的研究所揭示，他们的研究成果为我们坚持在思想政治理论课教学中重视大学生的心理因素提供了重要的理论支持。

第一，马克思主义关于内外因的辩证关系原理指出："事物发展的根本原因，不是在事物的外部而是在事物的内部，在于事物内部的矛盾性。"[①]在人的发展过程中，内因是第一位的、起决定作用的因素，外因要通过内因发挥作用。在教学过程中，学生是学习的主体，是学的内因，教师的教是外因。教学应从学生的内在需要（包括学生内在适应社会发展的需要、自身发展的需要、长远发展的需要）出发，综合运用心理因素，调动学生内在的学习积极性。

---

&ast; 原载于《教学与研究》2003年第9期，作者曹春梅、郑永廷，收录时有修改。
① 《毛泽东选集》第1卷，人民出版社1991年版，第301页。

第二，学习心理学研究表明，学习者的心理因素——"知、情、意、行"等对其学习成效影响很大。其中，"知"是教学的前提与基础；"情"在教学过程中起强化、催化作用；"意"有调节、监督、控制作用；"行"对知识、理论起巩固、稳定、检验的作用。而且它们之间存在着相互联系、相互影响、相互渗透、相互制约、相辅相成的关系："知"是"情、意"的基础和"行"的先导；"情"是"知、意"的催化剂和"行"的动力；"意"是"知、情"的保证和"行"的保持；"行"是"知、情、意"的外在表现和强化、巩固的基础。

第三，认知学习理论揭示了人的认知并不完全是外部影响的直观反映，而是外部影响与学习者的内部心理过程相互作用的产物，其中起决定作用的还是学习者的内部心理过程。美国著名教育心理学家罗伯特·M. 加涅说，教学活动只是一种旨在影响学习者内部心理过程的外部刺激，教学活动必须与学习者内部心理过程相适应。另一位认知心理学家奥苏贝尔的研究也证实：学习的实质就是学习者将新知识与已有知识联系起来，只有那些与学习者认知结构发生关系，即处于知与不知之间的现象才构成问题。

第四，大众传播学的理论认为，任何理论、学说的传播，都必须依靠大众心理的配合。大众对理论观点的自觉接受依赖于他们心理上的"一拍即合"——大多数人都习惯于从情感、意愿、信念等心理层面去领会理论学说的内容，且易吸收、同化那些与自己相吻合的观点，易阻止与歪曲那些与自己信念相违背的观点；"大众传播效果关键取决于受传者是否接受大众传播媒介的宣传，而受传者是否接受这一宣传，又取决于大众传播媒介所传递的信息是否能满足受传者的需要"①。可见，心理因素是影响理论接受的重要原因。因此，思想政治理论课教师应重视并加强研究大学生的心理因素与"两课"教学的密切关系，根据学生的心理特征施教，以提高教学成效。

## 二、以"情"激"知"

"情"指人们对于现实的事物和现象是否符合自身已经形成的思想意识（包括某些需要、态度、观念、信念、习惯等）而产生的主观感受和体验，是学习者学习动力系统中非常活跃、非常重要的心理因素之一。"情"是智力活动的润滑剂，情感参与在课堂教学中起着催化剂的作用，是学习者真正

---

① 刘建军：《接受理论对思想政治教育的启示》，载《教学与研究》2000 年第 2 期。

投入参与课堂教学活动过程的前提条件。古今中外有关这方面的论述很多，如孔子曰："知之者不如好之者，好之者不如乐之者。"（《论语·雍也》）苏联教育家赞可夫曾说：教学法一旦触及学生的情绪和意志领域，触及学生的精神需要，便能发挥其高度有效的作用。反之，则如苏霍姆林斯基所讲：如果教师不想办法使学生产生情绪高昂和智力振奋的内心状态就急于传授知识，那么这种知识只能使人产生冷漠的态度，而给不动感情的脑力劳动带来疲劳。这些真知灼见说明，思想政治理论课教师应千方百计诱发并强化学生在教学中的情感参与。

在教学过程中，"情"不外乎大学生对教师和教学内容的情感两方面。大学生对思想政治理论课教师的情感倾向，会直接影响到他们对思想政治理论课课堂教学知识的接受度。如果学生对某教师和教学内容持肯定情感和态度，他就会喜欢听该老师的课并主动地去学习这些知识；相反，则会影响思想政治理论课的说服力。所以，思想政治理论课教师不仅要时时处处严格要求自己，不断完善、提升自己的人格形象和智育水平，以自己的人格力量感召学生，在深层次上增强思想政治理论课教学的吸引力；同时还要密切关注大学生对思想政治理论课教学内容的情感体验，他们对此的认可度越高，就越能产生强烈的内在需求与渴望，愈加促使其积极、主动、自觉地投入思想政治理论课学习。

大学生对思想政治理论课内容的认可程度，可分为三个层面。第一，"应试"的层面。有的学生学思想政治理论课的目的仅限于应付考试。因此，他们对思想政治理论课的学习多停留在记忆知识层面，考什么就记什么，存在着"堂上记笔记、考前背笔记、考完忘笔记"的现象，其学习受动于考试而处于一种消极、被动状态。第二，"规范"的层面。这部分学生把思想政治理论课教学要求及教学的内容看作学校的一种规范，并能以这些规范要求自己的言行。这一层面虽然高于"应试"层面，但思想政治理论课仍被视作一种外在要求去遵守和执行，学生仍表现出某种程度的被动性。第三，"信仰"的层面。对思想政治理论课的认可达到这一层面的学生，会将思想政治理论课视作终身信仰去追求，会孜孜不倦、坚持不懈地想尽各种办法去掌握它，这部分学生对思想政治理论课的学习往往表现出很大的热情，具有主动性、自觉性。因此，思想政治理论课教师在教学实践中，必须针对学生的不同认可程度，采取相应的措施。如通过自身在教学中的乐观、饱满热情来激励、感染学生；通过运用那些与思想政治理论课教学有关的古今中外伟大的思想家、科学家的感人经历来激发其勤奋学习的愿望；通过充分运用多媒体等现代技术手段引发其主动探知的热情；等等。因此，重视以"情"激"知"，以此不断提升学生对思想政治理论课的认可度，可为学生的学习提供强大动力。

## 三、以"知"引"知"

美国佛罗里达州立大学教授加涅认为，学习者个体与环境相互作用下形成的认知结构，"是新的学习的重要的内在条件。新的学习一定要适合学习者当时的认知发展水平"，"学习任何一种新的知识技能都是以已经习得的、从属于他们的知识技能为基础的"。[①]"知"作为对各种理论、知识及其相互关系的认知与理解，按内容可分为对科学认识成果的认知与对价值认识成果的认知两大类。前一类是对科学命题、科学概念、科学知识、科学理论的认知，后一类是对善恶、美丑、好坏等价值观念、价值准则、价值导向的认知。思想政治理论课更多属于价值认知。一般而言，学生往往对前者易采取一种求新求异的态度，对后者则表现出求同的倾向，乐于接受与自己的信念一致的信息。故此，思想政治理论课教师在教学中，既要重视本学科知识类型的特殊性，又要关注学生的"已知"，这样才能更好地引导学生进行思想政治理论课学习。

一方面，思想政治理论课的知识类型具有特殊性。思想政治理论课与专业课相比较，其差别表现为：第一，专业课的知识具有工具性。虽然它在被使用时体现出价值性，但其本身并不包含价值性。学生在学习业务知识时，一般不怀疑其价值性，也就是将该类知识的价值性作为前提给予了确认。而思想政治理论课由于它本身具有价值性，学生在学习它时，首先会对是否接受、在多大程度上接受进行价值抉择，然后在此基础上展开其相应的学习过程。从大学生对思想政治理论课的价值确认现状看，其中一部分学生存在着或矛盾、或怀疑，甚或否定的态度，因而决定了思想政治理论课教学必须要先解决学生对它的态度问题，让它得到学生的认可，为其进一步学习掌握准备前提条件。第二，两类学科性质的不同导致了它们实现转化的"路径"也不一样，专业技术的"知"可通过记忆、背诵等途径转化为学生的某些能力，成为学生实现某种目标的手段、工具。而思想政治理论课知识的学习则要转化为大学生的"灵魂"、信仰，这单靠记忆、背诵是根本无法实现

---

① 郝贵生：《大学学习学》，人民出版社 2001 年版，第 23 页。

的。上述区别使学生在学习时表现出不同的价值取向，从而导致思想政治理论课教学的难度加大。

另一方面，从大学生对思想政治理论课的"已知"现状看，思想政治理论课教学需解决如下认知问题：其一，它要帮助大学生从对思想政治理论课的正确的"已知"达到"新知"，即帮助学生形成新思想、新观念和新的思维方式，此乃思想政治理论课教学的塑造功能。一般而言，由于青年学生具有求知、求新、求异的特点，对尚不了解、不理解的新理论往往比较关注，也愿意接受，也就是塑造相对要容易些。其二，要帮助大学生由对思想政治理论课的片面的甚至是错误的"已知"向"真知"转化。这是思想政治理论课教学担当的矫正或改造功能，它比前述塑造功能的实现要困难得多。就大学生现有的种种价值取向来看，由于在开放的社会环境中受到各种思潮、观念的影响和不同价值观的冲击，一部分学生形成了一些不正确的价值观。如重物质享受、轻精神修养，享乐主义、拜金主义思想滋生，受西方思潮以及资产阶级思想的影响。在社会转型时期，一些大学生的思想困惑和业已形成的种种价值观念，使他们在思想政治理论课学习中，有的处于一种矛盾状态——时而学习积极主动，时而消极被动；有的持一种怀疑心态——思想政治理论课到底有无用处、有多大的用处；有的持否定态度——认为思想政治理论课的理论没有价值。这就要求思想政治理论课教学首先要努力转化这些已有的价值观，即矫正其错误的"先入之见"，从而为思想政治理论课教学的顺利进行奠定基础。不矫正片面的"先入之见"，就会阻碍正确理论的接受和正确思想的形成。

易于塑造与改造和易受外界的影响是青年学生处于世界观、人生观、价值观形成时期的重要特征。在复杂多变的现代社会环境中，青年学生对各种思想观念、价值观念既容易接受，也容易放弃。这虽然给思想政治理论课教学增添了难度，但也使我们通过加强教育来矫正其片面、错误观点，帮助其形成正确观点成为可能。由此，在新的历史条件下，思想政治理论课教学既面临困难多、挑战大的问题，也存在选择机会多、发挥作用大的机遇。如何在困难与机遇并存之中，找到突破口，抓住切入点，是值得思想政治理论课教师深思的现实课题。

## 四、以"意、行"固"知"

"意"指追求知识、理论的毅力与意志，是人们为了达到一定的目的，自觉地组织自己的行动，并与克服困难相联系的心理过程。"意"是学习活动中又一重要的内在动力。它在教学过程中起调节、监督、控制作用，如发动人们为达到预定的目标而采取一定的行为和行动，或者抑制与预定目标不相符的愿望和行为。"意"在课堂教学活动中，能使学习者提高自觉性，在遇到困难和阻力时，能以持之以恒、坚韧不拔的毅力和精神去克服和战胜困难。其作用之大，犹如爱因斯坦所言：优秀的性格和钢铁般的意志比智慧和博学更为重要。智力上的成就往往依赖性格的伟大，这一点往往超出人们通常的认识。"行"是"知、情、意"的外在表现和强化、巩固的基础，思想政治理论课教学目标的实现，有赖于学生在真正掌握思想政治理论课内容并形成习惯性思维的同时，形成习惯性行为。

在现代社会条件下，由于国际国内环境发展变化迅猛，信息、知识、理论发展变化的步伐加快，青年学生的正确信念在形成过程中，难免受到来自各方面环境因素的冲击。这在当前突出表现为"快餐式"的接受方式，即输入快，输出也快，致使不少学生的观念处于一种"流变"状态。在此前提下，重视学生的"意、行"的强化并以"意、行"固"知"显得尤为重要和紧迫。为此，思想政治理论课教师必须在各个层面，通过各种方式，全方位、多视角、反复地进行思想政治理论课教育。譬如，通过围绕主旋律、加强理论联系实际的主题教育，通过讲解、讨论、复习、考试等各种教学环节来不断强化和巩固学生的思想政治理论课学习，使他们将所学的知识内化为信念，外化为践行。如果说以"情"激"知"更多的是推动学生自发地认可、亲近思想政治理论课学习，那么以"意、行"来固"知"则是帮助学生通过自控达到自觉学习之境界，使其所学的"知"得以巩固、强化，实现教学目标。

总而言之，学生是思想政治理论课教学活动中的学习主体，这就要求教师根据学生的心理特点，掌握学生的心理活动规律以开展教学。只有充分调动学生的学习兴趣和积极性，才能用最少的投入，创造出最大、最好的教学效果。

# 思想政治理论课教育有效性影响的认知探析[*]

目前，高校思想政治理论课教育有效性问题，是高校思想政治理论课教师和学生所关注的热点、难点问题，许多学者从不同角度和层面进行了研究，并提出了相应的教育对策。本文着重从学生的认知维度，探究影响高校思想政治理论课教育有效性的主要原因。

在高校，有为数不少的学生对思想政治理论课学习缺乏兴趣和热情，思想政治理论课教育有效性受到挑战。许多思想政治理论课教育工作者从教学方法、教学手段、教学内容等方面进行了大量有益的改革和探索，但成效并不十分明显，原因之一是我们对作为思想政治理论课学习主体的大学生的主观认知因素在思想政治理论课教育中的作用和影响重视、研究不够。而马克思主义理论告诉我们，就一个具体事物的存在和发展而言，内外因所处的地位和发挥的作用是有区别的：内因是事物运动变化的根据，是第一位的原因；外因是条件，外因只有通过内因才能发挥其作用。

在市场经济条件下，一方面大学生的主体性不断增强，在价值取向与价值判断上表现出明显的自主性与选择性；但另一方面，由于受社会经历与经验的制约，他们在价值取向与价值判断上又往往受社会局部的、眼前的或某些偶然因素的影响，在认知上发生偏差。正是这些认知偏差，又使他们在思想政治理论课学习过程中的主体性不强。这就是思想政治理论课教育所面临的矛盾。为此，思想政治理论课教育既要尊重学生的自主性与选择性，又要研究学生认知偏差产生的主客观原因及其解决办法，只有这样，才能有效进行思想政治理论课教育的改革，增强其有效性。在市场经济条件下，特别是随着社会竞争的加剧和大学生就业压力加大，一些大学生对自身需要的认识发生偏差：注重物质实惠与科技知识需要，忽视精神需要与道德追求。在许多大学校园里，不少学生热衷于参加各种各样的技能培训班、"考证"，专注于外语、计算机与专业知识的学习，而对马克思主义理论学习、教育，对思想道德素质的培养、提高并不在意，忽视思想政治理论课教育与学习。学生为什么会产生这种认识与价值取向呢？

---

[*] 原载于《学校党建与思想教育》2003年第10期，作者曹春梅、郑永廷，收录时有修改。

首先，许多大学生对我国坚持"以经济建设为中心"以及在市场经济条件下竞争加剧，凸现了社会和个人对物质需要、经济价值追求的认识不全面等问题。伴随着社会的发展，特别是社会主义市场经济的发展，他们看到社会在竞争中所涌现出来的物质的、科技的成果因其有形且易被量化、指标化，可以进行直接比较，而显示出差距与价值，因而可直接感受到它的存在和作用而被摆在了重要的地位。而隐藏在这些物质的、科技的成果后面的精神动力与道德品质，则是无形的且无法量化、指标化，很难显示出差距，因而无法直接感受到它的存在与作用。这就是所谓功利、眼前、外在的认知与价值倾向，缺乏人文、长远、内在的认知与价值取向。受这种认知支配，人们当然就会以为在当代社会中，只有有形的、可以量化的物质的、科技的东西才是重要的、有用的和值得追求的；无形精神、道德则是不重要的、无用的和可以忽视的。这就是产生思想政治理论课无用的认识的根源。

其次，对现代科学技术的发展及其在社会发展中的地位、作用认识把握不准确。有些大学生认为，在当代社会，现代科学技术作为第一生产力，可以决定一切、改变一切；拥有现代科学技术是最具实力、最有价值的；学习科学技术对社会和个人都是实实在在的，是最有意义的。而学习马克思主义理论，进行思想道德修养，则是抽象的、第二位的，甚至是无关紧要的。他们从社会重视科学技术的客观现实与自己的切身感受中，认识到科学技术在当代社会中所处的重要地位和强大作用，深深体会到"科学技术每次重大突破，都会引起生产力的深刻变革和人类社会的巨大进步"，"科学技术日益渗透于经济发展和社会生活各个领域，成为推动现代生产力发展的最活跃的因素，并且归根结底是现代社会进步的决定性力量"[①]。切实感受到科学技术对社会和个人的重要性。这是他们的认识适应现代科学技术发展，具有追求现代科学技术价值强烈愿望的一面，显然是思想上的进步。

但是，在复杂的社会条件下，一些大学生往往只看到了科学技术发挥作用的一面，而没有看到科学技术对谁，以及发挥什么作用的一面，即只看到了科学技术中科学性的一面，而忽视了任何科学技术作用发挥都有合理与不合理的一面；只看到了科学技术作为一种现实结果的一面，而没有看到任何科学技术成果都渗透着强烈的创造精神与人文动力的一面，即只看到了结果

---

[①] 江泽民：《用现代科学技术知识武装起来——〈现代科学技术基础知识（干部选读）〉序》，载《中国科技论坛》1994年第2期。

而没有看到原因。因而，他们也往往只注重追求科学技术的结果，而忽视了获取结果的主观条件。这是大学生因缺乏内在精神需要而不重视思想政治理论课教育与学习的另一认识原因。

大学生的这种认识偏差，除了因他们缺乏实践体验而容易陷于理想化、简单化状态之外，还有一个重要的客观原因是受国外科学主义与技术主义的影响。西方社会的科学主义与技术主义思潮通过许多通俗读物传播到我国。这种思潮把科学技术尊奉为无所不能的神，对科技的崇拜达到了无以复加的地步。如美国著名社会学家塔尔科伯·帕森斯在其《现代社会制度》中提出，所有的社会制度包括资本主义制度、社会主义制度，其差异都将被科学技术消除而发展成"没有所有制和阶级之分的技术社会"；美国政治学家布热津斯基、亨廷顿等人强调"技术效率首位""技术至上主义"；在青年学生中影响很大的《第三次浪潮》《第四次浪潮》等论著都贯穿着科学主义与技术主义思想。这些思潮，抹杀了人文精神与道德伦理的作用，把复杂的社会简单地归结为科学技术问题，这不仅在理论上违背了科学性与价值性统一的原则，而且也不符合当今社会的事实。

马克思主义的需要理论认为，人的需要作为人的一种特殊状态即摄取状态，是人们生存和发展的根据；需要越强烈，主体的接受活动就越具有强烈指向性和内在的驱动力。不同的需要就会有不同的选择，而需要的偏差又会导致选择的偏颇。正因为有些学生对自身需要存在认知误差，导致他们重视物质价值、忽视精神价值，重视科技价值、忽视道德价值的倾向。针对这些倾向，思想政治理论课教育不仅要讲理论的科学性、逻辑性，用科学真理征服学生，而且要讲理论的合理性、价值性，用正确的理论引导、感化学生。有些大学生在中西文化以及现实与历史的比较中所产生的认知偏差，是不重视思想政治理论课教育与学习的另一重要原因，主要表现为不能正确认识和对待西方价值理论以及当前社会中的贪污腐败现象。

首先，对西方价值理论本质认识不清。改革开放改变了过于单一的文化环境，在复杂多变的文化环境、信息环境中，思想政治理论课教育面临着各种各样理论、思潮的冲击。一些青年学生在西方良莠并蓄的理论、思潮面前感到迷茫。以美国为首的西方国家，对发展中国家，特别是对我国采取文化帝国主义政策，通过文化产品与信息网络大量传播其政治思想、价值观念、生活方式。当代大学生既接受着学校和社会的正面教育，也受到西方文化思潮的强大影响，在比较中学习、借鉴西方文化有用的理论与知识，这是在开放条件下学生对学习内容广泛性的拓展与进步。在这两种影响同时存在的情况下，具有独立性与自主性的大学生，无疑要通过他们自己的体验、比较做出选择。有些学生能够以马克思主义理论为指导，对西方文化进行合理的价值判断与正确的选择。而有些学生则要经历在比较中怀疑、在思考中困惑、在选择中反复的过程，这是思想政治理论课教育与学习不同于过去时代的特点。正是文化多元化、社会信息化、价值取向多样化，一方面影响和冲击了思想政治理论课的现实效果，另一方面也为思想政治理论课提供了新的发展条件与机遇。

对西方文化中比较典型的资产阶级理论与价值观，我国学生基本上是可以分辨的，而对那些具有虚伪性与欺骗性的理论与价值观，学生往往容易受其影响。例如，西方学者曼海姆早在 20 世纪 30 年代就提出的"意识形态终结论"，丁伯根等人提出的"超意识形态"理论，哈贝马斯提出的科学技术与意识形态"等同论"，福山提出的"历史终结论"，以及各种不同类型的"趋同论""无国界论"，等等。这些具有较大隐蔽性的理论，有的是攻击马克思主义理论要"终结"而提出的，有的是把发达国家的政治统治等同于技术统治而为掩盖其政治统治本质提出的，有的则是为西方国家的和平演变战略做论证的。但是，西方国家资产阶级意识形态没有丝毫改变，只不过随着形势的变化而改变了方式而已。这些理论，容易使学生产生思想疑惑与认识误区。那就是，随着科学技术的发展和社会的进步，不同性质的意识形态是否存在？政治思想是否还有作用？资本主义与社会主义是否会逐步趋同、融合？在经济全球化、信息全球化、教育国际化条件下，坚持国家意识形态是否合适？等等。学生受西方这类似是而非的理论的影响，产生以上疑惑是不奇怪的，因为他们对资本主义国家并没有直接的、实际的认识，也没有对过去时代帝国主义侵略的亲身感受，再加上他们本身缺少对马克思主义理论的系统学习和深刻理解，因而一些学生难以从现象与本质、历史与现实、暂时与长远的关系上，认清资本主义与社会主义的本质区别，在认识上容易被发达国家暂时强大的表象及相关理论所牵制，而在对思想政治理论课所讲的马克思主义、社会主义思想的接受上产生障碍。

其次，"文化大革命"以错误的政治"冲击一切""代替一切"，有些大学生在重新审视这一历史并矫正过去那种片面强调政治以及思想政治教育的错误价值倾向，克服轻视经济价值以及忽视个人正当利益的价值观念时，又出现了以经济价值、物质价值取代政治、道德价值的倾向，使价值体系的矫正、转变偏向另一极端，甚至连正确的政治与必要的思想政治教育也在排斥、否定之列。这种认识常常以今后不从事政治工作、对政治不感兴趣为由而忽视思想政治理论课教育与学习。这种倾向必须引起我们的高度关注，并尽快寻找对策。还有些大学生因我国社会存在贪污腐化和不正之风，而对思想政治理论课所讲的正确理论表示怀疑。其理由是，既然社会上少数干部以权谋私、贪污腐化，书上讲的与现实生活反差很大，那么，政治理论学习又有何用呢？但以此为借口而拒绝学习正确理论，是站不住脚的。其一，我国社会的主流是积极的，大多数干部是坚持马克思主义和清正廉洁的。如果全社会的干部都以权谋私、贪污腐化，会有我国现在这样政通人和的繁荣局面吗？其二，那些言行不一、以权谋私、贪污腐化的干部，既是广大人民所痛恨的，也是我们党一贯反对并坚决查处的。我们应当引以为戒，怎么能以他们的行为做借口而怀疑马克思主义理论在现实生活中的作用呢？因此，思想政治理论课教育与学习，关系到我们是否适应我国主流社会，关系到我们个人的前途，我们没有任何理由忽视它。对当代社会精神价值彰显的发展趋势和思想政治理论课功能缺乏认知，是一些大学生对思想政治理论课教育与学习缺乏主动性、积极性的又一原因。有的学生把思想政治理论课统统视为政治课，认为思想政治理论课教育只有政治功能，而且认为这种政治功能在党的工作重点向以"经济建设为中心"转移后已丧失或大部分丧失，由此看不到思想政治理论课教育在当代社会所提供的精神价值，甚至怀疑思想政治理论课教育存在和发展的现实意义。应当看到，思想政治理论课教育的确具有突出的政治功能，这种政治功能在新形势下不会丧失，也不会被削弱，而是会有新发展。在经济全球化的背景下，国际经济竞争异常激烈，我国经济在全球化浪潮冲击下，在激烈竞争中要争取主动，得到发展，必须维护国家的权威，增强民族凝聚力与竞争力，加强新形势下的爱国主义教育。如果没有强有力的政治保证，我国的经济、文化就会在发达国家强势经济与文化冲击下，陷于困境甚至瓦解，这是每个有民族自尊心的人都不愿看到的情景。因而，思想政治理论课教育发挥政治功能，为社会、为个人发展提供思想政治保证，是完全必要的，是丝毫不能怀疑与动摇的。思想政治理论课教育的政治功能，就是发挥"思想和政治是统帅，又是灵魂"① 的作用。

最后，思想政治理论课教育还具有经济功能。思想政治理论课教育的经济功能具体表现在为学生的专业学习、研究提供动力、创造条件，推动实现由潜在生产力向现实生产力的转化，进而促进学生今后为社会创造更多的物质财富。思想政治理论课教育能为专业学习、研究创造良好的思想政治环

---

① 《毛泽东文集》第 7 卷，人民出版社 1999 年版，第 351 页。

境，为专业学习、研究中矛盾的正确处理，学生之间利益关系的协调，人际情感的沟通等提供正确的价值取向和遵循的准则、规范，保证专业学习、研究的正常运行。没有基本一致的价值取向和共同遵循的准则、规范，学校的学习、生活就会混乱无序。思想政治理论课教育还能够通过理想信念的形成、奋斗目标的激励、人格境界的提升、良好人文素质的培养，直接为业务提高，乃至今后为社会创造物质、文化财富提供内在推动力。良好的人文素质能使人正确地看待自己，协调自己与他人、个人与家庭、个人与集体、个人与国家乃至个人与自然的关系，认识个人所应承担的责任，正确处理个人的发展与社会的需要两者的关系。人的精神培养和道德追求作为无形资产，是业务提高与经济增长的动因和激化因素，能够为人们从事经济工作、业务工作提供持久、强大的精神动力。二十世纪后期迅速崛起的亚洲经济也以事实证明了当代社会精神价值的凸显。美国学者彼德·伯格在深入研究亚洲经济发展的原因之后认为，日本和亚洲的经济崛起，与他们有很强的成就感以及为企业发展和社会奉献的精神分不开。企业文化理论总结出了这样一个规律：大凡成功的企业，都有强有力的企业文化，即有明确的企业经营哲学；有员工共同的价值观和无形的行为准则；并有多样用来宣传、强化这些价值观念的仪式和习俗。企业的成败，取决于企业文化这一非技术、非经济的因素，因为它直接影响着企业中的每一件事。现代社会之所以有诸如企业文化理论、学习型组织理论等相关理论的形成和发展，正是因为不同社会制度下的人们已普遍认识到人的主动性、积极性、创造性等主观因素对提高生产力和发展经济的重要作用。

此外，有些学生对思想政治理论课教育的文化功能也认知不多。他们不清楚思想政治理论课教育不仅具有政治功能、经济功能，还具有传承、发展民族文化的功能。这种文化功能，实际上是民族精神，即国魂；团体精神，即群魂；个体精神，即灵魂的铸塑与升华。每一个国家、民族，都要用自己国家的政治理论、民族文化教育它的民众。这是一个国家、民族能够继往开来、生衍繁荣的根本所在。如果一个国家、民族忽视传承与发展自己的精神文化，或者这种传承与发展受到破坏与干扰，这个国家、民族就会丧失内在凝聚力并解体。这种情况在历史上发生过，特别是东欧剧变的历史经验和教训，我们更应引以为戒。

总之，思想政治理论课教育工作者只有充分认识到学生中存在的这些认知偏差，并能从多视角、多层次进行有意识的引导，帮助学生克服认识上的表象性、肤浅性与片面性，才能使他们在思想政治理论课学习中变消极、被动接受为积极、主动追求。只有大学生们都充分认识到思想政治理论课教育对社会及个人的存在与发展的重要价值，他们才能在思想政治理论课学习中克服依赖性、发挥自觉性，才能使思想政治理论课教育的有效性真正得到提升。

# 在新的历史条件下继续推进思想品德课的建设和发展<sup>*</sup>

　　高校思想理论教育，自新中国成立以来，在不断改革发展中，取得了丰富的经验和巨大成绩：坚持马克思主义理论教育与思想教育在学校的主渠道、主阵地地位，有效维护了社会主义意识形态的主导性；坚持紧跟时代和社会发展的步伐，不断改革、更新课程体系、教学内容与方法，体现了思想政治理论课的时代性；坚持用爱国主义、集体主义、社会主义思想武装学生，保证了思想政治理论课服务社会、培养人才的方向性；坚持把思想政治理论课置于高校党委和行政的直接领导下，保证了思想政治理论课实施和改革发展的稳定性；坚持以学科为依托进行课程建设与队伍建设，强化了思想政治理论课的科学性。

　　五十年来，尽管在不同时期，思想政治理论课存在这样那样的问题，但思想政治理论课为维护社会主义制度，在培养大批社会主义事业的建设者和接班人等方面所取得的成绩是有目共睹、不容置疑的。就目前而言，在一些高校和有关部门还存在重视不够、教育效果不够理想的问题，但思想政治理论课的作用，不管是对高校还是对学生来说，仍像空气和水那样不可缺少。这样讲并不过分。在我国，如果没有了马克思主义的"两课"教育，那将会是一个什么样子，是可想而知的。一些社会主义国家的演变已说明了这一点。应当承认，现在思想政治理论课所面临的精神文化环境，在某种程度上，同空气和水一样，也受到了不同程度的污染，如社会腐败现象、行业不正之风、某些文化垃圾，都在以各种方式影响着青年学生。思想政治理论课除了担负服务社会、培养人才的功能外，还要抵制不良社会因素的消极影响，让学生把"理论课本"与"实际课本"结合起来。因此，思想政治理论课的效果，应当通过思想政治理论课服务社会、培育学生和抵制不良影响的综合作用来考虑。

　　思想品德课正是为了让学生读懂"实际课本"而发展起来的，它伴随改革开放诞生，也伴随改革开放的深化而发展。在改革开放初期，我们面临

---

　　* 原载于《思想理论教育导刊》1999 年第 10 期，收录时有修改。

着拨乱反正、工作重点转移和对外开放的重大历史性转折，为了帮助学生适应新情况，研究、探讨不断出现的理论与实践的热点、难点问题，尤其是青年学生的人生观、道德观问题，在各地讨论、讲授教育专题的基础上，提出了开设思想品德课的意见。这一意见，受到了中宣部、教育部的高度重视。1982 年，教育部发出了逐步开设思想品德课的通知；1984 年，教育部制定了开设思想品德课的若干规定；1987 年，原国家教委在总结经验的基础上，规范了课程体系；1992 年，将全国高校思想品德课统一确定为"思想道德修养""法律基础""形势与政策教育"；1998 年，经中央讨论，决定将思想品德课作为思想政治理论课中的一门课。

思想品德课在历史转折中产生，在面向社会实际和满足学生需要中发展，适应了现代社会生活领域迅速拓展、更新的要求，是培养有理想、有道德、有知识、有纪律新人的重要方式；它继承了我国高校重视思想教育的传统，并在新的形势下使思想教育更加系统和科学。例如，"形势与政策教育"通过经常的党的路线和方针政策教育，帮助学生树立建设有中国特色社会主义的共同理想，是体现政治教育主导性的重要课程。"思想道德修养"是在社会转折时期和市场经济条件下，为提高学生思想道德素质、担当社会主义精神文明建设任务而创设的，是帮助学生适应现代社会发展、努力完善自身的课程。"法律基础"是贯彻依法治国精神，适应法治社会要求，帮助学生规约自身行为的课程。因此，思想品德课具有时代性与现实性，这既是它的特点，也是它的优势。

思想品德课与政治理论课的结合，形成了我国高校德育的互补与互动。政治理论课以其理论的系统性、逻辑性，通过紧密联系实际，帮助学生认识和掌握社会发展的规律，形成科学的世界观。思想品德课运用马克思主义理论和方法，以其内容的丰富性、多样性，帮助学生驾驭人生发展，树立正确的人生观、价值观。二者各有侧重，相互补充，构成教育合力，形成了我国高校思想理论教育的特色。

在教育部的正确领导下，思想品德课教材经过几次编写、修订，已经比较成熟；教师队伍经过多年实践、提高，已经比较稳定；教学活动经过反复探索、试验，已经比较规范。但是，思想品德课的发展是不平衡的，效果尚待提高，改革任务还很艰巨。

改革思想政治理论课、提高思想政治理论课效果，主要应从两个方面努力：一是高校党政领导要重视，政策上要有保证。要根据思想政治理论课的特殊性，制定和落实课程建设、队伍建设、检查和评优的政策和措施，保证思想政治理论课有一个良好的改革发展条件。二是思想政治理论课，特别是思想品德课，要在改革中发展，进一步提高教育质量。首先，思想品德课要以马克思主义，特别是邓小平理论为指导，紧跟社会主义现代化建设和科学技术迅速发展的步伐，研究探讨经济伦理和消费道德、知识伦理和高科技道德、生存伦理和环境道德以及竞争道德，帮助学生认识和掌握这些领域的价值的合理性和行为的规范性。其次，要针对现代社会彰显的实际问题，进一步扩充思想理论教育的功能。除了坚持正确导向、维护社会政治局面稳定之外，还要探讨由社会竞争和经济利益差距所引起的矛盾和震荡，从人际层次和心理层次进行沟通和协调，为社会稳定提供思想、情感基础。同时，要根据现代青年学生的特点，探索综合、艺术、有效的教育方法，使教育的途径和方式更加符合信息化、社会化的要求。

总之，在今后的发展中，思想品德课仍然将面临许多新情况、新问题。特别是思想品德的微观领域，即人际层次和学生的内心世界，由于历史的原因，过去研究得不充分。我们要担当起科教兴国、开发人力资源的重任，真正把马克思主义理论和社会主义精神文明转化为学生的精神动力并形成社会财富，责任十分重大。同时，我们在开放条件下，在信息化、多样化的现代社会条件下开展思想品德教育，还要防止各种各样的文化思潮对社会主义思想文化主导地位的冲击。只有有效坚持社会主义思想理论的主导地位，才能提高教育质量，增强教育效果。

# 社会主义核心价值观贯穿高校思想政治理论课教学的要义[*]

社会主义核心价值观是社会主义意识形态的本质和灵魂，是高校思想政治理论课发挥主阵地、主渠道效能的理论指引和价值准则。2014 年 5 月 4 日，习近平视察北京大学并发表了"青年要自觉践行社会主义核心价值观"的讲话，从大学精神的视角界定了"社会主义核心价值观"之"德性"意蕴，"国无德不兴，人无德不立"。青年大学生必须要扣好人生"德性"之第一粒扣子，诠释"为者常成，行者常至"的价值选择。高校思想政治理论课作为一种知性与德性相结合的教育，必须始终贯穿社会主义核心价值观的培育与践行。所谓社会主义核心价值观贯穿思想政治理论课教学的要义，就是要研究、坚持社会主义核心价值观贯穿思想政治理论课教学的要旨与重点，充分发挥社会主义核心价值观的育人作用，实现社会主义核心价值观入耳、入脑、入心。

## 一、社会主义核心价值观贯穿高校思想政治理论课教学的审视

培育和践行社会主义核心价值观，是实现高校思想政治理论课改革和发展的必然要求。从价值取向上看，社会主义核心价值观要以促进人的全面发展为出发点和落脚点，贯穿高校思想政治理论课教学的全过程。高校思想政治理论课厘清"为什么要贯穿"以及"如何把握与理解"社会主义核心价值观的基本问题，直接关系到思想政治理论课的实效和质量，统摄着高校思想政治理论课教学的进程。

第一，高校思想政治理论课教学为什么要贯穿社会主义核心价值观。习近平指出，"当代大学生是可爱、可信、可贵、可为的"[①]，必然能在振兴中华的征程中谱写一曲青春乐章。同时必须看到的是，大学生正处在世界观、

---

[*] 原载于《思想理论教育导刊》2015 年第 2 期，作者曹群、郑永廷，收录时有修改。

[①] 《习近平谈治国理政》第 1 卷，外文出版社 2018 年版，第 166 页。

人生观、价值观形成的关键时期，具有积极向上、接受能力强、可塑性强的特点。社会主义核心价值观贯穿高校思想政治理论课教学，是培养社会主义建设者和接班人的迫切需要，是塑造大学生正确价值观的现实要求，是思想政治理论课教学的价值体现，是面向社会，赢得青年、赢得未来的必由之路。

意识形态性是高校思想政治教育的本质属性，高校思想政治理论课就是要旗帜鲜明地坚持社会主义意识形态的主导。社会主义核心价值观从国家、社会和个人三个向度，凝练出彰显社会共识与共同追求的价值目标，体现了在新的历史条件下，我国社会价值认识、价值取向的新自觉和新高度。社会主义核心价值观贯穿高校思想政治教育理论课教学，就是要赋予大学生一种精神追求、一种评判是非曲直的价值标准、一种"接地气、达真知"的致世伦理，使其能勤敏求知、修德向善、明辨是非、笃行实干，增强对中国特色社会主义的道路自信、理论自信、制度自信，担负起党和人民赋予的历史重托，为中国梦的实现注入正能量。

不难发现，经济全球化与社会信息化浪潮中，西方资产阶级价值观的渗透强化，改革深化进程中深层矛盾的凸显，一些单位和一些人急功近利价值追求的影响，势必对大学生树立正确的价值观造成冲击，导致有些大学生价值取向功利、目标追求模糊、精神品位低俗，有的甚至在公与私、真与假、善与恶、美与丑、荣与耻等价值判断上出现偏差。一些大学生在价值观上出现迷茫、困惑与疑问，一是社会镜像下的"映像"，二是他们在形成价值观过程中难免出现的曲折。对此，必须将社会主义核心价值观贯穿高校思想政治理论课的全过程。"三个倡导"的社会主义核心价值观，是消解一些大学生价值迷茫、引导价值取向、形成正确价值观的目标和准则。

进行教育内容创新、"以科学的理论武装人"，是提高高校思想政治理论课实效性的关键。因而，高校思想政治理论课必须及时、充分吸收马克思主义中国化的最新理论成果，丰富思想政治理论课教学的内容，将先进文化灌注到思想政治理论课的教学过程中来，才能响应时代发展要求，促进大学生全面发展。青年大学生是富有活力、激情、奋进的一代，乐于接受新事物、新理论，在思想政治理论课教学中贯穿社会主义核心价值观，不仅是思想政治理论课教学创新的重要抓手，更是推动大学生真学、真信、真懂、真做的重要保证。

第二，高校思想政治理论课教学如何把握和理解社会主义核心价值观。马克思指出："理论只要说服人，就能掌握群众；而理论只要彻底，就能说服人。所谓彻底，就是抓住事物的根本。"① 马克思的话告诉我们，我们不仅要把社会主义核心价值观贯穿高校思想政治理论课教学，而且要深刻理解为什么要将社会主义核心价值观贯穿高校思想政治理论课教学的问题。

首先，要把握和理解社会主义核心价值观的历史向度。习近平指出："儒家思想……记载了中华民族自古以来在建设家园的奋斗中开展的精神活动、进行的理性思维、创造的文化成果，反映了中华民族的精神追求，是中华民族生生不息、发展壮大的重要滋养。"② 凝练社会主义核心价值观不能切断中华民族在历史长河中的精神血脉和价值传统，尤其是彰显中华民族历史文化精华之浑厚的蕴涵。实际上，在社会主义核心价值观之"爱国、敬业、诚信、友善"的个人层面价值上，可统观中国传统优秀文化基因的延续，"是中华民族和中国人民在修齐治平、尊时守位、知常达变、开物成务、建功立业过程中逐渐形成的有别于其他民族的独特标识"③。高校思想政治理论课教学必须把握和理解社会主义核心价值观的历史向度，诠释中华民族一以贯之的历史文化和价值诉求，传承"礼义廉耻，国之四维"，达成现代的价值境界和化育效果。

其次，要把握和理解社会主义核心价值观的现实之维。"一切划时代的体系的真正的内容都是由于产生这些体系的那个时期的需要而形成起来的。"④ 社会主义核心价值观的凝练，面对当代中国发展有两大现实问题：经济全球化的时空场域与我国改革深化的矛盾交织。经济全球化所裹挟的西方先进技术，助长了唯科学主义的滥觞，人文主义式微，工具理性凸显，一些人单向度发展，导致人与自然、人与人、人与自我之间关系的紧张甚至冲突，以至于有些人陷于"道德滑坡"、理想信念迷失、拜金主义、享乐主义的价值困境。同时，在中国社会体制处于转型的关键时期，价值追求的多样化难免导致价值矛盾和价值冲突，收入、分配的差距，市场经济的负面效应导致一些单位、个人急功近利的价值取向，弱化了全局与长远价值目标，因而强烈要求社会主义核心价值观必须通过"自由、平等、公正、法治"的价值准则来规避、化解社会现实之中的发展之困，形成社会价值共识。为

---

① 《马克思恩格斯选集》第 1 卷，人民出版社 1995 年版，第 9 页。

② 习近平：《在纪念孔子诞辰 2565 周年国际学术研讨会暨国际儒学联合会第五届会员大会开幕会上的讲话》，载《人民日报》2014 年 9 月 25 日。

③ 习近平：《在纪念孔子诞辰 2565 周年国际学术研讨会暨国际儒学联合会第五届会员大会开幕会上的讲话》，载《人民日报》2014 年 9 月 25 日。

④ 《马克思恩格斯全集》第 3 卷，人民出版社 1960 年版，第 544 页。

此，高校思想政治理论课教学不能回避现实生活的价值问题，而是要用社会主义核心价值观来调解大学生在现实状态下的认识误区和行为偏差，坚持社会主义核心价值观的主导。

最后，要把握和理解社会主义核心价值观的未来指向。社会主义核心价值观是一种观念上层建筑，由经济基础决定，又对经济社会发展起导向与推动作用。社会主义核心价值观的这种能动作用，其方向必然是指向未来目标的，而不仅仅是关切当下的价值获取。这一逻辑理路，与马克思主义对未来社会的预示一脉相承，马克思在《共产党宣言》一文中指出："代替那存在着阶级和阶级对立的资产阶级旧社会的，将是这样一个联合体，在那里，每个人的自由发展是一切人的自由发展的条件。"① 基于此，在社会主义核心价值观的国家层面，提出了"富强、民主、文明、和谐"的价值目标，这一目标不仅为我国社会的现实发展夯实根基，而且为我国的未来发展展现蓝图，体现全国各族人民的美好期待。高校思想政治理论课教学要深刻理解和把握社会主义核心价值观的未来指向，以中国特色社会主义现代化建设的应然状态，增强社会主义核心价值观的感召力、凝聚力和引导力，引导大学生把社会主义核心价值观内化于心、外化于行。

## 二、社会主义核心价值观贯穿高校思想政治理论课教学的思维转换

社会主义核心价值观贯穿高校思想政治理论课教学之所以要进行思维转换，目的在于加强和改进思想政治教育，提高社会主义核心价值观的信度，增强教育的效度，满足大学生价值选择的需要和社会对大学生的要求。

首先，在主导思维上，要实现政治话语与学术话语的融合。每一门学科都离不开其独显特质的话语形态，这是由学科特殊性的地位与作用所决定的。思想政治理论课所依托的学科，是马克思主义一级学科。作为一个意识形态性很强的学科，必定有其学科性质与规范，并以其性质和规范为基础，建构系统的话语体系。有鉴于此，思想政治理论课教学在贯通社会主义核心价值观的过程中，既要坚持马克思主义的立场、观点和方法，又要紧密结合我国改革开放和中国特色社会主义现代化建设的实际，研究中国问题，总结中国经验，讲好中国故事，以中国特色社会主义政治话语和创新性学术话

---

① 《马克思恩格斯全集》第39卷，人民出版社1974年版，第189页。

语，把社会主义核心价值观渗透到实践与生活中去。从大学生的现实性来看，他们是成长在社会关系之网中的人，而非"单面人"，这就意味着大学生有着成长、发展的多样性需要。思想政治理论课教学，要在理论与实际、感性与理性、现实与历史、国际与国内相结合的层面，讲清社会主义核心价值观的内涵、作用与意义，让大学生从各个方面受益。应当看到，思想政治理论课教学，在讲全局性、长远性目标与价值追求时，也就是在讲政治目标、政治原则时，有时会遇到一些学生价值认同、理论认同的障碍，这与这些学生片面强调眼前利益有关，因而高校思想政治理论课教学必须帮助学生克服自发发展状态，启发学生确立政治目标，以社会主义核心价值观导引行动，坚持自觉发展。

其次，在立体思维上，要坚持理性世界与生活世界的融合。在我国思想政治教育实践中，始终贯穿"培养什么样的人"以及"怎样培养人"的主线，这实际上是培养目标和培养方式的结合。在思想政治理论课的教学目标设置、教学内容选择、教学方法运用上，都是为了"以理服人"而形成一个教育的逻辑体系。由此，在大学生周围建构起了一个思想政治教育的影响氛围。但同时要看到，在大学生受到思想政治教育影响之外，还存在着一个复杂多变的社会环境，这也是大学生面对的客观时空场域。试想，思想政治理论课教学给予大学生"理性"的逻辑教育，而忽略大学生学习、生活所需要解决的实际问题会产生什么样的结果。因而，思想政治理论课教学必须解决如何基于实际、贴近生活、关怀学生的现实命题，要切实坚持育人为本和理论与实际相结合的原则，这样才能形成富有活力与生命力的教育。为此，社会主义核心价值观贯穿高校思想政治理论课教学，必须回应大学生的生活世界，实现由理性教育向实际生活世界的延伸和拓展。

最后，在人本思维上，要促进社会价值取向与个人价值取向的融合。高校思想政治理论课教学，必须以社会实践为基础，以促进大学生健康成长、全面发展为目标。实际上，思想政治理论课教学传授和讲述的是思想、政治、道德方面的理论，这些理论都蕴含着目的性与规范性，因而都是我国社会应当遵循的价值取向与价值准则，其教育的要旨是通过人的内化与外化，形成社会凝聚力与精神动力。所以社会价值取向、价值准则首先必须由个体认同、接受并对个体发展发生作用，这种作用才是形成社会凝聚力与精神动力的基础，这就是思想政治理论课教育必须坚持以人为本的缘由。在我国长期应试教育的影响下，教育者往往满足于传授思想政治理论并要求学生记忆这些理论，忽视学生成长的实际需要与发展特点，也不大关注社会价值与个人价值的相互转化，致使小部分学生对思想政治理论课教育不感兴趣。

社会主义核心价值观作为社会主义意识形态的集中表达，不仅要在全社会形成培育和践行的风尚，以增强民族凝聚力、竞争力为目标，而且要促进每个大学生积极参与培育和践行社会主义核心价值观的活动。这就是要把培育和践行社会主义核心价值观的社会价值与个体价值结合起来。

### 三、社会主义核心价值观贯穿高校思想政治理论课教学的方式选择

习近平在全国宣传思想工作会议上强调："宣传思想工作一定要把围绕中心、服务大局作为基本职责，胸怀大局、把握大势、着眼大事，找准工作切入点和着力点，做到因势而谋、应势而动、顺势而为。"[①] 习近平的这段讲话，既为社会主义核心价值观贯穿高校思想政治理论课教学提出了准则，又确定了方式，这就是要围绕党的中心工作，根据实际情况，富有创造性地进行。具体到高校思想政治理论课教学，就是要在教学过程中，善于实现从理论体系向教学体系、教学体系向接受体系的转化，实现社会主义核心价值观入耳、入脑、入心。

高校思想政治理论课教学要因势而谋，以"两个转化"来实现社会主义核心价值观的入耳、入脑、践行。高校思想政治理论课教学，是传播社会主义核心价值观的主渠道、主阵地，要强化大学生对社会主义核心价值观的真懂、真信、真用，必须把握"什么时候说""说什么"以及"怎么说"的基本问题。"什么时候说"是教育"最佳时机"问题，它以"个体意识并感受到挑战"为前提，是社会客观存在刺激以及个体自我意识相结合的结果，表现为个体迎接"挑战"的紧迫感。"说什么"是教育"最佳内容"问题，是社会对大学生成才要求与大学生自我成长需求的统一，是合目的性、合规律性的体现。"怎么说"是教育"最佳方法"问题，是思想政治理论课的准备状态转变为实施状态的中介，是实现思想政治教育目标的重要方式。高校思想政治理论课，只有把握了这些环节，才能把社会主义核心价值观贯穿、渗透到教学过程之中去，促进社会主义核心价值观入耳、入脑、入心。

首先要善于进行理论体系向教学体系的转化。社会主义核心价值观的

---

① 《习近平谈治国理政》第 1 卷，外文出版社 2018 年版，第 153 页。

"三个倡导"，是一个相互联系、相互贯通的价值体系，它既蕴含在中国特色社会主义理论体系之中，又体现在人们的实际工作、学习与生活之中，凝练着我国社会各个层面、各种类型人员的价值共识。思想政治理论课教学，并不是简单地把社会主义核心价值观的概念传授给学生或要求学生记住，而是要在教学中把社会主义核心价值观的培育与践行切实体现出来，要在进行马克思列宁主义、毛泽东思想、中国特色社会主义理论体系教育时，同社会主义核心价值观的培育融合起来。马克思列宁主义、毛泽东思想、中国特色社会主义理论体系最重要的内容，就是关于社会发展规律、目标、原则、价值、规范的论述，社会主义核心价值观以价值规律、价值取向、价值准则的形态，对价值观进行了高层次的凝练。马克思列宁主义、毛泽东思想、中国特色社会主义理论体系是社会主义核心价值观的理论基础，而社会主义核心价值观是马克思列宁主义、毛泽东思想、中国特色社会主义理论体系价值的集中表达。因而，在高校五门必修的思想政治理论课中，都蕴含着社会主义核心价值观的培育与践行的内容，需要思想政治理论课教师，在备课、教学、辅导的过程中，把课程教材的理论内容与社会主义核心价值观的具体内容结合起来，实现理论体系向教学体系的转化，融会贯通地开展教育。

如果说上面的转化、贯穿侧重于理论方面的话，教学体系还有来自实际的内容，就是教学一定要坚持理论联系实际的原则，应势而动、顺势而为。即只有紧跟形势，结合实际，使教学体系更丰富、充实，才能有效向大学生可接受体系转化。由于社会主义核心价值观是最高层次的价值追求，它源于实践又高于实践。因此，要让大学生接受这样高层次的观念，不仅要在理论上讲清楚社会主义核心价值观的理论来源、实践基础，帮助学生形成正确的理性认识，而且要结合学生成长、发展的实际与需要，讲清楚社会主义核心价值观的功能与价值，帮助学生产生对社会主义核心价值观的情感。因而，思想政治理论课教师的备课、教学、辅导，除了掌握理论之外，还要结合社会实际和学生的思想、学习、生活实际，运用价值观正反两方面的典型，综合性地开展教育。同时，在备课、教学、辅导过程中，教育者自己对社会主义核心价值观要真懂、真信、真践行。只有真懂、真信，教育才富有真情实感，具有感染力；只有真践行，才能为学生示范，富有影响力。

总之，社会主义核心价值观贯穿思想政治理论课教学，实现从理论体系向教学体系、教学体系向接受体系转化的实质，就是要形成以真理服人、以事理服人、以情理服人的教育合力，就是为了增强教育的针对性与实效性。

# 人的本质及其现代发展[*]

郑永廷文集（第七卷）ZHENG YONGTING WENJI（DI-QI JUAN）

人的本质问题是一个古老的问题，千百年来吸引着历代的哲学家、思想家、科学家去不断地思考、探索，形成了各种不同的观点、学说，时至今日仍众说纷纭、莫衷一是。只有正确认识和深刻理解人的本质，才能更好地认识人自身，促进人的全面发展，促进社会的全面进步。马克思曾分别提出了人类的本质和人的社会本质的思想，为我们深入认识人的本质提供了理论基础和认识论方法。但人们对马克思人的本质思想同样没有统一的认识和理解。本文将从马克思的文本出发，说明人的本质既是类本质又是现实本质，是类本质和现实本质的统一；并从人类社会发展的角度，探讨人类劳动的发展和社会关系的发展，进而说明人的本质的发展。

## 一、人的本质是类本质

本质是事物的根本性质，是事物本身所固有的，决定着事物的性质、面貌和发展的根本属性。本质是事物存在和发展的根据。人的本质是人产生、存在和发展的根据。马克思、恩格斯为我们科学揭示了人的本质。马克思在《1844 年经济学哲学手稿》中明确指出："一个种的全部特性、种的类特性就在于生命活动的性质，而人的类特性就是自由的有意识的活动。"[①] 这种生命活动即劳动，亦即实践。马克思这里所说的人的类特性就是人的类本质，即人的类一般本质，是人区别于动物的类的规定性。马克思还指出："人是类存在物，不仅因为人在实践上还是在理论上都把类——他自身的类以及其他物的类——当作自己的对象；而且因为——这只是同一种事物的另一种说法——人把自身当作现有的、有生命的类来对待，因为人把自身当作普遍的因而也是自由的存在物来对待。"[②] "正是在改造对象世界中，人才真正地证明自己是类存在物。这种生产是人的能动的类生活。"[③] 在《德意志

166

---

* 原载于《现代哲学》2007 年第 2 期，作者聂立清、郑永廷，收录时有修改。

① 《马克思恩格斯选集》第 1 卷，人民出版社 1995 年版，第 46 页。

② 《马克思恩格斯选集》第 1 卷，人民出版社 1995 年版，第 45 页。

③ 《马克思恩格斯选集》第 1 卷，人民出版社 1995 年版，第 47 页。

意识形态》中，马克思、恩格斯进一步阐述了人区别于动物的类本质："可以根据艺术、宗教或随便别的什么来区别人和动物。一旦人开始生产自己的生活资料的时候，这一步是由他们的肉体组织所决定的，人本身就开始把自己和动物区别开来。"① 恩格斯在《自然辩证法》一书中更明确地论述了人与动物相区别的类本质是劳动："自然界为劳动提供材料，劳动把材料转变为财富。但是劳动的作用还远不止于此。它是一切人类生活的第一个基本条件，而且达到这样的程度，以致我们在某种意义上不得不说：劳动创造了人本身。"② "人类社会区别于猿群的特征在我们看来又是什么呢？是劳动。"③ 恩格斯在详细阐述了劳动在猿转变到人的过程中的作用后明确写道："动物仅仅利用外部自然界，简单地通过自身的存在在自然中引起变化；而人则通过他们所做出的改变来使自然界为自己的目的服务，来支配自然界。这便是人同其他动物的最终的本质的差别，而造成这一差别的又是劳动。"④ 由此可见，马克思、恩格斯关于劳动是人类的本质的论述是充分的、科学的。劳动之所以是人类的本质，或者说人的类本质，是因为劳动不仅创造了人本身，而且是人生存的基础。劳动是人基本的生存方式和实践方式，劳动的过程是人的本质力量展现的过程，是人表现自我、肯定自我的过程。马克思认为，人是在劳动中而且也只有在劳动中才能"能动地表现自己的"⑤。人类通过劳动实践改造客观世界，也改造自己本身，不断完善着社会和人，推动着社会和人的发展，推动着历史的发展。正如恩格斯所说："在劳动发展史中找到了理解全部社会史的锁钥。"⑥ 马克思、恩格斯从劳动或实践出发，阐释人的本质，改变了历史上哲学家、思想家们对人的本质的主观预设、唯心判断与经验描述，第一次赋予人的本质以科学内涵，"历史破天荒第一次被安置在它的真正的基础上；一个很明显而以前完全被人忽略的事实，即人们首先必须吃、喝、住、穿，就是说首先必须劳动，然后才能争取统治，从事政治、宗教和哲学等，——这一很明显的事实在历史上的应有之义此时终于获得了承认"⑦。

① 《马克思恩格斯选集》第 1 卷，人民出版社 1995 年版，第 67 页。
② 《马克思恩格斯选集》第 4 卷，人民出版社 1995 年版，第 373-374 页。
③ 《马克思恩格斯选集》第 4 卷，人民出版社 1995 年版，第 378 页。
④ 《马克思恩格斯选集》第 4 卷，人民出版社 1995 年版，第 379 页。
⑤ 《马克思恩格斯全集》第 3 卷，人民出版社 1960 年版，第 29 页。
⑥ 《马克思恩格斯选集》第 4 卷，人民出版社 1995 年版，第 258 页。
⑦ 《马克思恩格斯选集》第 3 卷，人民出版社 1995 年版，第 335-336 页。

## 二、人的本质是社会本质

在《关于费尔巴哈的提纲》中，马克思明确地指出："费尔巴哈把宗教的本质归结于人的本质。但是，人的本质并不是单个人所固有的抽象物，在其现实性上，它是一切社会关系的总和。"① 马克思这里所说的人的本质是人的现实本质，即人的社会本质。马克思指出："人的本质是人的真正的社会关系，人在积极实现自己的本质的过程中创造、生产人的社会关系、社会本质。"② "社会关系的含义是指许多个人的共同活动，至于这种活动在什么条件下、用什么方式和为了什么目的进行的，则是无关紧要的。"③ 在《雇佣劳动与资本》中，马克思又指出："人们在劳动中不仅仅影响自然界，而且也互相影响。他们只有以一定的方式共同活动和互相交换其活动，才能进行生产。为了进行生产，人们相互之间便发生一定的联系和关系；只有在这些社会联系和社会关系的范围内，才会有他们对自然界的影响，才会有产。"④ 在马克思看来，离开生活于其中的社会就不能理解人。人是社会关系之中的人，正是不同的社会关系、不同的社会实践造就了人的不同本质。正如马克思所说："黑人就是黑人。只有在一定的关系下，他才成为奴隶。纺纱机就是纺纱的机器。只有在一定的关系下，它才成为资本。脱离了这种关系，它就不是资本了。"⑤ 人的本质如何，人是什么样的，是由他在社会关系体系中的地位决定的，是后天在与他人的交往中形成和实现的。只有人的社会关系本质才能把不同时代、不同社会的人区分开来，把人与人区分开来，把人区分为不同的集团、政党、阶级和阶层等，才能看到具体的人，才能真正理解人。在这种意义上，我们称人的本质为人的现实的、具体的本质。

社会是复杂的，决定人的本质的各种社会关系也是复杂的。其中，生产关系是最基本的社会关系，政治关系、思想关系、道德关系等其他一切社会关系都是在生产关系的基础上发生的，它们构成复杂的社会关系体系和网络。每个人都是这个网络中的一个结，每个人的活动、实践都受到这个网络

① 《马克思恩格斯选集》第 1 卷，人民出版社 1995 年版，第 56 页。
② 《马克思恩格斯全集》第 42 卷，人民出版社 1979 年版，第 24 页。
③ 《马克思恩格斯选集》第 1 卷，人民出版社 1995 年版，第 80 页。
④ 《马克思恩格斯选集》第 1 卷，人民出版社 1995 年版，第 344 页。
⑤ 《马克思恩格斯选集》第 1 卷，人民出版社 1995 年版，第 344 页。

中的各种社会关系的影响和制约。列宁指出："从社会生活的各种领域中划分出经济领域来，从一切社会关系中划分出生产关系来，并把它当作决定其余一切关系的基本的原始的关系。"① 每个人所处的社会关系不同，从而决定了每个人不同的社会本质，其中在生产关系中获得的规定性是人的最基本的规定性。生产关系在阶级社会中表现为一定的阶级关系，从而使人的社会关系打上了阶级的烙印。马克思在《资本论》中，在阐述资本主义社会人的本质时，明确指出了生产关系对人本质的决定作用："我决不用玫瑰色描绘资本家和地主的面貌。不过这里涉及的人，只是经济范畴的人格化，是一定的阶级关系和利益的承担者。我的观点是：社会经济形态的发展是一种自然历史过程。不管个人在主观上怎样超脱各种关系，他在社会意义上总是这些关系的产物。"②

## 三、人的本质是类本质和社会本质的统一

在我国，对人的本质的认识，有三种截然不同的观点：①劳动构成人的"全面本质"③；人的本质是"自由的自觉的活动"，不是"一切社会关系的总和"④。②人的本质"在其现实性上，是一切社会关系的总和"⑤。③人的本质是类本质与现实本质的统一、劳动本质与社会本质的统一，二者统一于实践。实践是人类特有的本质。一方面，劳动或实践是社会关系的源泉，劳动创造社会关系。"人们生产呢子、麻布、丝绸……人们还按照自己的生产力而生产出他们在其中生产呢子和麻布的社会关系。"⑥ 另一方面，劳动从来就不是单个人的活动，它从一开始就是社会的劳动。"事情是这样的：以一定的方式进行生产的一定的个人，发生一定的社会关系和政治关系。"⑦ "这里所说的个人不是他人自己或别人想象中的那种个人，而是现实中的个人，也就是说，个人是从事活动的，进行物质生产的，因而是在一定的物质

---

① 《列宁选集》第1卷，人民出版社1995年版，第6页。

② 《马克思恩格斯全集》第23卷，人民出版社1979年版，第12页。

③ 杨耕：《为马克思辩护：对马克思哲学的一种新解读》，北京师范大学出版社2004年版，第400页。

④ 孟庆艳：《是"自由的自觉的活动"不是"一切社会关系的总和"——对马克思主义关于人的本质的另一种视野》，载《辽宁师范大学学报（哲学社会科学版）》2003年第2期。

⑤ 《马克思恩格斯选集》第1卷，人民出版社1995年版，第344页。

⑥ 《马克思恩格斯选集》第4卷，人民出版社1995年版，第538–539页

⑦ 《马克思恩格斯选集》第1卷，人民出版社1995年版，第71页。

的、不受他们任意支配的街巷、前提和条件下活动着的。"① 社会关系是劳动的前提和必然形式，人们为了生产必须结成一定的生产关系、政治关系、思想关系等社会关系，以一定的方式共同进行活动和互相交换其活动。一切生产劳动都是在一定的社会关系、社会交往中进行的；劳动不能脱离社会关系而存在，社会关系制约着劳动。"生产本身又是以个人之间的交往为前提的。"② "他们的物质关系形成他们的一切关系的基础。这些物质关系不过是他们的物质的和个体的活动所借以实现的必然形式罢了。"③ 劳动创造社会关系，社会关系反过来制约着劳动。这就把劳动和社会关系、人的劳动本质和社会本质统一起来了。社会关系"不是什么外在的东西；……它们是个人自主活动的条件，而且是由自主活动创造出来的"④。人的类本质与现实本质的统一，是一般本质与具体本质的统一、共性和个性的统一。人的类本质体现了人的共性，是人的一般本质，它把人和其他动物区别开来。否认人的类本质，就无法把人和其他动物区别开来。但是仅仅停留于此是远远不够的。因为人的一般本质、共性无法把人和人区别开来，无法把不同时代、不同社会的人区别开来，更无法把不同集团、政党、阶级、阶层以及不同民族的人区别开来。只有现实的人的本质才是具体的，体现了人的特殊性和个性。劳动创造了人类，没有劳动，没有人类，就没有具体的人。同样，共性寓于个性之中，不存在没有个性的共性；没有个性也就没有共性。人的类本质和人的现实本质的统一是共性和个性的统一，只有共性或只有个性都是不充分和不全面的。人的社会关系本质是以人的劳动本质为前提的，人的劳动本质有待于深化或具体为人的社会关系本质。只看到人的类本质，就会对人做抽象的、静止的理解，这正是马克思在谈到费尔巴哈及一切旧唯物主义的人的本质的观点时所批判的：在费尔巴哈那里，"本质只能被理解为'类'，理解为一种内在的、无声的、把许多个人自然地联系起来的普遍性"⑤。反之，如果只看到人的现实的社会关系本质、人是一切社会关系的总和，而看不到人的劳动本质、实践本质，就会对人的本质做直观的、孤立的理解，就只能看到人受社会关系制约，就会导致宿命论，好像人只是社会关系、社会环境、生活状况的被动的产物。"'文化大革命'中盛行一时的'出身论'

---

① 《马克思恩格斯选集》第 1 卷，人民出版社 1995 年版，第 71—72 页。
② 《马克思恩格斯全集》第 3 卷，人民出版社 1960 年版，第 24 页。
③ 《马克思恩格斯选集》第 4 卷，人民出版社 1995 年版，第 532 页。
④ 《马克思恩格斯全集》第 3 卷，人民出版社 1960 年版，第 80 页。
⑤ 《马克思恩格斯选集》第 1 卷，人民出版社 1995 年版，第 56 页。

正是这种宿命论的翻版。"① 马克思指出："关于环境和教育起改变作用的唯物主义学说忘记了：环境正是由人来改变的，而教育者一定是受教育的。……环境的改变和人的活动的一致，只能被看作是并合理地理解为革命的实践。"② "人受社会关系制约，说明人有受动的一面；人通过劳动创造社会关系，说明人有能动的一面。人的本质说明，人在社会历史发展中是一身二任的，是能动和受动的统一。"③

## 四、人的本质的现代发展

人的本质是劳动本质和社会关系本质的统一，而人类的劳动和人的社会关系都是在不断发展变化的，因而人的本质也在不断发展变化。

人类的历史从总的方面来看，大致经历了畜牧社会、农业社会、工业社会，现在正在逐步向信息社会迈进。人类的劳动也经历了畜牧劳动、农业劳动、工业劳动；信息时代由于计算机技术和信息技术的飞速发展和应用以及人工智能的日益普及，人的劳动方式出现了网络领域的虚拟劳动。在前工业社会，即 18 世纪以前，人类处于农业社会，以农业和手工业为主要生产方式，劳动、生产以草场、土地为对象，劳动对象不可改变、不可移动。人的劳动受到自然条件的极大限制和制约，劳动时间依季节、气候而定，没有选择性；劳动地点固定不变，劳动空间相当狭小。人们只能被动地适应自然；人的劳动也只表现为简单的体力劳动；劳动的产品种类单一、数量有限，一般只具有自给的性质。在这种劳动方式下，基本没有劳动分工，即使有也只是简单的体力劳动的分工；人们的社会联系以家族、血缘为纽带和核心，人缺乏独立性，人们交往、社会关系的范围极其狭窄。因此，人的本质难以得到展现，人的发展受到极大的限制。这就是马克思所说的人的发展的最初形态，即"人的依赖关系"④ 阶段。

18 世纪以后，随着科学技术的发展进步，人类进入了工业时代。劳动对象不再是自然存在的草场、土地，取而代之的是以人工提取的金属或者人工合成的塑料、化工原料等；劳动工具是大型的机械化或者电气化设备。人

① 陈启能：《论马克思关于人的本质的论断》，载《山东社会科学》2005 年第 1 期。
② 《马克思恩格斯选集》第 1 卷，人民出版社 1995 年版，第 56 页。
③ 袁贵仁：《马克思的人学思想》，北京师范大学出版社 1996 年版，第 96 页。
④ 《马克思恩格斯全集》第 46 卷（上），人民出版社 1979 年版，第 104 页。

们的劳动从分散的个体劳动转向了分工合作的集体劳动；从简单的体力劳动转向了复杂的脑力劳动；从对自然条件、自然环境的适应转向了对自然条件和自然环境的改造。人们可以自由地选择生产时间和生产地点，而不受自然条件和自然环境的限制。人成了自由的劳动者。因而，人们劳动的空间扩大了，劳动的时间延长了，劳动产品的种类增加了，劳动产品的数量可以根据需要有计划地决定了，劳动成果也不再是满足自身的需要而是满足市场、满足他人的需要了。更为重要的是，在这种社会化大生产的条件下，复杂的脑力劳动分工取代了简单的体力劳动分工，而且分工越来越细，人们不得不在生产、实践以及生活中建立起紧密且广泛的协作、合作关系。在工业时代，人对机器、商品的依赖，即对物的依赖性增强，取代了农业社会人对人的依赖关系，但人的独立性增强了。人的发展处于"以物的依赖性为基础的人的独立性"阶段。

20世纪60年代以来，随着科学技术的发展，尤其是新材料技术、生物技术、计算机和网络技术的发展，人类进入了信息社会。人类劳动已经或将要出现全新的方式——跨时空的劳动、基因劳动和虚拟劳动。劳动的时空、劳动的性质发生了变化。跨时空的劳动是在没有空气、没有重力干扰的太空条件下，以原子的聚变为主要生产手段，以对原子的加工利用为主要目的的劳动方式。航天技术、现代通信技术的发展，国际太空站的建立，为太空劳动奠定了基础，创造了条件。跨时空的劳动不受时空限制，不受地球自然条件、自然环境的影响；人的自主性、能动性、自觉性得到更充分的体现和发挥。基因劳动是利用生物技术通过基因工程，以基因的剪切、组合为主要手段，以生产基因产品为主要目的的劳动方式。基因劳动主要在人工可控制的实验室条件下进行，通过基因工程改变生物的性状，或者制造出新的基因产品，从而为人类服务。基因劳动已经在农作物和蔬菜改良、基因药物的制备、疾病的诊断和预防治疗等方面发挥了重要作用，充分显示了人类对自然和自身的认识和改造。

虚拟劳动是利用计算机技术和信息技术，在由电脑和网络构成的虚拟空间里，以虚拟的劳动对象设计出虚拟的劳动产品的数字化劳动。虚拟劳动已经在机械设计、建筑工程设计、服装设计等领域得到了广泛应用，节省了时间、空间、劳动力和原材料等。虚拟劳动超越了现实时空和物质条件的局限，增强了对信息的收集、处理和运用能力，拓展了认识的空间，使劳动产品的多种可能性试验成为可能；高度智能化的劳动工具和劳动手段，为高科技及时转化为现实生产力创造了有利条件；网络尤其是国际互联网的发展，使地球真正变成一个地球村，人们可以即时进行交流、交往，可以同时和多个对象进行交流、交往，人们交流、交往的范围、频度大大增加。总之，虚拟劳动大大提高了劳动生产率，扩大了人们的社会联系和社会关系。正如马克思所说："人在积极实现自己的本质的过程中创造、生产人的社会关系、社会本质。"① 信息时代下，人类劳动的这些新的变化充分展现了人的智力的发展和人类社会关系的丰富，体现了人的本质的发展和人类的发展进步，预示了人类发展的未来状态，即"人的自由而全面发展"②。马克思反复强调："社会关系和生产力密切相联。随着新生产力的获得，人们改变自己的生产方式，随着生产方式即谋生的方式的改变，人们也就会改变自己的一切社会关系。手推磨产生的是封建主的社会，蒸汽磨产生的是工业资本家的社会。"③"随着新生产力的获得，人们便改变自己的生产方式，而随着生产方式的改变，他们便改变所有不过是这一特定生产方式的必然关系的经济关系。"④

可见，人类劳动和社会生产的发展变化，必然引起生产关系以及在生产关系基础上产生的其他各种社会关系的发展变化。这样，由一切社会关系的总和所决定的人的本质也不可能是永恒不变的，必然随着社会劳动生产力和生产关系的矛盾运动而发展变化。具体来说，社会关系的发展变化主要表现在：在开放条件下，人们的交流关系的空间更广、领域更宽，相互学习、借鉴的机会更多；在经济全球化和市场经济条件下，人类的生产关系更密切了，交换关系更直接、更频繁了，正像马克思、恩格斯150多年前所说的："由于开拓了世界市场，使一切国家的生产和消费都变成为世界性的了。……新的工业……所加工的，已经不是本地的原料，而是来自极其遥远的地区的原料；它们的产品不仅供本国消费，而且同时供世界各地消费。……过去那种地方的和民族的自给自足和闭关自守状态，被各民族的各方面的互相往来和各方面的互相依赖所代替了。"⑤ 在高度社会化、科技综合化的条件下，人们的协作、合作关系更为重要；在大众传媒条件下，信息关系加强了，人们共享信息或使原来的各种社会关系都带上了信息特征，社会生活日益信息化了。最为突出的是，在计算机技术和网络条件下，出现了

---

① 《马克思恩格斯全集》第42卷，人民出版社1979年版，第24页。
② 《马克思恩格斯全集》第46卷（上），人民出版社1979年版，第104页。
③ 《马克思恩格斯选集》第1卷，人民出版社1995年版，第241-342页。
④ 《马克思恩格斯选集》第4卷，人民出版社1995年版，第533页。
⑤ 《马克思恩格斯选集》第1卷，人民出版社1995年版，第276页。

一种新型的人际和社会关系——虚拟关系，它不受时空限制，在虚拟的空间里、虚拟的情景下、虚拟的主体间进行，使人的现实关系得到了极大的补充、延伸和优化——一句话，社会关系的广度和深度比以前大大增加了。"社会关系实际上决定着一个人能够发展到什么程度。"① 社会关系发展了，作为社会关系的总和的人的本质发展了。也就是说，人发展了，社会发展了。

---

① 《马克思恩格斯全集》第3卷，人民出版社1960年版，第256页。

# 新时期理想信念的丰富与发展<sup>*</sup>

共产党在不同的历史时期，都应当把自己的宣言写在旗帜上，凝聚、激励工人阶级和广大人民群众为自己的根本利益而奋斗，主导社会发展。马克思、恩格斯高举全世界无产者联合起来的旗帜，使无产阶级认识到自己的历史使命，由一个自在的阶级变为一个自为的阶级。列宁、毛泽东高举武装夺取政权的大旗，进行无产阶级革命，使无产阶级由被统治阶级变为统治阶级。无产阶级掌握政权之后，共产党应该举什么样的旗帜团结工人阶级和广大民众？建设一个什么样的执政党领导社会发展？对此，各国共产党都经过了反复而曲折的探索，既积累经验，更有惨痛的教训。江泽民同志通过总结正反两方面的历史经验教训，提出了"三个代表"的重要思想，要求共产党始终成为中国先进社会生产力的发展要求、中国先进文化的前进方向、中国最广大人民的根本利益的忠实代表，使中国成为富强、民主、文明的社会主义国家，使广大人民成为物质财富与精神财富的富有者。

我国的文化国情是注重整体价值，讲究伦理道德，追求理想信念。这种文化底蕴与马克思主义指导的中国革命实际相结合，形成了科学的理想信念和思想政治工作的理论、实践体系，成为我们党和国家的优良传统和政治优势，成为增强党的战斗力和民族凝聚力的基础。理想信念在中华民族发展过程中，在我们党的发展、执政过程中，起着至关重要的作用。

在当代社会条件下，中国共产党作为一个执政的大党，领导着一个幅员辽阔、人口众多的多民族国家，面临着经济、信息全球化和剧烈的国际竞争，面临着科教、文化国际化发展的机遇与挑战，面临着社会发展多样、多变的复杂局面。因而，需要赋予理想信念以时代特征，团结、武装全党，增强党的战斗力和民族凝聚力，面向世界竞争，主导社会发展。

---

<sup>*</sup> 原载于《探求》2001年第1期，收录时有修改。

## 一、"三个代表"思想坚持继承性与发展性的统一，赋予理想信念以时代特征

随着社会主义的实践活动和马克思主义理论的不断发展，体现马克思主义理论的核心内容——马克思主义的理想信念，也在实践中不断丰富和发展，在新的形势下显示其巨大的导向、凝聚作用。"三个代表"思想坚持了马克思主义生产力与生产关系、经济基础与上层建筑关系的原理，对社会发展的趋向做出了合乎规律的判断，重申了共产党代表中国最广大人民根本利益的政治立场和政治原则，继承了党的根本宗旨，体现了马克思主义为工人阶级和广大人民谋利益、求解放的阶级本性。因而，"三个代表"的重要思想所指示的发展方向、目标，同马克思主义的理想信念是一致的。同时，"三个代表"的重要思想丰富和发展了马克思主义的理想信念，赋予马克思主义理想信念以新的时代特征。

首先，"三个代表"思想强调了先进生产力在社会发展中的决定作用，反映了当代社会和平与发展的时代要求。把先进生产力的发展、经济的发展作为头等重要的任务和目标，提到全党面前，使全党和全国人民能够正确把握时代主题，顺应历史发展的潮流，推进我国现代化建设。这一思想，丰富了我们对共产主义理想信念的认识，即共产主义不仅是一种美好的制度，更重要的是，这种制度是建立在先进生产力和发达经济基础之上的。如果我们仅仅把共产主义理想理解为一种社会制度，特别是把它主要归结为生产资料的公有制，这不仅与我们所进行的改革相矛盾（即当前我们允许、支持私有制经济和其他非公有制经济的发展），不利于共产主义理想的形成，而且容易使共产主义理想因为缺乏生产力和经济基础的支撑而显得空泛而遥远，也不利于共产主义理想的巩固。因而，强调发展生产力，把它作为共产党的任务和目标，就使共产主义理想具有现实的、发展的基础。

其次，"三个代表"思想把生产力发展与文化发展作为一个相互联系的整体提出来，与世界范围内的经济竞争和文化热潮的兴起相契合，具有面向世界的开放性特点。"冷战"结束后，全世界出现了越来越激烈的经济竞争。与经济竞争同时并起的是文化热潮。文化热潮的出现既是经济发展的必然产物，也是经济发展的客观需要。经济为文化发展提供基础和条件，文化为经济发展提供精神动力和智力支持。在世界范围内，经济和文化是协调发展的"两个轮子"，犹如我国的社会主义物质文明与精神文明要协调发展的

道理一样，世界的发展不可能只是经济的单方面发展。所以，"三个代表"思想，在强调生产力发展的同时，也强调文化的发展。这样，这一思想回应了世界发展的趋向，赋予了马克思主义理想信念以开放性特征，指导我们面向世界、走向世界。

最后，"三个代表"思想强调了生产力和文化的先进性，体现了马克思主义理想信念的超越性特征。生产力和文化都有传统和现代、先进和落后之分。共产党所代表的是先进生产力的发展要求和先进文化前进的方向。这种先进生产力和先进文化，既是传统生产力和传统文化的传承，更是在实践基础上的发展与创新。先进性就是发展性、创造性。而发展性、创造性既是国际范围内激烈竞争的要求，也是市场经济体制的特点。同时，先进性是没有止境的，先进性只有表现为发展性、创造性才能得以实现；否则，先进就会变成落后、保守。因而，"三个代表"思想强调生产力和文化的先进性，表明共产党始终站在时代的前列，强调发展、创造，不断实现对社会、对自身的超越，并始终朝着远大的发展目标前进。

## 二、"三个代表"思想坚持科学性与价值性的统一，明确了理想信念的现代指向

现代社会发展的一个突出特点，是社会科学化、科学社会化，即社会的一切领域都纳入科学技术发展的范围，科学技术也渗透到一切社会领域之中。科学技术的发展最集中表现在生产力和经济上。现代社会经济、文化价值的实现，必须依靠现代科学技术，"科学技术是第一生产力"。马克思主义的理想信念，既是建立在科学论证基础上的，又在实践中不断实现其价值。过去，它唤醒工人阶级和人民群众，鼓舞、凝聚广大工人和人民群众，使工人阶级遵循社会发展的规律，由自在的阶级变为自为的阶级，由被统治阶级变为统治阶级，实现了既是阶级的、也是人类的巨大价值。当中国工人阶级取得政权，在国内消灭了剥削阶级之后，共产党应当主要通过研究生产力发展和社会发展的规律，来实现我国社会主义的价值。如果不在认识上、目标上实现这种转变，我们就会固守过去的观念，不重视、甚至忽视生产力、现代科学技术和经济的发展，或者把生产力、现代科学技术和经济发展仅仅看作具体业务问题、手段问题，而不是作为新时期的政治问题、目标问题来对待。这种思想，既不符合新时期的规律性，也不可能实现现代社会的价值。如同在革命战争时期，共产党要遵循革命战争的规律，才能实现革命

的价值一样，在新的历史条件下，共产党必须遵循现代科学技术和现代社会发展的规律，才能实现现代经济和文化的价值。

"三个代表"思想提出的代表中国先进生产力发展要求，代表中国先进文化前进方向的观点，作为党的立党之本、执政之基，不仅把共产党的执政和建设同现代科学技术的发展、现代经济的发展紧密联系起来，而且还把发展现代科学技术（包括现代管理）、现代经济、现代文化，作为方向和目标。这就要求共产党既要遵循现代社会的科学性、规律性，又要最大限度地实现经济、文化的价值，这是摆在全党面前艰巨的历史使命。如果这一历史使命不能有效实现，我们面向国际竞争和代表中国最广大人民的根本利益都是空话。所以，每一个共产党员都要以"三个代表"思想为指导，为发展先进生产力和先进文化，特别是发展现代科学技术、现代管理而努力。或者直接投入推进现代科学技术、现代管理的发展过程，起模范带头作用；或者为现代科学技术、现代文化的发展创造良好的政治、思想、物质条件，这是保持共产党先进性的关键所在。因此，"三个代表"思想丰富、充实了理想信念的新内容，有利于马克思主义理想信念在新的历史条件下的形成和坚定。同时，也为共产党实现由传统向现代的转变，加强在新的历史条件下的政治、思想、作风、队伍、制度建设，指明了方向。

马克思主义理论也好，马克思主义的理想信念也好，其显著特征是实践性。它的科学性与价值性只有在社会发展的实践活动中才能显示出来。社会实践活动是不断发展的，马克思主义的理论和理想信念也要不断发展。马克思主义理论和理想信念，如果脱离了社会发展的实践活动，就会失去其科学性与价值，成为空洞抽象的教条和没有作用的概念。在我们党的历史上，教条主义曾经多次危害党的事业，我们也曾经多次纠正教条主义的错误。东欧发生剧变，也与东欧国家的领导人把马克思主义当作"政治装饰品"，以实用主义、教条主义的态度对待马克思主义直接相关。当前，在党内和我国社会中，教条主义倾向依然存在，其表现有两种：一是一些党员干部在口头上、在公开场合，宣称自己信仰马克思主义，向往共产主义；但在行动上，在私下里却干着以权谋私、贪污腐败的勾当。这种把马克思主义当作谋私手段的行为，是新形势下一种恶劣的教条主义、实用主义倾向，它不仅损害党的形象，而且直接影响党员和群众对马克思主义的信仰和对共产党的信任。二是有些党员面临社会发展的新情况、新问题，不敢大胆运用马克思主义的世界观和方法论进行分析和解决，不愿进行理论上的探索和发展，或者讲理论头头是道，面对实际问题却无能为力；或者回避新矛盾、新问题，消极等待上级指示。这种怕犯错误、脱离实际的教条主义，必将使一些单位的实际问题、思想问题越积越多，从而导致发展缓慢、贻误时机。"三个代表"思想，明确了我国社会当前的最大实际，明确了每个共产党员应当遵循的准则，因而，既是我们在新形势下解放思想、勇于实践的指针，也是我们反对腐败、克服教条主义，坚持马克思主义科学性与价值性统一的强大思想武器。

### 三、"三个代表"思想坚持主导性与多样性的统一，突出了理想信念的中心内容

随着我国社会主义市场经济体制的建立，多种所有制格局的形成和多种分配制度的实施；随着我国对外开放规模与范围的扩大，在思想文化领域出现了各种思想文化观念的相互激荡；随着社会主义民主政治的发展，社会参与程度的不断提高和社会组织形式多样化的出现，人们的价值取向和理想信念呈现出纷繁复杂、多样多变的特点。这种特点，既与我国社会的转折发展有关，也反映了现代社会的多样化特征。

过去，我国社会的理想信念是相对单一的，马克思主义理想信念居于社会主导地位是毫无疑问的。但是，"文化大革命"的错误，使马克思主义理想信念受到巨大冲击，东欧剧变更使马克思主义理想信念面临严峻挑战，加上新的社会实践活动的发展和受新的环境、西方文化的影响，我国社会理想信念呈现多样化发展态势。一是一些人迷恋金钱、沉溺享乐，忽视甚至否定理论的指导和精神的作用，陷于商品拜物教；二是一些人面对现代社会的激烈竞争和由正当竞争与不正当竞争所形成的地位、利益上的差距，不善于或不愿意正视与正确对待，自发而盲目地陷于相信命运、封建迷信的境地。这种倾向，在我国社会中仍有扩展的趋势。这些信仰，虽然有其产生的现实条件，我们不可能对其进行压制、禁止，但这些信仰的发展，特别是其向党内的侵袭，必定会影响和动摇马克思主义信仰在我国社会生活中的主导地位。那些认为只有物质、金钱是实在有用的，马克思主义信仰是空的、不起作用的"无用论"思想；那些认为马克思主义理想信念只能解决政治问题、阶级斗争问题，不能解决现代社会经济、科技发展的"过时论"观点；那些认为社会主义前途渺茫，马克思主义能否坚持下去的"怀疑论"倾向，都在很大程度上冲击着马克思主义理想信念的形成与坚定，并走向相信金钱、迷信，甚至会出现背离马克思主义理想信念人群的自发集结，形成冲击我国

社会主义政权的政治势力。

面对如此多样、复杂的信仰倾向和信仰危机，中国共产党既没有采取放任不管、回避矛盾的态度，也没有运用过去群众运动的大批判方式，而是本着相信广大党员和群众的精神，根据现代社会发展的特点，站在全局的高度，提出"三个代表"的思想，采取"三讲"和加强理想信念教育的方式，高屋建瓴地进行正面引导，已经和正在对社会的理想信念发挥主导作用。代表中国先进生产力发展的要求，强调了要相信和依靠现代科学技术，强调要发展现代经济，这是现代社会科学的、唯物的正确导向，与非科学的、唯心的信仰划清了界限。代表中国先进文化的前进方向，强调了思想意识、文化观念、价值取向的发展性和现代性，强调了现代文明和现代精神风貌，从而与迷信、偏见和腐朽落后的思想意识、文化观念划清了界限。代表中国最广大人民的根本利益，既包括通过发展生产力、发展经济满足人民日益增长的物质需求的内容，也包括了发展先进文化不断满足人们高尚的精神追求的内容。因此，"三个代表"的思想是最能为广大党员和人民群众相信和接受的思想，具有广泛的群众基础。以"三个代表"的思想作为全党和我国社会理想信念的中心内容，我们就能有效地统一全党，增强党组织的战斗力和号召力；我们就能有效团结人民，增强民族凝聚力；我们就能有效地以"三个代表"思想为主导，引导、感化、影响多样化的价值取向和信念追求，使之朝向我国社会发展的大方向和大目标，从而使主导性成为多样性基础上的主导性，使多样性成为主导性指导下的多样性。这样既可避免过去曾经在理想信念上"一刀切""一律化"的简单方式，也可防止各种错误的理想信念淹没、冲击乃至取代马克思列宁主义理想信念。为此，我们要大力宣传、坚持"三个代表"的思想，充分发挥它在理想信念上的主导作用。

## 四、"三个代表"思想坚持人的主体性与社会化的统一，深化了理想信念的现代功能

"三个代表"思想，不仅对社会发展具有理想信念的导向、凝聚作用，而且对人的发展具有新功能。"三个代表"思想的社会作用，归根结底要通过广大党员、群众的作用显示出来。前面我们已经分析，"三个代表"思想是符合现代社会特征的理想信念，其社会作用的发挥已不同于过去时代，因此它作用于人的发展也会具有新的特点。

要把代表中国先进生产力发展的要求，代表中国先进文化前进的方向，

代表中国最广大人民的根本利益作为我们个人的准则和信念，在当前，就必须崇尚科学，向往文明，尊重知识，尊重人才，力求发展，服务人民。这是"三个代表"思想对人的发展的现代指向，也是时代对党员和群众的要求。

随着知识经济时代的到来，随着市场竞争的加剧，经济发展和社会发展越来越依靠知识，即依靠现代科学技术。学习科学、追求文明、创造知识和财富，对个人来说，已经不是可有可无的事情，而是现代人无法回避的，必须具备的生存、竞争条件。激烈的国际竞争和市场竞争，把每个人都推向了发展的大舞台，我们再不能指望像过去时代那样，凭经验、体力、关系来求发展，而只能通过对科学技术的学习、创造，对现代文明的追求、提高，在竞争中发展自己。

对现代科学技术的学习、创造，对现代文明的追求、提高，同过去时代人们主要依靠增强体力不同，也同过去时代靠长期曲折的经验探索不同，它需要人们既要充分发挥、发掘主体性，又要实现社会化。所谓发挥、发掘人的主体性，就是要不断发展人的独立性、自主性，减少依赖性、从众性；就是要充分发挥主观能动性，减少消极被动性；就是要增强开拓性、创造性，克服僵化、保守观念。人的自主性、能动性、创造性，是发展科学技术和现代文明的主观因素，是现代人生存质量的标志，舍此，就不够资格做一个现代人，更谈不上做一个工人阶级的先锋队成员。所谓实现人的社会化，就是要做一个开放、开明的人，而不是一个封闭、狭隘的人；就是要做一个合作共事的人，而不是一个以自我为中心的人；就是要做一个与自然、社会、他人协调发展的人，而不是一个污染环境、与社会和他人格格不入的人。人的社会化是开放社会、市场体制的客观要求，是科学技术和现代文明发展的必要条件，也是现代人生存质量的标志，舍此，同样不够资格做一个现代人，同样谈不上做工人阶级的先锋队成员。

因此，人的主体性与社会化，是现代人全面发展相辅相成的两个方面，主体性发展要以社会化发展为条件，社会化发展要以主体性发展为基础。对主体性的发掘越充分，对社会化的条件要求就越高；而社会化发展程度越高，对主体性的质量要求也就越高。离开人的主体性发展和离开人的社会性一样，只能使人陷于片面的、缓慢的发展。因此，人的主体性和社会化发展就是要全面地发展人，全面提高人的素质。江泽民同志在党的十五大报告中提出：我国现代化建设的进程，在很大程度上取决于国民素质的提高和人才资源的开发。这就把提高人的科学文化素质和思想道德素质、开发人力资源的问题提到了全党面前。而"三个代表"思想则进一步指明了提高人的素质、开发人力资源的方向和途径。只要我们坚持"三个代表"的思想，并以这一思想指导我们的实践，就能充分发挥、发掘人们的主观能动性和聪明才智，就能适应并驾驭现代社会的发展，站在时代的前列，为我国社会主义现代化建设做出更大的贡献！

# 大学生理想信念形成特点及其原因<sup>*</sup>

理想信念教育是大学思想政治教育的核心。在当代社会条件下，大学生理想信念的形成受到社会诸多因素的影响，呈现出新的特点，其形成过程是一个自主比较与选择的过程，是理论与实际、社会与个体、感性与理性交互作用的综合化过程。思想政治教育要确立新的教育理念与方式，赋予大学生理想信念教育以鲜明的时代特点，就要把理想信念教育落到实处。

## 一、当代大学生理想信念的状况审视

开展理想信念教育，首先必须对大学生理想信念的现状有一个理性认识。为此，我们进行了系列调查和有关文献查阅，希望透过有关的现象，看到问题的实质。

第一，当代大学生理想信念的主流取向。根据我们 2007 年 12 月面向中山大学在校学生进行的调查，大学生理想信念的主流是明确的、积极的和向上的，其具体表现是：大多数学生认同并接受中国特色社会主义共同理想；大多数学生努力学习、运用马克思主义；相当多学生主动申请并积极创造条件，要求加入党组织；大多数学生热爱祖国，追求高尚的人格目标，确立愿意为社会做奉献的事业理想；等等。调查数据显示，在大学生中，有 94.12% 的人对党中央充满信心或较有信心；在重大政治原则问题上，有 93.17% 的大学生能够与党中央在思想上、行动上保持一致；有 99.05% 的大学生认为马克思主义是科学，应作为我国社会主义革命和建设的指导思想；有 98.21% 的大学生对建设中国特色社会主义很有信心或有信心；有 83.93% 的大学生认为社会主义与资本主义的差距只是暂时的；有 96.44% 的大学生认为走社会主义道路是我国历史的必然。在要求入党的问题上，虽然动机上存在差异与功利倾向，但多数人的目的是明确的，有 55.67% 的大学生是为共产主义奋斗终身而要求入党的；有 88.02% 的大学生入党是为国家

* 原载于《教学与研究》2008 年第 5 期，作者王仕民、郑永廷，收录时有修改。

为社会多做贡献。由此看出，大学生理想信念的主流取向是好的，展现了我国当代大学生的精神风貌与时代特征，体现和反映了我国社会发展的主导方向和高校的教育成果。

第二，当代大学生理想信念的诉求取向。大学生在理想信念上的愿望、需求主要表现在三个方面：一是适应与选择的价值诉求。在当代社会条件下，大学生面对多样、复杂的社会环境和大量的社会信息，有一个适应问题，也有一个选择问题。知识和信息充斥学生生活的各个方面，其中有有用的、优秀的，也有没用的、甚至是有害的知识和信息。在这众多的知识与信息中，在科技迅速发展的今天，人类不能被动地去适应，而应该主动地去适应，掌握其发展方向，理智地进行选择，选择对自己和社会有用的知识与信息。在开放环境与社会信息化条件下，在自主创新时代浪潮推动下，广大学生积极主动学习，广泛参与各种活动，自主地在活动中进行适应与选择，不断地获取知识，丰富精神生活，探索发展道路，明确成长目标。

二是发展与创新的目标诉求。追求发展、促进成长是每个大学生的主题。激烈的社会竞争，孕育了大学生强烈的发展动机和创新意愿，多数学生能够结合自己的实际，注重个性发展，敢于标新立异。不少大学生的发展，经历了一个由自发发展向自觉发展、由自觉发展再向创新发展的转变。大学生刚入学，其发展往往带有自发性、随意性和盲目性，主要表现是满足于上大学目标的实现，注意力放在生活、业务、就业等具体眼前的事务上，缺乏自身发展的宏观、长远考虑，因而动力有所减退，学习兴趣有些缺失。一些大学生经过比较、反思，能够及时发现问题，认识到理想信念对自己成长的重要性，并能通过申请加入党组织的途径，来确立正确的成长方向与理想信念，逐步走上了自觉发展的轨道，并在实践过程中，不断激发学习、向上、创新的热情与激情。

三是迷惘与困惑的精神诉求。我们在调查中发现，由于当代社会环境呈现出多样性、复杂性、多重性与多变性特点，而大学生又相对缺乏社会生活经验，因而面临着诸多迷惘与困惑。如在学业与专业选择上的摇摆，在环境与人际关系上的不适应，理想与现实的矛盾，毕业与就业上的压力，等等。我们可以把这些迷惘与困惑归为三类，即基本生存型迷惘与困惑、归属型迷惘与困惑和发展型迷惘与困惑。基本生存型迷惘与困惑，主要是指在学习、生活过程中因基本生存条件缺失而产生的迷惘与困惑。它主要包括经济困难导致的迷惘与困惑和身体条件与素质欠缺导致的迷惘与困惑。归属型迷惘与困惑，主要源于追求个人归属的需要。大学生是有较高文化素养和精神追求的群体，其归属感强烈和迫切，一旦这种需求得不到满足，就会陷入迷惘与困惑的痛苦之中。归属型迷惘与困惑的主要表现是交往的迷惘与困惑、婚姻与恋爱的迷惘与困惑。发展型迷惘与困惑，主要是指大学生在成才发展过程中由发展性问题带来的迷惘与困惑，其主要表现有目标选择和价值判断的迷惘与困惑、竞争的迷惘与困惑。大学生迷惘与困惑的实质，就是对自己面临的问题不知所解（适应性困难）、不知所向（取向性困难）、不知所选（选择性困难），是因发展取向与价值标准还不确定而呈现的精神诉求（或呼唤）。大学生表达迷惘与困惑，是大学生的一种取向需求，是一种积极的表达。它并不是向教育者的消极发泄，而是向教育者提出了如何满足学生需求的课题与任务。

第三，当代大学生理想信念的多样取向。在当代社会条件下，虽然大多数学生的理想信念是积极的、正确的，但在有些大学生中，价值取向与理想信念也呈现出偏向性特征，其主要表现如下。

一是"物本信仰"倾向。"物本信仰"就是以崇尚和追求物质为根本，以占有物质、交换物质、消耗物质为表现，以追求金钱为目的，其人格特征是功利、享乐性的。"物本信仰"的实质是人的物质化，是人的内在精神的缺失与主体性消解。"物本信仰"产生的根源，是机械唯物主义与个人主义思想相结合，把人与物等同起来。"物本信仰"就是以追求物质、享乐为目的，而享乐主义思想又容易激发人们对物质追求的无限欲望。马克思在批评资本主义社会这种思潮时指出："在资产阶级经济以及与之相适应的生产时期中，人的内在本质的这种充分发挥，表现为完全的空虚，这种普遍的物化过程，表现为全面的异化，而一切既定的片面目的的废弃，则表现为为了某种纯粹外在的目的而牺牲自己的目的本身。"① 适当追求物质本来无可厚非，但如果陷于物质而忘却人的精神，就会走向信仰偏差。

二是"器本信仰"倾向。"器本信仰"就是崇尚技术和手段、追求科学和工具，以拥有业务、智能、专长为根本目的，其人格特征往往显示为功用、表现得狭隘。"器本信仰"的实质，是人的工具化，在社会信息化条件下，表现为人的数字化、形式化，人内在的人文精神、价值目标的缺失，导致技术性思维强化，精神动力不足，社会责任感不强。学习、掌握科学技术是大学生的重要任务，专心于科学技术学习无可非议，但如果以科学技术为唯一目标而忽视人文价值，人就会成为缺乏主体性的工具。

① 《马克思恩格斯全集》第 46 卷（上），人民出版社 1979 年版，第 486 页。

三是"神本信仰"倾向。"神本信仰"就是追求超现实力量，崇尚宿命论，其人格特征往往表现为消极、无为。"神本信仰"的实质，主要是主体在现实中追求的目标难以实现，或达不到自己要求之时，把希望寄托在超现实力量上，或信仰神灵，或陷于迷信。之所以"神本信仰"在当代社会条件下有所抬头，主要是因为学生的学习、生活和就业的现实压力加大，他们担心自己在竞争中落后，担心自己与别人的差距加大，形成一种恐惧心理。为了消除恐惧，成为竞争的强者，一些学生往往受到宗教文化或迷信活动的影响，以期获得某种超自然的力量，即"神"的力量的庇护和保佑。

## 二、当代大学生理想信念形成的特点

大学生理想信念的主流是好的、健康的，但也呈现出复杂性、多样性状况。这种状况是由当代社会客观实际所决定的。研究大学生理想信念形成的新特点，有利于我们加强和改进理想信念教育。

第一，理想信念形成的自主性与依赖性并存。在新的历史条件下，市场体制、民主政治赋予大学生自主性与自由性，改变了过去计划体制、高度统一条件下的依赖状况，体现了时代的开放性。大学生在学习、生活、择业的过程中，独立性、自主性逐步增强，在精神生活方面，越来越多的学生也开始注重自身精神家园的建设，自主选择自己的发展目标并确立理想信念。由于青年学生缺乏社会生活经验，世界观、人生观、价值观正处在形成、稳定的过程中，因而在选择环境资源、学习理论知识、形成价值目标时，或过分相信自己在特定情况下所形成的价值观念而拒绝思想政治教育，或过分依赖环境而缺乏价值观确立的独立性与自主性。前者是对特定环境因素、理论知识不经自己全面、深刻思考的一种依赖；后者是对变化了的环境的依赖，诸如盲目相信某种片面、错误的思想观点，盲目追逐所谓时尚的社会思潮，盲目崇拜某些明星人物等。在市场经济体制、社会主义民主政治、社会信息化条件与开放环境赋予大学生自主、自由权利的历史条件下，高校德育要根据时代特点和大学生的特点，帮助大学生认识理想信念形成的价值与自我使命，引导大学生遵循正确方向进行环境与知识资源的选择，促进大学生在理想信念教育与客观环境影响的张力中，形成中国特色社会主义共同理想。

第二，理想信念形成的比较性与选择性明显。开放与社会信息化环境，以及社会竞争机制，加快了大学生的社会化进程，大部分学生视野开阔、见多识广，形成了在比较中认识自己、判断得失、形成观念、选择行为的特点。学校德育只是学生理想信念形成和发展的外部条件之一，学生的理想信念，要靠学生自主确立。当代大学生能够主动地确定自己在学习、生活、精神等方面的发展取向，并能根据取向决定自己的选择，从而使自己的发展取向具有个性化特点。当代大学生的这种自主比较、自主选择发展取向的特点，是时代所赋予的，教育者应当予以尊重。但是，由于大学生的理想信念尚未完全形成或稳定，他们在比较和选择的过程中，或出现不知所向、不知所选的困难，或以不正确的价值取向进行不合理、不规范的选择，这是学生在比较和选择中不可避免的偏差。只要有比较和选择，就无法保证每个学生都正确。因而对于偏差我们既不能忽视，也不要以静止的态度对待，而是要针对偏差，通过综合性教育、比较性教育，引导学生学会正确比较，在比较中学会选择。

第三，理想信念形成的曲折性与反复性较大。当代大学生大多年龄处于青年早、中期，长时间在学校学习，社会生活经历、思维方式相对比较单一，看问题敏感但缺乏应有的深度，做事情有激情但难以持久。在社会信息瞬息万变、社会竞争日趋激烈、开放环境不断复杂的条件下，社会不确定因素、偶发性因素日益增多，使许多学生产生迷惘困惑和发展焦虑。这种迷惘困惑和发展焦虑正是一些大学生理想信念尚未完全形成、价值判断标准尚未完全确立的主观表达。在这种状况下，自主比较和选择往往犹豫不决、变动不居，表现为反复性、曲折性。这些学生在取向确定与自主选择上，耗费了不少时间与精力，难以实现自身的超越。针对这种情况，学校教育要帮助学生认识理想信念对自己、对社会的价值性，增强其形成理想信念的迫切性与自觉性，使其尽快确立正确、长远的价值取向，尽可能减少曲折与反复，尽早形成正确理想信念。

第四，理想信念形成的具体性与功利性突出。大学生理想信念的形成遵循由具体到抽象、眼前到长远的过程，逐步由生活理想、职业理想，到形成人格理想、社会理想，这是符合理想信念形成规律的。马克思指出："人们为了能够'创造历史'，必须能够生活。但是为了生活，首先就需要吃喝住穿以及其他一些东西。"① 衣食住行既是大学生最基本的生活需要，也是他们生存和发展的基本条件。物质生活条件，对于大多数学生来说已经基本具备。不少学生的迷惘困惑，主要是精神层面的问题，即由于社会情况复杂而难以取舍，由于社会多样而难以选择，由于社会多变而难以理解，这正是缺

---

① 《马克思恩格斯选集》第 1 卷，人民出版社 1995 年版，第 79 页。

乏明确的理想信念与价值标准所致。加上社会存在重物质轻精神、重科技轻人文、重眼前轻长远的价值倾向，因而许多大学生忽视长远目标而明显地表现出功利性倾向。这种倾向往往阻抗大学生理想信念的形成，使之陷于具体、眼前的利益之中而难以升华。学校教育就是要引导学生面向社会、面向未来，立足长远，认识理想信念形成的层次性与价值性的正比关系，实现对功利层次的超越，以获取更大的精神动力。

## 三、当代大学生理想信念形成的因素分析

当代大学生理想信念形成的特点，是由当代社会一系列影响因素决定的。在这些影响因素中，既有传统的因素，也有现代的因素，其中较为重要的是市场体制和科学技术发展的影响。分析这些影响要素，有利于我们寻求引导的对策。

第一，市场体制与竞争压力因素。首先，伴随着社会主义市场经济体制的建立，市场体制的巨大作用与积极影响日益呈现。市场体制极大地推进了社会经济和科学技术的快速发展；激发了社会的活力与竞争力；增强了社会主体的独立性、自主性和创造性。市场体制促进了经济的快速发展，经济效益获得空前提高，经济改革的巨大成功，增强了大学生对我国改革开放政策的信任和对中国特色社会主义的信心。同时，市场体制也存在一定的局限性与负面影响。市场体制的自主性与效益性，充分肯定了社会主体与个体获取自身利益的合理性，容易导致一些社会主体与个体对全局利益和长远利益的忽视而陷于功利。市场体制的竞争性与激励性，形成了社会主体与个体之间的直接比较和动力，社会各行各业竞争激烈，甚至达到白热化的程度。人们为了适应这种竞争的需要，往往重政绩工程、形象工程、数字工程，轻战略工程、灵魂工程。这一重一轻的价值取向，使有形的、可指标化的因素，即物质的、科技的因素具有价值优位，而无形的、难指标化的因素，即思想、道德、政治等因素容易被忽视而陷于物本倾向。这种重物质轻精神、重科技轻人文的价值取向，往往对学生的理想信念的形成产生直接影响。教育就是要在科技与人文张力中寻求平衡，既要发展有形的科学技术，也要提高学生的人文素质。

第二，科技发展与信息压力因素。科学技术的发展与社会信息化程度的提高为大学生理想信念的形成提供思想资源与智力支持。但是，科学技术的迅速发展和海量信息的存在，使得大学生的理想信念又呈现出复杂的状况。特

别是科技地位与作用的凸显造成了对人文的挤压。大学生对科技知识的追求和崇拜，往往容易造成对道德的忽视，甚至产生缺失现象。联合国发展计划署教育顾问德怀特·艾伦指出："20世纪，高等教育自发地把如何使学生变得'聪明'当作了主要目的。当今，知识量已经翻了好几倍。高等教育忙于应付令人头晕目眩的新知识，无暇顾及价值观和道德教育。""教育有两个目的：一个是要使学生变得聪明；一个是要使学生作有道德的人。如果我们使学生变得聪明而未使他们具有道德，那么，我们就为社会创造了危害。"[①] 由于科技效果的直接性和明显性，人们看待问题和分析问题往往是从技术的角度而不是从道德的角度出发，技术性思维占主导性，而人文性思维则受到忽视。前者微观、具体，后者宏观、抽象。现在一些大学生比较重视技术性思维，对信息技术有很强的依赖性，对信息盲目崇拜，形成"信息癖"，甚至产生"信息强迫症"。这就容易导致大学生对信息难做分辨与取舍，产生迷惘与困惑。

第三，流动强化与风险压力因素。当代社会，一切都在发展中，它给人们提供了更多的发展机会。然而，当代社会的显著特点是机遇与风险并存。社会各个方面流动易变、动荡不定，社会的不确定性因素、不稳定性因素量大质异，而且这些因素的影响具有非逻辑、非理性特征。它具体地表现在人们的岗位流动、劳动流动、地点流动、生活流动和住所流动上。这些流动虽然有利于当代大学生开阔眼界、丰富生活、增长阅历，形成有效的见解，也为学生发展提供了各种机遇，但是，风险也会不期而至。如果遇到一些自然灾害，或非自己所能控制的因素，就容易使一些大学生形成即时性思维，即"当下即是"。正如西方马克思主义者鲍曼所说的，这种思维在现实生活中已成为普遍现象，不制订长期计划或不做长远投资，不要同任何特定的地方、人群、事业有太紧密的联系，甚至不要过久地保持自己的某种形象，以免发现自己不仅不安定、四处漂泊而且根本就没有精神支柱；今天指导人们做出选择的，不是控制未来的愿望，而是不愿将未来抵押出去的勉强心态。[②] 这种即时性思维，是一种以个人为立足点和归属，以感性、眼前利益为满足，忽视全局与长远，陷于不确定性的思维。这种思维方式，只认定社会偶然性、不确定性因素的存在，不愿去探索偶然性、不确定性因素所隐含

① ［美］德怀特·艾伦、任中棠、卢瑞玲、刘悍、李林：《高等教育的新基石》，载《中国教育报》2005年7月15日。

② ［英］齐格蒙特·鲍曼：《生活在碎片中——论后现代道德》，郁建兴、周俊、周莹译，学林出版社2002年版，第311页。

的必然性与规律性，因而也会对揭示社会与人发展的必然性、规律性理论产生排斥，使具有理性特征的理想信念难以形成。

第四，个体需要与社会压力因素。社会竞争越激烈，科技与经济发展越快，个体越要有理想信念。因为个体只有确立远大的理想信念，才能拥有强大的、内在的竞争动力，才能形成创新欲望与创新精神；否则，就会在激烈竞争和艰巨的创新中，因缺乏精神支撑而败下阵来。因而，理想信念既是个体发展的需要，也是社会发展的需要。具体来讲，就是社会竞争需要精神动力，科技创新需要执着的目标追求与顽强的意志，高科技需要高人文（高责任、高情感），信息需要价值整合，流动需要精神支撑，机遇与风险需要有"准备的头脑"。所有这些需要，都与人的理想信念有关。因而它既是时代提出的要求，也是现代人应具有的品格。没有理想信念，人就会失去目标，缺乏精神动力，遭受精神折磨，甚至产生精神疾病。思想政治教育就是要引导大学生以面向世界、面向现代化建设、面向未来的胸怀，从中国特色社会主义现代化建设的伟大实践、伟大理论中，扩大眼界、吸取营养、丰富内在、形成理想。

在当代大学生理想信念特点与形成问题研究中，还有许多问题值得深入探讨，而把大学生理想信念教育落到实处，首先要根据时代要求，引导大学生深化对理想信念现代功能与价值的认识。在当代社会条件下，竞争压力、信息压力与风险压力是一种无法回避的客观存在，它既向我们提出了在压力下的价值取向问题，也向我们提出了与外在压力相适应的内在要求，也就是一定要确立正确的理想信念。在我国，只有确立了中国特色社会主义共同理想，我们才能在现代社会的多样化发展、信息化环境、多元文化影响下保持清醒头脑、明确发展方向；才能以自己源源不断的内在动力转化、平衡外在压力，促进自己和社会不断发展。因此，当代社会理想信念的功能和价值绝不会削弱，而是更加彰显。其次要根据我国文化国情，引导大学生继承和弘扬理想信念所蕴含的民族传统。在当代社会，理想信念是在经济全球化、对外开放的历史背景下形成和发展的，不可避免地要受到多元文化的影响与冲击。中华民族有悠久的历史文化传统，形成了其独特的文化国情。文化的世俗性、社会性与伦理性，决定理想信念以追求社会理想、民族精神为主导。在这种文化的孕育下，我国人民在古代就形成了天下为公、大同世界、和谐社会、小康社会的社会理想，并以此支撑中华民族几千年的发展。这种优秀的传统文化，必将在今天发挥更大的作用。中国特色社会主义共同理想、建设社会主义和谐社会、全面建设小康社会，既是对传统文化的继承又是现代的发展。再次要根据青年学生的特点，引导大学生从朋辈中得到理想信念上的启示。大学生群体是一个青年群体，每一个人都有求知向上、渴望成才的意愿，都不同程度地具有争先好胜、不甘落后的心理。随着大学生的主体性和相互之间竞争性不断增强，越来越多的大学生选择朋辈作为比较、仿效的对象与竞争的参照。我们要善于引导大学生进行竞争和比较，善于运用大学生中的先进典型进行引导，把大学生的注意力引导到正确理想信念的形成与坚定上来，引导到增强大学生内在动力上来，引导到对自身潜能的开发上来，避免大学生在外在条件，诸如外貌、金钱、消费等方面的攀比。最后要根据思想形成与发展的特点，引导大学生掌握理想信念确立的条件。大学生要形成正确的理想信念，必须把自己与国家、民族、人类联系起来，努力学习揭示我国社会和人类社会发展规律的理论，并在实践中形成与这些对象的责任关系，这样才能形成自己的理想信念。

# 理想教育、纪律教育与人才培养[*]

当前，我国各条战线的改革正在全面深入地展开。党中央为了保证各项改革按照社会主义的方向顺利进行，为了有效排除干扰改革的各种不正之风，及时提出要在全党和全国人民中间广泛进行理想教育和纪律教育。高等学校在贯彻中共中央关于教育体制改革决定的过程中，不仅会受到社会上某些不正之风的影响，而且自身的改革也十分复杂而艰巨，为了坚持改革的正确方向，培养社会主义现代化需要的人才，学校更要结合改革的实际，加强理想教育和纪律教育。

一

理想教育和纪律教育，是有着丰富内容和重要作用的两项教育。前者要解决方向问题，后者要解决规范问题。这是做好任何事情都必须具备的两项最基本、最重要的条件。

在社会主义制度下，我们各条战线、各行各业都要坚持社会主义方向，为实现社会主义现代化，进而为实现共产主义的崇高理想而奋斗；都要遵循社会主义法纪，执行党和国家的各项方针政策。这一共同的目标和规范，既不是空洞的，也不是遥远的，而是实实在在地体现在每个人的现实生活之中。在高等学校里，按照什么样的目标、什么样的规范培养学生的问题，说到底是一个关于理想和纪律的问题。我们党提出的德智体全面发展和邓小平同志提出的有理想、有道德、有文化、有纪律的方针，都强调要把人才培养的方向放在首位，并明确提出了人才培养的规范问题。因而，进行理想教育和纪律教育，并不是什么权宜之计，而是我们办学校、培养人才的长期任务和根本大计。

当前，高等学校在开放中办学、在改革中育才，尤其要加强理想教育和纪律教育。这是因为，首先，我国对内对外开放政策的实现，一方面极大地

---

\* 原载于《学校党建与思想教育》1985 年第 3 期，收录时有修改。

活跃了学生的思想，开阔了学生的视野，促进广大学生面对现实，面向世界思考问题，进行比较和鉴别，从而激发学生振兴祖国、不甘落后的雄心壮志。另一方面，国外资产阶级腐朽思想也会趁我国对外开放之机，侵袭和影响少数学生，致使一些学生信念动摇、方向模糊。只有进行理想教育和纪律教育，我们才能在开放之中树立更远大的目标，形成更大的动力，也才能及时帮助学生明辨是非，抵制资产阶级腐朽思想的毒害，坚定社会主义的前进方向。其次，我国正在进行的城乡经济体制改革，发展了生产，繁荣了经济，搞活了城乡大好形势，使学生感受到了社会主义制度的优越性，增强了他们对党的信任感。但是，在改革过程中出现的各种不正之风，通过多种渠道影响着学生的思想情绪和学习态度。为了及时排除这些影响，引导学生为"四化"刻苦学习，也要抓紧进行理想教育和纪律教育。最后，党中央提出的尊重知识、尊重人才的号召，正在迅速改变过去那种轻视知识、轻视人才的社会风气，广大学生深切意识到了自己所担负的历史责任，越来越多的人准备着为报效祖国而建功立业。但是，也确有极少数学生盲目乐观、满足于现状、不思进取、不求学业，其思想和行为与尊重知识和尊重人才的社会风尚显得不够协调。为了帮助广大学生无愧于人民的重托，无愧于时代的厚望，今后无愧于知识分子的光荣称号，更要加强理想教育和纪律教育。

总之，高等学校在培养人才的过程中，不仅受到社会改革的严峻挑战和深刻影响，而且面临着一系列新情况、新问题，只有加强理想教育和纪律教育，才能把握纷繁复杂的局面，把学生组织起来、团结起来，向着正确的成才方向努力。

二

要把理想教育和纪律教育生动活泼地、富有实效地在大学生中开展起来，一定要以现实生活为基础，密切结合改革的实际来进行。在学校里，学生的实际有思想、学习、生活等多方面的内容，理想教育无疑要结合这些实际来进行。但光结合这些实际还不够，学生还面临着一个更大的实际——改革。改革不仅是学生普遍关注的大事，是我国当前社会生活的主题，而且正在以各种方式影响和改变着学生的思想、学习和生活方式。

我们应当清楚地看到，党中央、国务院近几年所制定的一系列决定，描绘了一幅幅宏伟的蓝图，这些蓝图是马克思主义与中国实际相结合的产物，是有中国特色的社会主义的具体体现。我们按照中央的改革决定，结合改革的实际对学生进行教育，引导学生关心改革，积极投入改革，就是在进行社会主义的认识和实践，走中国式的社会主义道路，朝着共产主义目标前进。如果离开我国当前政治生活、经济生活中的这一最大实际进行理想教育，或者把广大学生排斥于学校改革之外，我们就会失去教育的现实基础，抽掉教育的实际内容，把理想教育抽象化、空洞化。这在事实上，就会既否定理想教育，又否定改革。因而，理想与改革是有着内在一致性的。理想指导改革的正确方向，改革保证理想得以实现。一个真正有理想的人，应当正视现实，不怕困难，勇挑改革重担，努力开创新局面；一个真正的改革者，应当胸怀全局，目光远大，不计较眼前得失，顽强地朝着正确方向前进。对于大学生来说也是如此，他们要想成为"四化"所需要的人才，就要以极大的热情和勇气，按照新时期党所提出的人才规范，以改革创新的精神勤奋刻苦地学习。只有这样才能实现自己的成才理想。离开改革讲成才，不能成为新时期所需要的人才，也不是当代大学生所需要的成才理想。广大学生之所以十分关心改革、迫切要求改革，也正是希望在改革中快成才、成大才，成为"四化"的有用之才。这种愿望尽管表现程度不同、方式不同，但应当充分肯定，这是一种可贵的理想，是广大学生执着的追求，我们应当加以爱护并把它引向更高的水平。所以，在学校里，理想、改革、成才是一致的，我们应当把理想教育、改革教育、成才教育统一起来、结合起来，不要把它对立起来。那种一说理想就忽视改革与成才，一说改革与成才就忽视理想的倾向都是错误的。我们应当认识到，在我国当前的历史条件下，不讲改革、不讲成才的理想是空洞的理想；不讲理想的改革和成才则是盲目的改革和盲目的成才。我们应当把改革教育、成才教育作为理想教育的现实内容，生动具体地引导学生立足现实、面向未来，在改革中成才，为实现崇高理想而奋斗。

## 三

进行理想教育和纪律教育，除了要紧密联系改革的实际之外，还要为学生创造实现理想的条件，扫除前进过程中的思想障碍。正如毛泽东同志在《关于正确处理人民内部矛盾的问题》一文中说的："社会主义制度的建立给我们开辟了一条到达理想境界的道路，而理想境界的实现还要靠我们的辛勤劳动。"① 因此，教育学生扎扎实实地、艰苦地为实现理想而奋斗，是大

---

① 《毛泽东文集》第 7 卷，人民出版社 1999 年版，第 226 页。

量的、经常的教育任务。我们知道，远大的理想并不是通过一次教育就可以形成并稳定的，而是要通过许多具体目标的确定，才能逐步形成。由于在校的大学生的人生观、世界观正处在由不成熟走向成熟的发展阶段，他们的理想也有一个逐步形成和不断明确的过程。这一过程，既是理想树立的过程，也是他们为实现理想而努力的过程。

大学生形成理想并为理想而奋斗的过程，并不是一帆风顺的。他们既要克服各种外界阻力和影响造成的"外摩擦"，也要克服对目标动摇而引起的波动和反复。因而，进行教育，不仅要让学生明确目标，还要强化为目标奋斗的动力。这就是要引导学生征服困难、增强毅力、坚定意志，为实现理想创造征服性力量。当代的大学生，由于成长在和平的环境之中，参加实际锻炼较少，学习生活条件比较优越，在向成才目标奋斗的过程中，一部分人虽有成才的愿望，但艰苦奋斗的思想准备不够充分，缺乏顽强的毅力，容易在前进中起伏乃至动摇。因而首先要强化学生的社会责任感。把他们摆到社会全局中去，摆到未来社会中去，让他们懂得时代的要求、未来的要求，深刻地意识到自己所担负的社会责任，感受到人民的期望和重托，不断向社会吸取力量，强化内在动力，扫除前进中的障碍。其次，要教育学生有意识地锻炼自己的毅力和意志。毅力和意志作为个性品质，是由学生的内在动因所决定的。学生的成才动因是有差别的。有的可能是内部成才动机激发；有的可能是外部压力的影响，表现为社会舆论的压力、家长的鞭策、干部的要求等；有的可能兼而有之。主要受外部影响而学习的学生，毅力和意志一般比较差。当外部影响减弱，其毅力也会减弱。时冷时热，起伏不定，正是缺乏毅力的表现，也是青年易犯的毛病。我们应当创造条件，帮助学生把外部压力转化为内部动力，最大限度地激发学生的成才动机，使其顽强持久地为理想而奋斗。

# 做与时俱进的爱国主义者<sup>*</sup>

爱国主义是在人类社会发展进程中形成和巩固起来的一种凝聚国家与民族、推动国家强盛和社会发展的强大精神力量，是调节公民与国家关系的基本政治、道德规范。爱国主义作为一个历史范畴，在不同的历史时期，有不同的时代主题与时代特征。中国共产党人和广大人民群众，在进行革命和建设的历史进程中，紧跟社会发展的进步潮流，不断探索国家独立、富强的道路，坚持为国为民的根本宗旨，与时俱进地把握爱国主义的时代主题，鲜明地体现了爱国主义的时代特征。

新中国成立前，共产党人和人民群众一起，始终坚持国家独立、民族解放的爱国主题，带领中国人民不畏强暴，浴血沙场，反抗侵略，以无数先烈和志士仁人的鲜血和生命找到了中国革命的正确道路，谱写了爱国主义的壮丽史诗，使中华民族独立于世界民族之林，使广大人民获得新生。新中国成立后，共产党人领导全国人民立即实现爱国主题的转换，以建设社会主义现代化强国为目标，"迅速地荡涤反动政府留下来的污泥浊水，治好战争创伤，建设起一个崭新的强盛的名副其实的人民共和国"①。

在和平与发展成为时代主题之际，邓小平及时根据时代发展的客观趋势，把爱国主义的主题集中于一心一意、聚精会神地进行社会主义现代化建设，坚持以经济建设为中心。他告诫全党和全国人民："中国能不能顶住霸权主义、强权政治的压力，坚持我们的社会主义制度，关键就看能不能争得较快的增长速度，实现我们的发展战略。"②他特别强调，在新的历史条件下，共产党人和中国人民"有自己的民族自尊心和自豪感，以热爱祖国、贡献全部力量建设社会主义祖国为最大光荣，以损害社会主义祖国利益、尊严和荣誉为最大耻辱"③，从而赋予爱国主义新的时代特征。

在经济全球化迅猛发展、各种文化相互激荡、国家主权受到挑战、国家界限在一些人的认识中相对模糊的新形势下，共产党人和人民群众面对爱国

---

* 原载于《思想教育研究》2002年第4期，收录时有修改。

① 《毛泽东选集》第3卷，人民出版社1991年版，第1467页。

② 《邓小平文选》第3卷，人民出版社1993年版，第356页。

③ 《邓小平文选》第3卷，人民出版社1993年版，第3页。

主义这一新的历史性课题，在理论与实践上做出了与时俱进的历史回应和科学决策。

首先，共产党人始终坚持"我们是国际主义者，我们又是爱国主义者"① 的立场。一方面，面对经济全球化发展的客观趋势，不断深化改革，扩大开放；主动加入世界贸易组织，推进经济全球化进程；积极与国外建立友好关系，实现互惠互利发展；努力为全人类的生存、发展做贡献，反对任何形式的狭隘民族主义。共产党人和全国人民这一富有时代特征的国际主义形象，赢得了世界的广泛赞誉与支持，为我国的现代化建设创造了良好的国际环境和发展条件。另一方面，共产党人和全国人民始终坚持以民族经济、政治、文化发展为基点，以建设有中国特色的社会主义为共同理想，以经济建设为中心，坚定不移地走独立自主、自力更生的发展道路，从而使我国各族人民在新的爱国主题旗帜下，空前团结一致，激发了巨大的发展动力，取得了举世瞩目的伟大成就，提高了我国的国际地位，为推进经济全球化发展做出了积极贡献。

在面向世界、推进经济全球化发展的过程中，立足民族经济、政治、文化发展，是我国在新的历史条件下爱国主义的新特点，是共产党人坚持爱国主义与国际主义相统一的立场在新形势下的发展。马克思主义早就认为，随着生产力的普遍发展和人们之间普遍交往的建立，"使每一民族都依赖于其他民族的变革；最后，地域性的个人为世界历史性的、经验上普遍的个人所代替"②。所以，共产党人"强调和坚持整个无产阶级共同的不分民族的利益"③，不断为促进各个民族的独立与发展，乃至全人类的解放而努力。同时，"无产阶级首先必须取得政治统治，上升为民族的阶级，把自身组织成为民族"④，"工人阶级如果不'把自身组织成为民族'，如果不成为'民族的'（'虽然完全不是资产阶级所理解的那种意思'），就不能巩固、成熟和最终形成"⑤。因此，推进经济全球化发展与立足民族经济、政治、文化发展的统一，是在新形势下坚持爱国主义与国际主义的统一，是彻底的、富有时代特征的爱国主义。经济全球化发展与民族经济发展，是既相联系又有矛盾的两个发展趋势。片面强调经济全球化，忽视或否定民族经济、政治、文

① 《毛泽东选集》第 2 卷，人民出版社 1991 年版，第 520 页。
② 《马克思恩格斯选集》第 1 卷，人民出版社 1995 年版，第 86 页。
③ 《马克思恩格斯选集》第 1 卷，人民出版社 1995 年版，第 285 页。
④ 《马克思恩格斯选集》第 1 卷，人民出版社 1995 年版，第 291 页。
⑤ 《列宁选集》第 2 卷，人民出版社 1995 年版，第 441 页。

化的发展，是空洞、骗人的"全球主义"；而孤立地强调民族经济、政治、文化的发展，忽视或否定经济全球化发展趋势，则是狭隘、封闭的民族主义，都是违背社会发展规律的。

其次，共产党人和全国人民面对经济全球化发展趋势与我国面临的新挑战，明确提出了既体现世界发展进步潮流，又凝聚全党和中华民族的爱国主义新理论。江泽民同志"三个代表"重要思想，既是党的建设的指导理论，也是爱国主义的主题思想。

"三个代表"重要思想在回答"建设一个什么样的党、怎样建设党"这个根本问题的同时，也回答了"建设一个什么样国家、怎样建设国家"的问题。代表中国先进生产力发展要求的思想，坚持和发展了马克思主义关于生产力与生产关系的基本原理，紧跟世界以现代科技为核心的生产力发展潮流，既是立党建党之本，也是强国富民之本。代表中国先进文化前进方向的思想，坚持和发展了马克思主义社会存在与社会意识关系的基本原理，紧跟世界以民族凝聚力为核心的文化发展潮流，既是党发展壮大的动力之源，也是中华民族凝聚力之源。代表中国最广大人民根本利益的思想，坚持和发展了马克思主义人民群众是历史创造者的思想，紧跟以人为本和人力资源开发的发展潮流，既是党的发展之基，也是中华民族的发展之基。因而，"三个代表"重要思想，是驾驭时代潮流、体现时代特征的先进思想，是团结凝聚全党和全国各族人民、推动祖国繁荣富强的强大精神力量，是我国在新的历史条件下爱国主义的旗帜。

最后，在新的历史条件下，我们党强调，要对全体党员和人民坚持进行爱国主义、集体主义、社会主义的主旋律教育，强调爱国主义与社会主义在本质上的一致性，"热爱国家，热爱人民，热爱自己的党，是一个共产党员必须具备的优良品质"①。我国加入世界贸易组织之后，意识形态领域将出现许多新情况、新问题，爱国主义教育面临新挑战。我们必须学会面向世界，站在国际舞台上，在同西方发达国家进行比较、竞争的过程中，在时空界限相对模糊的条件下进行爱国主义教育。如果说，新中国成立前的爱国主义教育是为了民族的独立和解放，新中国成立后的爱国主义教育是为了社会主义制度的建立和巩固，当今的爱国主义教育就是要立足民族经济、文化的发展，维护国家的安全和利益。因此，共产党人应当合理地把爱国主义教育引导到民族竞争、发展的层面，按照江泽民同志在第三次全国教育工作会议

---

① 《邓小平文选》第 1 卷，人民出版社 1994 年版，第 30 页。

上所提出的内容和要求进行，即"在当今世界上，综合国力的竞争，越来越表现为经济实力、国防实力和民族凝聚力的竞争。无论就其中哪一个方面实力的增强来说，教育都具有基础性的地位"①。只有增强国家的经济实力、国防实力，我们才能走向世界；只有增强民族竞争力、凝聚力，才能保证和推动我们走向世界。

---

① 《江泽民文选》第 2 卷，人民出版社 2006 年版，第 329 页。

# 高校要把思想政治工作贯穿教育教学全过程<sup>*</sup>

习近平总书记在全国高校思想政治工作会议上发表重要讲话，从实现中华民族伟大复兴、增强国家核心竞争力出发，突出了高等教育的地位和坚持正确办学方向的重要性，提出了人才培养的明确目标，并站在全局战略高度强调："高校思想政治工作关系高校培养什么样的人、如何培养人以及为谁培养人这个根本问题。要坚持把立德树人作为中心环节，把思想政治工作贯穿教育教学全过程，实现全程育人、全方位育人，努力开创我国高等教育事业发展新局面。"① 抓住培养人的根本问题，围绕立德树人的中心环节，把思想政治工作贯穿教育教学全过程，是高校思想政治工作在新形势下应当遵循的指导方针与教育理念，是增强高校思想政治工作影响力与实效性的根本保证。

把高校思想政治工作贯穿教育教学全过程，是高校思想政治工作特性的展现，是对思想政治工作规律、教书育人规律、学生成长规律的遵循，是关系高校"培养什么样的人、如何培养人以及为谁培养人"的根本问题。

## 一、把思想政治工作贯穿教育教学全过程是思想政治工作特性的展现

思想政治工作是以人为对象，解决人的思想、观点、政治立场问题，提高人的思想觉悟的工作。思想政治工作是党的工作的重要组成部分，是实现党的领导和社会主义精神文明建设的重要途径，也是做好经济工作和其他一切工作的有力保证。坚持党的思想路线，服从和服务于党的中心工作，是思想政治工作的优良传统。

思想政治工作具有丰富的内涵与外延，是思想政治工作的鲜明特性。思

---

＊ 原载于《思想理论教育》2017 年第 1 期，收录时有修改。

① 习近平：《把思想政治工作贯穿教育教学全过程　开创我国高等教育事业发展新局面》，载《人民日报》2016 年 12 月 9 日。

想政治工作的内涵，是指思想政治工作存在与发展的根据，它决定思想政治工作的性质与形态；思想政治工作的外延，是指思想政治工作的边界或范围，它受思想政治工作内涵的制约与调控。

意识形态性、实践性和群众性也是思想政治工作的鲜明特性。思想政治工作与社会主义意识形态的关系，是直接而基本的关系，思想政治工作性质的规定性就是社会主义意识形态性。党的思想政治工作必须运用马克思主义理论，包括马克思主义哲学思想、政治思想、法律思想、道德思想、党的建设理论等，开展工作、进行教育，因而思想政治工作实际上是社会主义意识形态工作。意识形态工作是党的一项极为重要的工作。高校是党的意识形态工作的前沿阵地，也是党的意识形态工作的独特战线。高校的意识形态工作，最根本的就是要坚持马克思列宁主义、毛泽东思想和中国特色社会主义理论体系的指导，贯彻落实习近平总书记系列重要讲话精神，坚持中国特色社会主义道路和制度，坚持社会主义核心价值观主导，保证高校的社会主义发展方向。高校意识形态工作的地位与作用决定了高校要把思想政治工作贯穿教育教学全过程，坚持育人为本、德育为先，把人才培养作为根本任务，把思想政治教育摆在首要位置。只有这样，才能充分发挥思想政治工作保证方向、提供动力、增强活力与凝聚力的作用，提高我国高等教育发展水平，增强国家核心竞争力。

思想政治工作的实践性，是指在学习思想政治理论、提高思想认识的过程中，必须参与实践并将理论运用于实践，在实践中促进认识能力的提高并检验思维成果的正确性。思想政治工作的实践性，要求思想政治工作必须服从和服务于党的中心工作，解决人们的思想问题与实际问题，推进社会科学发展和人的全面发展。思想政治工作坚持实践性，就是要坚持"一切从实际出发，理论联系实际，实事求是，在实践中检验真理和发展真理"① 的思想路线。高校思想政治工作坚持实践性，就是要从教育教学这个最大、最重要的实际出发，坚持理论联系实际的原则，把思想政治工作渗透到教育教学的实际中去，发挥教育教学增长本领的更大作用，促进学生健康成长和全面发展。

思想政治工作的群众性，就是要贯彻落实"一切为了群众，一切依靠群众，从群众中来，到群众中去"的群众路线。把思想政治工作贯穿教育教学全过程的深层含义，就是要相信、依靠高校广大师生能够在教育教学中

---

① 《中国共产党章程》，人民出版社 2012 年版，第 18 页。

自我教育、自我管理；就是要发动高校各级党组织和思想政治工作者调动广大师生的积极性、创造性，发掘师生中的思想政治工作资源与潜力；就是要切实坚持理论联系实际的原则，通过思想政治工作了解师生的要求，集中师生的智慧，解决师生中的思想问题和实际问题。总之，高校思想政治工作的群众性，就是要广泛动员、组织、依靠广大师生坚持德智体美全面发展的教育方针，积极主动开展教育教学活动。

思想政治工作的外延，是指思想政治工作的覆盖范围与对象，是与思想政治工作内涵相对应的概念。习近平总书记关于"把思想政治工作贯穿教育教学全过程，实现全程育人、全方位育人"的论述，不仅蕴含了思想政治工作的内涵特性，而且标示了思想政治工作的外延特征。在我国社会，思想政治工作不仅具有覆盖的全员性，而且具有过程的全程性。所谓全员性，是指所有社会人员都要参与思想政治工作、接受思想政治教育，他们既是教育者，又是受教育者。其中，共产党员特别是领导干部、青少年学生是思想政治工作的重点；各级党组织、共青团组织和工会组织，担当着思想政治工作的重要职责；各行各业有不同类型的思想政治工作。所谓全程性，是指思想政治工作过程的持续性，包括思想政治工作环节的健全和各个阶段教育的衔接，也包括把思想政治工作贯穿到工作、学习、生活的各个方面，营造思想政治工作的良好社会环境。高校思想政治工作覆盖高校所有的党政机关、群团组织、学术机构和师生员工，也就是所有的组织机构和全体成员都必须参与思想政治工作、接受思想政治教育。特别是各级党组织和广大党员、思想政治工作者和教师，不仅要带头接受思想政治教育，先当好学生，提高思想政治素质，而且要结合自己所做的工作，面向学生教书育人、科研育人、实践育人、管理育人、服务育人、文化育人、组织育人，把思想政治工作贯穿教育教学、管理服务、日常生活，真正做到全程育人、全方位育人。忽视、轻视思想政治工作，不参与思想政治工作，不接受思想政治教育，实际上是放弃育人职责，背离正确办学方向，只会给学生带来消极甚至错误的影响，阻碍教育教学的正常进行。

## 二、把思想政治工作贯穿教育教学全过程是高校遵循思想政治工作规律、教书育人规律、学生成长规律的要求

习近平总书记在全国高校思想政治工作会议上的讲话指出："做好高校思想政治工作，要因事而化、因时而进、因势而新。要遵循思想政治工作规

律，遵循教书育人规律，遵循学生成长规律，不断提高工作能力和水平。"①把高校思想政治工作提高到遵循规律的高度，既是习近平总书记对高校思想政治工作理论的新发展，也是对高校广大干部和教师提出的新要求。

第一，思想政治工作贯穿教育教学全过程是遵循思想政治工作规律的要求。思想政治工作是研究人的思想变化规律的一门综合性应用科学。所谓思想政治工作规律，就是按照人们思想、行为变化的特点和规律进行思想政治工作的必然遵循。把思想政治工作贯穿教育教学全过程，首先要遵循思想政治工作规律。高校思想政治工作，是在高校党委统一领导下的重要工作，"党委要保证高校正确办学方向，掌握高校思想政治工作主导权，保证高校始终成为培养社会主义事业建设者和接班人的坚强阵地"②。因而，高校各级党组织和思想政治工作者，不仅要提高思想政治工作科学化水平，不断增强思想政治工作的时代性和感召力，而且要结合教育教学的实际，有针对性地开展思想政治工作，加强思想政治工作的引导性与渗透性。思想政治工作缺乏科学性，或脱离教育教学实际抽象、孤立地进行思想政治工作，都违背了思想政治工作规律，不仅损害思想政治工作声誉，而且造成教育教学价值取向不明，师生的积极性、主动性受挫等问题。因而，遵循思想政治工作规律，是把思想政治工作贯穿教育教学全过程的第一位规律。

第二，思想政治工作贯穿教育教学全过程是遵循教书育人规律的要求。习近平总书记把高校教师教书育人的职责与使命，提到遵循规律的高度，这是习近平总书记在教育理论上的创新，对高校加强和改进思想政治工作具有重要指导作用。所谓"教书育人"，是指教师在传授专业知识的同时，以自身的道德行为和人格魅力，言传身教，引导学生寻找自己生命的意义，实现人生应有的价值追求，塑造自身完美的人格。

教书育人是教师的天职和使命，古今中外的各级各类学校，都从各个层面、以各种方式强调教师必须教书育人。我国古代教育家孔子，注重教学要"敬德修业"，即为了达到"敬德"的境界而"修业"。"德之不修，学之不讲，闻义不能徙，不善不能改，是吾忧也。"（《论语·述而》）意思是说，品德没有培养，学问没有讲习，知道应该做的事不积极行动，存在不道德的行为不改正，这是教师的忧虑。孔子又说，君子既要"博学于文"，又要

①　习近平：《把思想政治工作贯穿教育教学全过程　开创我国高等教育事业发展新局面》，载《人民日报》2016年12月9日。

②　习近平：《把思想政治工作贯穿教育教学全过程　开创我国高等教育事业发展新局面》，载《人民日报》2016年12月9日。

"约之以礼"（《论语·雍也》）。即在学习文化知识的同时，一定要用"礼"（统治阶级的政治、道德规范）来约束自己。唐代教育家韩愈在《师说》中说："古之学者必有师，师者，所以传道授业解惑也。"韩愈把教师传道，即教师要用道德伦理育人，放在教师职责的第一位。我国著名教育家陶行知关于教师要教书育人有一段名言："先生不应该专教书，他的责任是教人做人；学生不应该专读书，他的责任是学习人生之道。"①

在西方社会，古希腊的三个教育家苏格拉底、柏拉图和亚里士多德，在他们各自的教育理论中，都重视"知德统一"的原则，就是把知识与道德结合起来、统一起来。教师在传授知识、技能的同时，必须培养学生"善"的道德品质，也就是既要教书又要育人。在西方资本主义社会，虽然出现过科学主义教育倾向，忽视人文教育，但仍有一些教育家致力于德育与智育的统一性研究，形成了有价值的理论。19世纪德国著名教育家赫尔巴特，第一次明确、系统地提出并论证了"教育性教学"的思想，把教学作为道德教育最基本的途径和方式。他把道德作为教育的最高目标，并探索了德与智的不可分割性。他认为，在教学中，既没有"无教学的教育"，就是说，理性、情感和意志都源于观念，只有在掌握知识的基础上才能形成道德意识和行为；也没有"无教育的教学"，就是说，在教学中如果不进行德育，教学就只是一种没有目的的手段，而德育如果脱离教学，它就是一种失去了手段的目的。这样，赫尔巴特把德与智、德育与智育通过手段与目的的方式统一起来，并论述了它们之间的联系，这既为德育与智育的结合、渗透提供了指导，也为教书育人提供了根据。

教书是传授知识和技能，教学生学会做事；育人是培养学生正确的世界观、人生观和价值观，教学生如何做人。教书和育人总是不可分割地结合在一起的，既不可能脱离价值观只讲单纯的知识和技能，也不可能脱离人们的工作、学习、生活实际，进行闭门思辨。常言道：学高为师，身正为范。教书育人，教书者必先学为人师，育人者必先行为世范。教师的师德和专业技能，都是教师必须具备的素质，而师德则是教师的灵魂，是更重要的素质。教师工作的"示范性"和学生的"向师性"使教师在学生心目中占有非常重要的地位。因此，习近平总书记强调："教师是人类灵魂的工程师，承担着神圣使命。传道者自己首先要明道、信道。高校教师要坚持教育者先受教育，努力成为先进思想文化的传播者、党执政的坚定支持者，更好担起学生

---

① 陶行知：《行知书信集》，安徽人民出版社1981年版，第109页。

健康成长指导者和引路人的责任。"①

总之，教书育人是一个具有普遍性的重要问题，是高校培养学生的一个规律。违背这个规律，培养出来的学生，只有专业知识，没有或缺乏思想政治素质，则是教育的失败。

第三，思想政治工作贯穿教育教学全过程是遵循学生成长规律的要求。大学生的成长，应当根据高校培养目标的要求，综合实施各种教育教学，包括德育，即大学生思想政治教育；智育，即专业知识技能教学；体育，即体质、心理锻炼；美育，即审美素养培养。其中，思想政治工作贯穿教育教学全过程，是大学生健康成长、全面发展的主要途径。把这一途径进一步进行理论提炼，就是学生成长必须遵循的规律。这一规律，主要体现在三个方面。

一是全面发展成才。马克思主义关于人的全面发展理论，深刻揭示了人的发展目标与规律。人之所以要坚持全面发展，是由人的全面性本质、社会的全面性存在与发展的需要所决定的。马克思主义认为，人的全面发展是"通过人并且为了人而对人的本质的真正占有"②，"人以一种全面的方式，也就是说，作为一个完整的人，占有自己的全面的本质"③。人的全面发展为社会文明进步奠定基础，社会文明进步为人的全面发展创造条件。促进全面发展是大学生的发展方向和成长目标。大学生成长既不是单一教育作用的结果，也不是单个人可以实现的过程，只有通过德智体美多方面的教育才能全面推进。没有思想政治工作确立目标、提供动力，不仅智力与智慧难以展现和释放，而且培养的学生也难以符合我国社会发展的要求。只有把思想政治工作贯穿教育教学全过程，才能保证学生成长目标明确、发展动力强劲、学习认真刻苦、才智充分发挥。因而，引导大学生全面发展，是学生成长的目标导向与内容规范，是学生成长规律的主要内涵。

二是自主学习成长。2013 年 5 月 4 日，习近平总书记在同各界优秀青年代表座谈时指出："青年人正处于学习的黄金时期，应该把学习作为首要任务，作为一种责任、一种精神追求、一种生活方式，树立梦想从学习开始、事业靠本领成就的观念，让勤奋学习成为青春远航的动力，让增长本领

---

① 习近平：《把思想政治工作贯穿教育教学全过程　开创我国高等教育事业发展新局面》，载《人民日报》2016 年 12 月 9 日。

② 《马克思恩格斯全集》第 42 卷，人民出版社 1979 年版，第 120 页。

③ 《马克思恩格斯全集》第 42 卷，人民出版社 1979 年版，第 123 页。

成为青春搏击的能量。"① 如果说目标导向与内容规范是大学生成长应遵循的准则的话，那么学习成长则是大学生的自主实现。成长的主体是大学生，推进成长过程只能依靠大学生本人，别人是不能代替的。所谓自主学习，是指学生在教师指导下，确定学习目标、选择学习方法、监控学习过程、评价学习结果，进行自我计划、自我管理、自我调节和自我转化的学习过程，是学生学习心理的自觉反映和自主的行为，主要包括浓厚的学习兴趣、认真的学习态度、刻苦的学习精神、顽强的学习意志、自觉的学习行为。大学生除了具备学习的自觉性和积极性之外，还要在教师指导和帮助下，培养、提高学习知识、运用理论的能力。学习、运用知识的能力，是学生成长、发展的能力。在学生需要具备的诸多能力中，自主学习、运用知识的能力是最基本的能力。因此，学生具有自主学习精神和自主学习、运用知识的能力，对于激发学习动机、挖掘学习潜能、培养创新精神，以及形成独立学习、工作、研究的能力，具有重要意义。

三是实践锻炼成长。学习是成长进步的阶梯，实践是提高本领的途径。习近平总书记在北京大学师生座谈会上的讲话指出："扎扎实实干事，踏踏实实做人。道不可坐论，德不能空谈。……只要坚忍不拔、百折不挠，成功就一定在前方等你。"②

如果说全面发展的目标导向是前提，自主学习是关键，那么，实践锻炼则是大学生成长的基础。因为全面发展、自主学习，最终都要在实践的基础上进行、展开并经受检验。离开社会实践，空谈全面发展与自主学习，是没有意义的。实践的观点是马克思主义认识论的基本观点，实践出真知，实践出人才。毛泽东非常注重实践锻炼，坚持从战争中学习战争，在实践中培养人才，他指出："读书是学习，使用也是学习，而且是更重要的学习。"③ 也就是说，要紧密结合实际，注重实践锻炼，将学到的知识变为自己的真知和能力。大学生在校的主要时间和主要任务，是接受教师的课堂教育教学，不管是思想政治教育，还是专业教学，不仅都要遵循实践性原则，而且都有实践教育教学的环节和要求，并且这些教育教学最终都是为了帮助学生走向社会、承担社会实践任务。因此，重视实践、立足实践，是大学生成长成才的必由之路。大学生只有自觉到实践中去经风雨、见世面、长本领、增才干，

---

① 《习近平谈治国理政》第 1 卷，外文出版社 2018 年版，第 51 页。

② 《习近平谈治国理政》第 1 卷，外文出版社 2018 年版，第 173-174 页。

③ 《毛泽东选集》第 1 卷，人民出版社 1991 年版，第 181 页。

才能成长为国家所需要的人才。

## 三、思想政治工作贯穿教育教学全过程是高校培养人才的创新模式

习近平总书记强调："我国高等教育肩负着培养德智体美全面发展的社会主义事业建设者和接班人的重大任务，必须坚持正确政治方向。高校立身之本在于立德树人。"① 为此，他在讲话中提出了"四个坚持不懈"，即坚持不懈进行马克思主义理论教育，坚持不懈培育和弘扬社会主义核心价值观，坚持不懈促进高校和谐稳定，坚持不懈培育优良校风和学风。坚持正确办学方向，围绕立德树人的中心环节，坚持不懈开展思想政治工作，既是高校教育教学顺利进行的根本保证，也是培养社会主义事业建设者和接班人的创新模式。

所谓模式，是指对已有经验的抽象和升华，简言之，就是从不断重复出现的事件或过程中发现和抽象出隐藏着规律的理论。只要事物或过程一再重复出现，就可以概括出某种模式。模式是一种理论指导，也是一种操作规则。按照一定模式运作，有利于合理地策划方案，有利于事半功倍地完成任务，有利于选择解决问题的有效方法。所谓人才培养模式，就是在一定教育思想指导下，按照特定的培养目标和人才规格，从整体上、本质上把握人才培养过程的构成要素、组织形式、运作方式的一种认识形式和操作体系。人才培养模式是教育理论应用于人才培养实践过程的转化环节，为实现人才培养所涉及的各种因素和相互关系方面提供了一个比较完整的结合。高校培养人才是一个系统工程。许多教育者从不同层面、不同专业、不同人才规格的视角，研究了人才培养模式，诸如本科生培养模式、理工科学生培养模式、创新人才培养模式等。这些探索和研究成果，有的侧重于途径与方式，有的侧重于知识和能力，缺乏从整体上、本质上把握人才培养的目标、构成要素和运行方式的结合，对高校培养人才虽然有一定积极作用，但难以推广运用。

习近平总书记提出的"把思想政治工作贯穿教育教学全过程，实现全程育人、全方位育人"是高校人才培养的创新模式。第一，强调坚持马克

---

① 习近平：《把思想政治工作贯穿教育教学全过程　开创我国高等教育事业发展新局面》，载《人民日报》2016 年 12 月 9 日。

思主义指导。马克思主义指导，既蕴含在思想政治工作之中，更体现在"必须坚持正确政治方向""坚持不懈进行马克思主义理论教育""坚持不懈培育和弘扬社会主义核心价值观"之中。马克思主义是人才培养模式的理论基础，是人才培养模式的思想灵魂。没有马克思主义指导，人才培养模式就是一套单纯的培养手段或方法。

第二，强调全面贯彻党的教育方针。党的十八大报告对党的教育方针做了更全面的阐述："坚持教育为社会主义现代化建设服务、为人民服务，把立德树人作为教育的根本任务，培养德智体美全面发展的社会主义建设者和接班人。"① 党的教育方针不仅包含教育的社会目标、教育的根本任务，还包含高校的培养目标。高校的培养目标，即学生德智体美全面发展，既是高校人才培养模式应围绕的核心，也是高校人才培养模式应遵循的规格。离开人才培养目标而建构的人才培养模式，只能导致教育教学无所适从。

第三，包含全面的教育教学要素及其所构成的系统。在高校，教育教学要素主要包括德育、智育、体育和美育。高校思想政治工作，包括面向学生、教师、干部和职工的思想政治工作，其中大学生思想政治教育就是高校德育；面向其他各类人员的思想政治工作既为提高各类人员的思想政治素质服务，也为教书育人、管理育人、服务育人提供基础，是高校德育的重要组成部分。高校的教育包括思想政治理论课，是大学生思想政治教育的主渠道。大学生日常思想政治教育是大学生思想政治教育的主阵地。高校的教学，既包括各个专业、学科的知识与技能传授、讲解和培训，也包括体育、美育、人文课程等教学。因而，把思想政治工作贯穿教育教学全过程，涵盖了高校全面的教育教学要素，并形成了高校德智体美教育教学的系统。

第四，确定了实现教育教学目标的运行过程。运行的关键是"贯穿"，其含义是结合、穿过、连通，就是思想政治工作要结合教育教学、贯通教育教学首尾、渗透教育教学。这样一个过程，既充分体现了高校各项工作育人为本、德育为先的教育理念，也为实现全程育人、全方位育人，促进学生德智体美全面发展提供了保证，还为高校各级党政机关和师生员工制订教育教学和学习方案、组织管理、评价评估、采用教育教学方法提供指导。

因而，把思想政治工作贯穿教育教学全过程，实现全程育人、全方位育人的模式，是一个全面、系统的人才培养模式，是习近平总书记对高校培养社会主义事业建设者和接班人模式的创新。我们要按照这个人才培养模式，

---

① 《胡锦涛文选》第3卷，人民出版社2016年版，第641页。

进一步克服一些高校忽视甚至轻视思想政治工作的倾向；进一步改变有些教师只教书不育人，甚至以错误言行对学生产生消极影响的倾向；进一步避免德育与智育、体育相互脱节的"两张皮"倾向。切实贯彻落实习近平总书记所强调的"思想政治工作从根本上说是做人的工作，必须围绕学生、关照学生、服务学生，不断提高学生思想水平、政治觉悟、道德品质、文化素养，让学生成为德才兼备、全面发展的人才"①。

---

① 习近平：《把思想政治工作贯穿教育教学全过程　开创我国高等教育事业发展新局面》，载《人民日报》2016年12月9日。

# 论以德治国与以德育人的现代价值*

2001 年年初，江泽民在全国宣传部长会议上强调指出："我们在建设有中国特色社会主义，发展社会主义市场经济的过程中，要坚持不懈地加强社会主义法制建设，依法治国，同时也要坚持不懈地加强社会主义道德建设，以德治国。"① 这是党的第三代领导集体在跨进 21 世纪之际所提出的基本治国方略。认真领会这一重要思想，对于我们深入开展社会主义精神文明建设，特别是加强思想道德教育、大力提高全民族的思想道德素质、完善有中国特色社会主义的治国体系，具有重大的现实意义。

## 一、以德治国与以德育人的价值需要

在现代社会条件下，强调以德治国与以德育人既是适应社会主义市场经济体制的迫切要求，也是个人健康成长、国家繁荣稳定的客观需要。

### （一）以德治国与以德育人是社会主义市场经济体制发展与完善的需要

我国经济体制改革的目标是建立社会主义市场经济体制。适应这一体制，需要重构与之相配合的、新型的社会主义道德体系，而新型道德体系的形成、发展，离不开思想道德教育。市场经济具有两重性，这种两重性在其刚刚发育的时候往往更明显。一方面，它具有突出的积极作用，即不仅推动了生产力的快速发展，而且给社会主义精神文明建设增添了许多新内容。它要求社会和个人形成并发展现代新观念与新的行为方式，如平等、自主、竞争、开放、信息、效益、法制等观念与行为方式。这些观念与行为方式正是我国在实现现代化过程中，需要大力培育和发展的。另一方面，市场经济又存在其自身的局限性，如市场行为的盲目性与自发性、部分市场主体的本位

---

\* 原载于《上海交通大学学报（社会科学版）》2001 年第 4 期，作者贺才乐、郑永廷，收录时有修改。

① 《江泽民文选》第 3 卷，人民出版社 2006 年版，第 200 页。

性与唯利性等。市场经济的这些功能缺陷，容易渗透到社会生活的各个领域，若反映到政治生活中会导致权钱交易、贪污腐败，若影响思想领域，则容易滋生本位主义、拜金主义、享乐主义、非理性主义等思想，甚至导致一些人道德观念淡薄、精神家园荒芜、政治信仰缺乏。所以，社会主义市场经济不仅是法制经济，而且是德治经济。这就需要政府既进行宏观调控，以经济政策和经济法规为主，强化法治与管理，又要充分发挥德治的社会功能，加强思想道德教育，对市场经济进行正确引导，以保持并扩大其积极作用，抑制并消解其消极影响。

（二）以德育人是个人成长的保证和以法治国的基础

个人的成长离不开教育，特别是思想道德教育在个人的成长过程中起着十分重要的作用。当今社会，竞争异常激烈，变化因素颇多，每个人都面临着许多复杂矛盾。一个人要想在竞争大潮中立于不败之地，必须全面提高自身素质。而思想政治素质是最重要的素质，思想政治素质的培养，正是思想道德教育的主要职能。思想道德的性质不同，个人成长就有不同的路向。在我国，只有认同、恪守社会主义思想道德，才能使自己成为一个有价值的人和品德高尚的人。相反，在充满诱惑与风险的复杂情况中，如果意志薄弱，自制力与判断力差，经不住黄、赌、毒、财、权、色等的诱惑，就会迷失方向而害人害己，堕落成历史的罪人。"法轮功"痴迷者的反科学、反社会行径，贪污腐败分子的自私行为，一般都是由"轻善"与"缺德"而走向违法犯罪泥潭的。正是这些违法、趋恶之徒，危害着国家的利益与安全。因此，德教不力，法治难为，德教是法治之基础。只有人人都自觉按照道德法庭的准则裁判自己，社会才会真正有序，法制才能显示出真正的权威。道德的普遍失范，必然导致法治的防不胜防与法治的疲软不堪。

（三）以德治国是国家繁荣、社会稳定的重要方略

当今世界，国与国之间的竞争是综合国力的较量。中国要在这场竞争中取胜，既要实行法治，依法治国，也要实行德治，以德治国。以德治国，就是要发挥政治、道德在治国、育人中的作用。政治上，坚持四项基本原则、维护社会稳定，更离不开思想道德教育。在社会主义制度与资本主义制度并存竞争的条件下，西方发达国家凭借经济、科技优势，一直仇视社会主义中国，他们以人权为幌子，大搞强权政治，我们必须对此保持高度警惕，不断提高政治鉴别力和政治敏锐性。政治稳定是经济发展的前提，经济发展是政

治稳定的基础。江泽民同志强调指出，解决中国的所有问题关键在于发展；解决人们的思想政治问题，坚定人们对社会主义和祖国未来前途的信念和信心，最终也要靠发展。社会主义的根本任务是发展生产力，党和国家的工作重点是经济建设，这是解决当代中国一切问题的关键。思想道德教育是精神文明建设的重要途径，为物质文明建设直接提供精神动力和思想政治保证。特别是中国即将加入世界贸易组织，这不仅是一场机遇，也是一场挑战。与西方大国相比，我国经济发展水平处于相对弱势地位，如果我们不以一种高度民族责任感和使命感去提高产品的科技含量、降低生广成本、提高产品和服务的质量，我们的民族经济必将面临一场灾难。因此，思想道德教育担负着新的艰巨任务，即必须对我们的人民大力加强爱国主义教育，培养国民强烈的忧患意识与责任感，增强民族凝聚力，敢于面向全球化发展趋势开展竞争。

在文化上，对古代中国和现代西方的两种精神资源，也必须依托思想道德教育，站在有利于国家繁荣、民族发展的高度，引导人们取其精华、去其糟粕。中国古代文化中的封建性糟粕，必须予以摈弃，而有些优良传统折射出了古人的聪明智慧，是值得我们永远汲取并发扬光大的宝贵财富。在我们引进国外先进技术和管理经验时，西方国家也会趁机推行其价值观念和社会制度，鼓吹、夸大其所谓优越性，利用各种文化艺术产品进行文化渗透。随着经济全球化趋势的深入发展，这种文化渗透往往带有文化殖民主义、文化帝国主义色彩。因此，在开放条件下的思想道德教育，直接与维护国家的主权和安全相关，特别要教育人们，不能把"全球化"等同于"一体化"，不能由经济全球化简单地推演出政治一体化、文化一体化，更不能归结于西方化、美国化。总之，在治理现代国家上，除了依靠法制的力量以外，道德教育的力量也不容忽视。无道亡国、有德兴邦的例子，古今中外是屡见不鲜的。

## 二、以德育人与以德治国的价值关系

以德育人与以德治国是中华民族的优良传统，这一传统对于我们发展社会主义的思想道德教育和治国方略，具有十分重要的借鉴价值。

以德育人与以德治国是相互区别的。以德育人是道德教育功能的具体表现，我国古代称之为"德教""教化"，属于教育学、伦理学的范畴，侧重于道德对个人的、内在的价值，是针对个体而言的。而以德治国则是道德政治功能的具体表现，我国古代称之为"德政"或"仁政"，实际上就是"德治"。它属于政治学范畴，侧重于道德对社会整体的外在的价值，针对执政者而言。二者之间不仅相互区别，而且也相互联系、相互补充。

## （一）以德育人是以德治国的基础

我国古代素有"修身为本""德教为先"的传统。孔子最早提出"修己"思想，即"修己以敬""修己以安人""修己以安百姓"。他主张把道德教育放在首位，即所谓"德教为先"。后来，孟子又提出"修身""养性"范畴，认为"君子之守，修其身而天下平"（《孟子·尽心上》）。他继承和发展了孔子的基本思想，认为"善政不如善教之得民心也。善政，民畏之；善教，民爱之。善政得民财，善教得民心"（《孟子·尽心上》）。荀子还在专著《修身》篇说："扁善之度，以治气养生，则身后彭祖；以修身自强，则名配尧、禹。"（《荀子·修身》）这些思想在《礼记·大学》中得到了系统概括："古之欲明德于天下者，先治其国；欲治其国者，先齐其家；欲齐其家者，先修其身；欲修其身者，先正其心；欲正其心者，先诚其意；欲诚其意者，先致其知；致知在格物。……自天子以至于庶人，壹是皆以修身为本。"西汉董仲舒更是提出"罢黜百家，独尊儒术"的治国方略，将儒家思想改造为维护封建统治的精神支柱。他说："教，政之本也；狱，政之末也。"（《春秋繁露·精华》）我国古代的道德教化、化民成俗、修身为本的思想系统而深厚，充满着智慧与哲理，是我国社会继承、借鉴的精神财富。由于国家是由公民组成的集合体，以德治国最终都要靠人来实现。而人，则有道德自觉、道德自发、道德败坏之分。只有道德自觉的人，才能为以德治国做贡献。道德败坏，不仅害己、败己，而且损人、败国。要使人们达致道德自觉，道德教育，即以德育人必不可少，古今中外，概莫能外。因此，以德育人实际上既是实现以德治国的基础，又是实现以德治国的重要方式。在社会主义市场经济体制形成与发展的过程中，出现了假劣仿冒、弄虚作假、贪污腐化等不良社会现象，以及大量违法乱纪行为，在很大程度上都与忽视以德育人对以德治国的基础性作用，未把道德教育上升到治国方略高度有关。只有通过思想政治教育或道德教育，才能提高全民族的思想道德素质，从而形成一套内在的自我约束和自我防护机制，为国家的稳定和发展奠定扎实的思想基础。道德教育不力，道德作用不举，必成为乱世之源。

## （二）以德治国是以德育人的目标

在我国古代，不仅重视道德教育的育人功能，而且还特别强调道德教育的治国功能。从奴隶制时代开始，我国的社会政治就一直与伦理道德紧密结合在一起，即政治伦理化、伦理政治化。周公提出"以德配天""明德慎罚""敬德保民"的思想。孔子继承并概括为"德政"学说，他说："为政以德，譬如北辰。尽其所而众星共之。"又说："道之以政，齐之以刑，民免而无耻；道之以德，齐之以利，有耻且格。"（《论语·为政》）孟子在"性善论"的基础上提出了自己的"仁政"学说，主张"以不忍之心，行不忍之政"，提倡"以德服人"的"王道"，反对"以力服人"的"霸道"。荀子则明确指出："闻修身，未尝闻为国也。"（《荀子·君道》）他主张"修身"的目的就是"为国"，即治国。古人的这些思想虽有历史局限性，但也有其合理性，为我们今天实施以德治国方略提供了借鉴。正如整体由部分组成、部分离不开整体一样，作为基础性地位的以德育人，应把带有目标导向性质的以德治国作为其重要的支撑。唯有如此，以德育人才有一个统一的方向，才能上升到民族的、国家的高度。也只有这样，道德教育才能显示其社会价值，才能赋予其力度。如果仅仅把道德教育看作规范人的思想与行为的手段，看作微观领域的事情，把它同国家、民族、政治的大局剥离开来，那么道德教育无论如何都"硬"不起来，要克服"一手硬，一手软"就成了一句空话。古人十分清楚道德与政治、道德教育和道德修养与治国的关系，"得志，泽加于民；不得志，修身于世。穷则独善其身，达则兼济天下"（《孟子·尽心上》）。古人的这一格言为德治提供了很好的佐证。在我们建立社会主义市场经济体制的今天，只有把以德育人提到以德治国的高度来认识和把握，把以德治国作为以德育人的目标去追求，才能从根本上实现道德教育的价值，并真正满足人们对崇高精神的追求。

## 三、以德治国与以德育人的价值实现

在现代社会条件下，如何以以德育人为基础，实施以德治国方略呢？

### （一）提高认识，增强道德教育力度

在现代社会条件下，要实施以德治国方略，首先要提高认识，划清界限，明确思想道德建设、道德教育的功能。要反对"道德无用论""道德妨碍经济发展""道德虚空"等唯物质价值的错误观点，克服把"德治"和"人治"等同并与"法治"对立的偏见，纠正现代化只讲法制现代化、不讲道德现代化的片面倾向，重新确立社会主义道德在现代社会的重要地位，充

分发挥道德在社会生活中的重要作用，大力张扬道德教育的治国、育人功能，从维护国家制度与秩序、推进民族发展的高度，强化道德教育的价值取向，增强道德教育力度，努力克服"物质文明建设'一手硬'、精神文明建设'一手软'，法制建设'一手硬'、道德建设'一手软'"的倾向。同时，在现代社会条件下，随着社会主义市场经济体制的形成与发展，人们的主体性、竞争性将不断增强；科学技术在社会生活中的广泛渗透与运用，更加需要合理的价值取向与正确的道德规范；经济发展依靠科技的现实，必然导致人才竞争和对人的内在潜能的开发；开放社会的复杂环境，必定要求人们能够自觉适应；大众传媒不断更新的大量信息，特别是互联网向社会各个领域的广泛延伸，更需要人们自觉地进行正确选择。所有这些新情况、新问题，不仅没有使道德关系简化，而是使道德关系更加复杂化；不仅使原有的道德关系增加了新的内涵，而且现代科技和现代经济所开辟的新领域，诸如信息领域、网络领域、竞争领域等，还折射出许多新的道德问题。因此，现代社会的合理性与价值取向性，较之过去更难把握，更需要道德规范人们的思想和行为，也更需要强有力的道德教育来维持市场经济和社会的秩序。否则，本来就复杂的现代社会就会陷于混乱。

### （二）开展以德育人与以法律人相统一的公民教育

在现代社会条件下，随着社会化程度的不断提高，道德与法纪的边界趋于模糊，二者的交叉与渗透更加明显。一定的道德可以转换为一定的制度规范，一定的法纪条文亦可以解读为一定的道德规范。现代社会道德与法纪这种相辅相成的关系，要求道德教育与法纪教育必须有机结合，克服教育的分割状态，提高教育的社会化程度。道德教育与法纪教育的统一，应当以合格公民为目标，在公民教育的基础上实现。因为一个合格公民不仅要遵守国家的法纪，享有国家赋予的权利，履行公民义务；而且要遵循社会的道德规范，享有道德权利，履行道德责任。公民教育能有效地避免教育之间的相互分离和脱离实际，可以把思想教育与政治教育、有形教育与无形教育、教育与管理结合起来，把个人与国家、社会通过道德与法纪联系起来，使教育落到实处，收到实效。公民教育以集体主义原则和为人民服务思想为指导，以公民应遵守的基本法纪和社会公德、职业道德、家庭美德为内容，以爱祖国、爱人民、爱劳动、爱科学、爱社会主义为基本要求，帮助每个公民明确自己的权利与义务，规范自己的思想与行为。因此，公民教育是把道德教育与法纪教育统一起来的有效教育方式，是实施以德治国与依法治国方略的重要途径。

### （三）从严治党和党员以德示范是以德治国的关键

国家的治理是在执政党的领导下统一进行的。对执政党的每个党员来说，道德要求应比普通公民更加严格，每个党员都应当首先是个好公民，都应当以德示范。党员只有以德示范，才能带领群众成为合格公民，才有履行共产主义道德责任的基础。

由于执政党在国家和社会生活中的特殊作用，以德治国在很大程度上就表现为以德治党、从严治党。在改革开放和发展社会主义市场经济的新形势下，党内一些人道德败坏，甚至严重违反党纪国法，不少案件涉案人员多、性质恶劣，在社会上和群众中造成很坏影响。这种行为既与一个合格公民的要求相去甚远，更与党全心全意为人民服务的宗旨格格不入，必须予以严惩。从严治党，首先要从最基本的事情做起，这就是要以德治党，要求党员以德示范，搞好党风。特别是要求党的各级领导干部以身作则。党是整个社会的表率，党的各级领导干部又是全党的表率。每个党员特别是党员干部，要带头做好公民，带头廉洁自律，以一颗平常心加强自身道德修养。只有在做一个良好公民的基础上，才能有效对党员进行共产主义理想教育和共产主义道德教育，才能坚定共产主义信念，牢记全心全意为人民服务的宗旨，坚持党性原则。共产党员如果不能做一个合格公民，不仅有损党的形象，对群众产生不良示范作用，而且会使公民教育流于形式，不起作用，以德治国没有基础。因此，从严治党、以德治党，要求党员以德示范，是实施以德治国方略的关键。

# 社会多样化与个体特色化发展的
# 核心价值主导 *

大学生是一个正在迅速成长的群体，其个性发展丰富多彩、千姿百态，特别是在社会多样化发展的环境中，各种社会因素更加促进了大学生主体意识的觉醒和个性的特色化。

## 一、社会多样化与大学生价值取向个性化新特点

在社会多样化发展的态势下，我国高校学生的思想状况与个性发展呈现出明显的特点。

一是多样性特点。社会主义市场经济体制的建立，赋予社会主体与个体自主权利，也就是各个社会主体与个体实际上是利益主体。由于社会主体与个体获取利益的目的、条件、方式不同，而且获取利益是在竞争状态下进行的，因而主体在价值取向上必定呈现多样性，在行为上必定是个性化的。不同阶层、不同类型、不同职业，乃至不同个体有不同的价值取向与不同的追求方式。尽管多数人尚能坚持我国社会主导价值观，但价值取向多样化已是不争的事实。有学者把我国改革开放以来的价值观概括为八个方面：改革开放价值观、和传统市场经济相适应的资本主义价值观、享乐主义价值观、个人主义价值观、爱国主义价值观、共产主义价值观、特殊事业的价值观和小团体主义价值观。[①] 也有学者认为有五种价值观并存：民本位价值观、权本位价值观、钱本位价值观、欲本位价值观、个人本位价值观。[②] 还有学者指出，我国社会价值取向的主要问题是功利主义与拜金主义、实用主义与短期行为、个人本位主义与极端利己主义、世俗化与物欲横流、理性主义与非理性主义。[③] 虽然这些观念概括的角度不同，但都反映出我国社会在转型过程中多种价值观并存的事实。这些不同性质、不同取向、不同层次的价值观，

---

* 原载于《学校党建与思想教育》2008 年第 4 期，作者曹群、郑永廷，收录时有修改。
① 陈建国：《价值观的冲突及价值互补论》，载《社会科学》1996 年第 8 期。
② 王能昌：《现阶段我国社会价值观述评》，载《赣南师院学报》1996 年第 5 期。
③ 陈刚：《文化转型时期的价值关怀》，载《南京社会科学》1995 年第 2 期。

对社会主导价值产生了一定的影响与冲击。

高校学生在多样化社会环境中，自然耳濡目染。他们不仅因受到地区、家庭经济、政策条件的制约和影响而形成了不同类型的群体，诸如贫困学生群体、单亲学生群体、独生子女学生群体等，而且因受到不同社会条件制约和不同社会因素影响而选择了不同的价值观念、交往方式与生活方式，诸如崇尚别国文化、宗教文化与大众文化，乐于与网络群体交往，追求个性化生活方式等。大学生价值取向的多样化，既有积极向上的，又有消极落后的；既有高尚文明的，又有低俗平庸的；既有符合主导价值取向的，也有背离主导价值取向的。而且，由于一些大学生的世界观、人生观尚未形成，在社会多样、多变等因素影响下，也形象地表现为多种类型："时装人"，指没有确定的价值取向，像改换时装一样不断地更换思想、观念和行为的学生；"平面人"，指缺乏思想深度与主体意识，表面化、面具化、感性化的学生；"实惠族"，指讲求实际，强调实用，只顾眼前，缺乏终极价值追求的学生；"新文化人"，指有强烈的自我意识，敢于向权威挑战，能够用自己独特的眼光和视角审视世界、审视自己、审视生活，从而做出自己选择的学生；"新理想派"，指能够保持灵魂的高洁和精神的自由，又不"独善其身"，对社会、对他人充满责任感，在自己的岗位上尽职尽责，以自己的方式关注社会的学生。

二是多重性特点。社会的多样化与个性特色化，逻辑地包含着社会主体与个体价值取向、存在与发展方式的多重性，即社会与个体存在方向、性质、特点上的差异，诸如公与私、真与假、善与恶、美与丑、荣与耻等不同性质行为的交织。大学生学习、生活在这样一个复杂、多变的社会条件下，一些学生会因缺乏社会生活经验，或仿效，或受骗，或从众，在其身上表现出多重性或不一致性。如有些学生的价值认知与价值行为存在双重性，表现为高认知、低行为的知行脱节现象；有些学生在公共场合态度积极而富有道德，在网络领域或私下行为时却心理灰暗而缺乏德性；有些学生对社会与他人要求与评价高标准，对自己却是低要求乃至放纵自身言行；有些学生在不同场合表现出不同人格，把道德变成了实用的工具。大学生在价值取向、发展方式上的这些多重性，也对社会主导价值产生了一定的影响与冲击。

三是矛盾性特点。社会价值取向、发展方式上的多重性，不是孤立存在和发展变化的，而总是相互联系、相互转化的，表现为复杂的矛盾状态。一些大学生面对这种矛盾状态，往往会产生许多迷茫与困惑。如有些学生在复杂的竞争过程中，顺利时心情阳光，逆境中心灰意冷；有些学生受到积极因素影响时向往崇高，受到消极因素影响时自甘落后。这些反映在大学生身上的矛盾，集中表现为价值取向和道德观念的矛盾。在社会转型期间，人们的价值观、道德观处于新旧交替、矛盾转化的状态是难以避免的，特别是大学生的价值观、道德观还处在形成过程之中，因而他们有迷茫与困惑是很自然的。为此，坚持用主导价值观引导和教育大学生，是帮助大学生解决矛盾困扰的基本途径。

四是从众性特点。社会价值取向、发展方式上的复杂、矛盾状态，对尚未完全确立、坚定主体性的大学生来说，其影响往往带有不确定性。社会中影响较大或较新的因素，容易被一些学生认同、接受从而形成一种潮流与倾向。如 20 世纪 80 年代初，一些学生对国外涌进的文化盲目追逐，出现过"文化热"；80 年代后期，在经济体制改革与经济大发展的促动下，一些大学生在校内外兴起了"经商热"；90 年代随着我国对外开放和对外交流的扩大，在大学生中形成了不小的"出国热"；90 年代后期至今，大学生中又出现了"考研热"、报考公务员的"从政热"。在大学生群体中，可以说"热潮""新潮"不断，这一方面反映了大学生对新事物的敏感与向往，另一方面也反映了一些学生受环境因素影响大，对新事物或新思潮缺乏自主判断，产生"从众"行为。这种"从众"行为之所以在大学生中容易形成，一是与我国社会改革发展快、新事物不断涌现的客观条件有关，二是与大学生乐于追求新颖、注重实惠与功用的特点有关。因此，高校德育必须根据社会发展的新情况，有针对性地进行价值观引导。

## 二、大学生思想政治教育的核心价值主导

社会多样化与大学生价值取向个性化的新特点，是在市场经济体制、信息社会、多元文化、民主政治条件下，人们自主、竞争、创新、发展的必然结果，它既体现了社会与个体发展的无限潜能与活力，也要求社会与个体发展遵循必要的规范。如果忽视或否定必要的政治、法制、道德规范，社会与个体发展就会丧失合理、长远的目标取向与行为准则，就会因个体价值取向的相互矛盾甚至冲突而丧失稳定的社会局面，就会影响民族凝聚力，削弱国家综合实力。因此，坚持社会主义社会核心价值主导，是既关系国家，也关系个人的根本利益之所在。

坚持核心价值主导，首先要坚持为人民服务的价值追求。马克思主义认为，人民群众的价值创造活动是历史发展的动力，是一切物质财富和精神财

富的源泉。离开了人民群众生气勃勃的历史创造活动，便无任何价值可言。人民群众是历史的创造者，是国家与社会的主人，是各项价值的创造者。为人民的利益而奋斗，这是共产党人的根本利益所在，也是共产党的宗旨，因此，社会主义的共同价值取向必然要求把为人民服务作为价值追求。正如邓小平所强调的："党的全部任务就是全心全意地为人民群众服务；党对于人民群众的领导作用，就是正确地给人民群众指出斗争的方向，帮助人民群众自己动手，争取和创造自己的幸福生活。"① 在高校学习的大学生，其学习的各种条件主要是由人民群众创造的。人民群众已经为我们学习、成长提供了服务，我们也理所当然地要回报人民群众，用自己所学的知识、技能为社会发展服务，为人民群众做贡献。而且，我们所处的时代，再不是一个自给自足的农耕时代，而是一个开放、社会化程度很高的时代，是一个专业分工细密、相互配合严密的时代。在这个时代，人们只能相互服务，谁也离不开谁；否则，社会运行的链条就会断裂，就会导致混乱。因此，个人中心主义、自私自利行为，不仅违背社会主义价值观，而且与时代要求格格不入。

其次，坚持实现共同富裕的价值目标。社会主义对广大人民群众来说，它的最大价值就是在不断发展生产力的基础上保证全体人民过上共同富裕的生活。邓小平强调，社会主义的价值取向的最后立脚点和归宿应该是共同富裕的目标，他指出："社会主义原则，第一是发展生产，第二是共同致富。"② 他还把社会主义的本质概括为"解放生产力，发展生产力，消灭剥削，消除两极分化，最终达到共同富裕"③。实现共同富裕的目标，是中国共产党领导人民几十年艰苦奋斗的不懈追求。对于长期处于贫穷落后状态的中国人民来说，共同富裕的目标具有强烈的吸引力，是鼓舞和激励人民斗志的巨大精神力量，也是社会主义在中国有强大生命力的原因所在。

社会主义荣辱观是实现共同富裕价值目标的重要保证。胡锦涛在全国政协会上提出的以"八荣八耻"为主要内容的社会主义荣辱观，是非标准鲜明、价值导向明确，体现了中华民族传统美德和当今时代精神的结合，体现了依法治国和以德治国的有机统一，具有鲜明的民族性、时代性、实践性和针对性，是实现共同富裕价值目标的重要保证。

最后，坚持"三个有利于"的价值标准。价值标准是价值判断的依据，

---

① 《邓小平文选》第 1 卷，人民出版社 1993 年版，第 217 页。
② 《邓小平文选》第 3 卷，人民出版社 1993 年版，第 172 页。
③ 《邓小平文选》第 3 卷，人民出版社 1993 年版，第 373 页。

是评价真假、善恶、美丑、得失的价值尺度，是主体需要和利益的集中体现。价值标准是社会主义共同价值取向的一个重要内容。用什么标准来指导我们社会主义的价值选择，来判断我们社会主义价值行为的得失取舍？邓小平十分明确地指出："要看是否有利于发展社会主义社会的生产力，是否有利于增强社会主义国家的综合国力，是否有利于提高人民的生活水平。"[1]这"三个有利于"标准的提出，从根本上规范了人们的思想和行为，一切符合"三个有利于"标准的思想、行为、路线、方针、政策，都是正确的，都应当提倡和鼓励。

## 三、开展大学生社会主义核心价值体系教育

我国社会的核心价值体系，是我国的主导价值取向，它包括马克思主义指导思想、中国特色社会主义共同理想、以爱国主义为核心的民族精神和以改革创新为核心的时代精神、社会主义荣辱观。

一个社会的核心价值体系，是一个社会的灵魂与旗帜，是引导、规范社会多样化和个体特色化的准则，是推进社会与个体发展的思想基础与保证。一个社会如果没有明确的核心价值体系，这个社会是难以维系和发展的。根据社会主体与个体自主性和选择性增强、社会多样化和个体特色化发展的实际，党的十六届六中全会进一步明确了我国的核心价值体系。

马克思主义指导思想是社会主义核心价值体系的灵魂。我国是社会主义国家，马克思主义是我们党和国家的根本指导思想，是社会主义核心价值体系的灵魂和旗帜，它决定着社会主义核心价值体系的性质和方向。随着我国经济社会发生深刻变化，社会意识出现了多样化倾向。面对这样的情况，我们必须更加坚定地坚持马克思主义的指导地位不动摇，坚持用发展着的马克思主义指导实践，牢牢掌握意识形态领域的指导权、主动权、话语权。在这个前提下，尊重差异，包容多样，充分挖掘和鼓励不同阶层、不同群体所蕴含的积极向上的思想精神，更好地用社会主义核心价值体系引领社会思潮，最大限度地形成思想共识，凝聚力量，齐心协力建设中国特色社会主义。党和国家特别重视对大学生进行马克思主义理论教育，其目的就是要把这些在我国未来社会起骨干作用的群体，培养成为社会主义的建设者和接班人，能够自觉坚持马克思主义指导。为此，高校一定要把系统的马克思主义理论教

---

① 《邓小平文选》第3卷，人民出版社1993年版，第117页。

育作为最重要的"灵魂工程"加以建设，以马克思主义理论引导大学生的特色化发展。

中国特色社会主义共同理想是社会主义核心价值体系的主题。理想体现了人们对美好生活的向往和追求，是一个国家和民族奋勇前进的精神动力。随着社会主义市场经济深入发展，我国经济成分、组织形式、就业方式、利益关系和分配方式日益多样化，不可避免会出现社会意识的多样化，这就必须要有一个能够代表广大人民根本利益、为社会各个阶层广泛认可和接受、能有效凝聚各个方面智慧和力量的共同理想。有共同理想，才能有共同步调。这个共同理想，就是在中国共产党领导下，走中国特色社会主义道路，实现中华民族的伟大复兴。这个共同理想，把党在社会主义初级阶段的目标、国家的发展、民族的振兴与个人的幸福紧密联系在一起，把各个阶层、各个群体的共同愿望有机结合在一起，有着广泛的社会共识，具有强大的感召力、亲和力和凝聚力。当代大学生，是中国特色社会主义建设的生力军，担当着实现中华民族伟大复兴的历史重任。能否牢固树立中国特色社会主义共同理想，既关系到他们个人的成长与成功，更关系到我国未来的前途与命运。为此，高校必须把教育大学生形成共同理想作为主题，把学生的思想、行为引导到中国特色社会主义现代化建设上来。

民族精神和时代精神是社会主义核心价值体系的精髓。民族精神是民族文化最本质、最集中的体现，以爱国主义为核心的伟大民族精神，已经深深地融入我们的民族意识、民族品格、民族气质之中，成为各族人民团结一心、共同奋斗的价值取向。以改革创新为核心的时代精神，是马克思主义与时俱进的理论品格、中华民族自强不息精神与改革开放和现代化建设实践相结合的伟大成果，已经深深地融入我国经济、政治、文化、社会建设的各个方面，成为各族人民不断开创中国特色社会主义事业新局面的强大精神力量。我国大学生对民族精神与时代精神的感受是最敏感的，对我国当代社会发展和改革开放中涌现的新事物高度认同。高校德育要根据大学生的这一特点，结合社会发展实际，把爱国主义教育、改革开放教育作为重点，进一步激发学生的爱国热情、创新精神。

社会主义荣辱观是社会主义核心价值体系的基础。确立和实践社会主义核心价值体系，必须以全体社会成员的道德修养和素质为基础。以"八荣八耻"为主要内容的社会主义荣辱观，是对与社会主义市场经济相适应、与社会主义法律规范相协调、与中华民族传统美德相承接的社会主义思想道德体系全面、系统、准确、通俗的概括。它旗帜鲜明地指出了在社会主义市场经济条件下，应当坚持和提倡什么、反对和抵制什么，为全体社会成员判断行为得失、做出道德选择、确定价值取向，提供了基本的准则和规范。高校德育要以这些基本准则和规范要求学生，使学生的言行既符合社会发展的需要，又满足自身成长的需要。

　　社会主义核心价值体系这四个方面的内容相互联系、相互贯通、相互促进，是有机统一的整体。坚持用社会主义核心价值体系教育和引导大学生，是主导大学生多样化、特色化发展的根本保证。

# 社会主义核心价值观主导与多样价值追求协调新常态研究[*]

　　研究为什么要坚持社会主义核心价值观主导与多样价值追求协调新常态，研究坚持社会主义核心价值观主导与多样价值追求协调新常态需要解决的主要理论与实际问题，以及社会主义核心价值观主导与多样价值追求协调新常态形成的要义等，是培育和践行社会主义核心价值观的必然要求。

一

　　新常态，从字面上理解，"新"就是"有异于旧"，"常态"就是经常发生、存在的状态，新常态就是不同以往的、相对稳定的状态。"新常态"这一概念，是习近平同志 2014 年 5 月 10 日考察河南时第一次提出来的。他说："我国发展仍处于重要战略机遇期，我们要增强信心，从当前我国经济发展的阶段性特征出发，适应新常态，保持战略上的平常心态。"[①] 在 2014 年 12 月 9 日举行的中央经济工作会议上，习近平同志强调："我国经济发展进入新常态，是我国经济发展阶段性特征的必然反映，是不以人的意志为转移的。认识新常态、适应新常态、引领新常态，是当前和今后一个时期我国经济发展的大逻辑。"[②] 新常态之"新"，意味着不同以往；新常态之"常"，意味着相对稳定。新常态的主要表现为我国经济发展必须进入高效率、低成本、可持续的增长阶段。习近平同志把经济发展新常态提升到了国家战略高度，各个领域必须高度重视。因为经济发展的进程与成果，决定和影响着其他领域，包括思想文化领域。思想文化领域不仅要适应经济发展新常态，而且要引领经济发展新常态。

　　党的十八大以来，与经济基础领域发展新常态相伴兴起的另一个重要活动，就是上层建筑领域的培育和践行社会主义核心价值观，其要旨是要形成

224

---

　　[*] 原载于《社会主义核心价值观研究》2015 年第 1 期，收录时有修改。

　　[①] 习近平：《深化改革发挥优势创新思路统筹兼顾　确保经济持续健康发展社会和谐稳定》，载《人民日报》2014 年 5 月 11 日。

　　[②] 李文：《深刻认识我国经济发展新常态》，载《人民日报》2015 年 6 月 2 日。

社会主义核心价值观主导与多样价值追求协调新常态。社会主义核心价值观，蕴含着党的政治主张，标示着我国的奋斗目标，规定着人们的道德准则，体现着人民的精神追求。它既引领、规范经济社会发展的新常态，也指导、规范思想文化建设的新常态。因而，培育和践行社会主义核心价值观，有利于更好地弘扬共同理想、凝聚精神力量、建设道德风尚，推进我国社会科学发展与人的全面发展。

马克思以历史唯物主义观点论述了价值产生的根源，认为"'价值'这个普遍的概念是从人们对待满足他们需要的外界物的关系中产生的"①。价值观则是人对周围的客观事物（包括人、事、物）的意义、重要性的总评价和总看法。核心价值观简要而言就是社会群体判断社会事务时依据的是非标准与行为准则。社会主义核心价值观，就是对我国社会的意义、重要性的总评价和总看法，既是价值目标，又是价值标准。

社会主义核心价值观是体现中国特色社会主义根本性质的价值观。其本质特征一是阶级性与人民性的统一，即它不仅是社会主义价值的集中展现与发展，而且是现阶段反映我国广大人民价值观"最大公约数"的价值观，是我国人心所向、众望所归的价值诉求；二是民族性与世界性的统一，即社会主义核心价值观既继承、弘扬了我国优秀文化传统，又面向世界借鉴了人类历史发展进程中进步的价值观念；三是现实性与超越性的统一，即社会主义核心价值观既是我们判断现实价值是非的标准，也是我们价值追求的目标。因而，社会主义核心价值观在我国社会起着主导、引领作用。正如习近平同志所强调的："人类社会发展的历史表明，对一个民族、一个国家来说，最持久、最深层的力量是全社会共同认可的核心价值观。核心价值观，承载着一个民族、一个国家的精神追求，体现着一个社会评判是非曲直的价值标准。"② 他还运用传统文化的要义，讲了核心价值观的作用："核心价值观，其实就是一种德，既是个人的德，也是一种大德，就是国家的德、社会的德。国无德不兴，人无德不立。如果一个民族、一个国家没有共同的核心价值观，莫衷一是，行无依归，那这个民族、这个国家就无法前进。"③ 西方思想家威廉·A. 多诺休在其著作《新自由——美国社会生活中的个人主义与集体主义》中，从集体主义的角度，分析了西方国家以个人主义价值

---

① 《马克思恩格斯全集》第 19 卷，人民出版社 1963 年版，第 406 页。
② 《习近平总书记系列重要讲话读本》，学习出版社 2014 年版，第 92-93 页。
③ 《习近平谈治国理政》第 1 卷，外文出版社 2018 年版，第 168 页。

观为主导的危害，并阐述了社会主导价值观的作用。他认为，如果一个社会没有主导的价值观，个人随意选择接受某个规范或价值，随意放弃他不同意的东西，这对于社会的存在是颠覆性的；道德的大杂烩是道德的灾难，它将破坏自由的美妙前景。

2006 年 10 月，党的十六届六中全会通过的《中共中央关于构建社会主义和谐社会若干重大问题的决定》，首次明确提出了社会主义核心价值体系的内容：建设社会主义核心价值体系，形成全民族奋发向上的精神力量和团结和睦的精神纽带。马克思主义指导思想、中国特色社会主义共同理想、以爱国主义为核心的民族精神和以改革创新为核心的时代精神、社会主义荣辱观，构成社会主义核心价值体系的基本内容。2012 年，党的十八大报告提出："倡导富强、民主、文明、和谐，倡导自由、平等、公正、法治，倡导爱国、敬业、诚信、友善，积极培育和践行社会主义核心价值观。"① 2013 年，中共中央办公厅印发《关于培育和践行社会主义核心价值观的意见》，阐述了社会主义核心价值观与社会主义核心价值体系的关系，强调培育和践行社会主义核心价值观，对于巩固马克思主义在意识形态领域的指导地位、巩固全党全国人民团结奋斗的共同思想基础，对于促进人的全面发展、引领社会全面进步，对于集聚全面建成小康社会、实现中华民族伟大复兴中国梦的强大正能量，具有重要现实意义和深远历史意义。

因此，坚持社会主义核心价值观的主导、引领作用，是我国各条战线、各个领域、各类人员实现价值取向、价值追求、价值获取新常态的根本准则与保证。偏离、违背社会主义核心价值观，就会由价值观的偏差、错误导致行为不轨、社会不公甚至局面混乱。

## 二

坚持社会主义核心价值观主导与多样价值追求协调新常态，当前面临的主要理论与实际问题是相互依存、共同影响的。

主要理论问题是要深化对社会主义核心价值观精神实质、结构与功能的认识。习近平在 2014 年五四青年节与北京大学师生座谈时，对社会主义核心价值观的精神实质做了概括，他说，社会主义核心价值观"实际上回答了我们要建设什么样的国家、建设什么样的社会、培育什么样的公民的重大

---

① 《胡锦涛文选》第 3 卷，人民出版社 2016 年版，第 638 页。

问题"①。这就是说，社会主义核心价值观，是指有中国特色的社会主义核心价值观，是中国特色社会主义经济、政治、文化、社会、生态关系的价值反映，是实现中华民族伟大复兴的价值目标与价值标准，它包含并引领着人们的利益追求与获取，规范全社会的价值取向、价值关系。因而，只有站在我国社会发展与人的全面发展的高度，只有立足于社会与人的长远发展，避免并克服陷于眼前与具体利益的价值观，才能认识、理解社会主义核心价值观的精神实质。

社会主义核心价值观的精神实质，通过社会主义核心价值观的结构与功能体现出来。社会主义核心价值观的结构，就是社会主义核心价值观的构成要素及构成方式。社会主义核心价值观包括国家层面的价值目标、社会层面的价值取向、个人层面的价值准则。"富强、民主、文明、和谐"是实现民族复兴伟大梦想的国家目标，是全社会和全体中国人民的价值追求，是中国特色社会主义"五位一体"总目标的价值概括，反映了社会主义核心价值观的根本取向，居于最高层次，统领其他层次的价值理念；"自由、平等、公正、法治"是马克思主义的社会理想，也是社会主义的价值目标，体现了市场经济的自由、平等特点，也体现了社会主义的公正、法治准则两方面的辩证统一，是社会组织和群体必须遵循的最基本价值观，对其他社会层面的价值观起制约、引领作用；"爱国、敬业、诚信、友善"是个人层面的价值准则，是公民处理国家与个人、单位与个人，以及自己与他人等主要社会关系时的基本价值遵循，涵盖社会公德、职业道德、家庭美德、个人品德等方面，是中国特色社会主义对公民的基本道德要求，也是公民的立身之本、成事之基，是社会主义核心价值观的公众取向。三个层面各有侧重、相互依存、相互贯通，把个人与国家、社会联系起来，覆盖社会各个领域、统筹各种关系，与每个人的切身利益密切相关。正是社会主义核心价值观的系统结构，决定了社会主义核心价值观的基本功能，即巩固马克思主义在意识形态领域的指导地位，巩固全党全国人民团结奋斗的共同思想基础；促进人的全面发展，引领社会全面进步；集聚全面建成小康社会、实现中华民族伟大复兴中国梦的强大正能量；应对多元多样多变价值观的挑战。

现阶段社会的主要实际问题，是要解决价值观的失衡和片面、偏差和扭曲。掌握社会主义核心价值观的精神实质、结构与功能，目的是分析我国社会价值领域的现状，认识和解决价值追求的实际问题。应当充分肯定，社会

① 《习近平谈治国理政》第 1 卷，外文出版社 2018 年版，第 169 页。

主义核心价值观是我国各族人民价值观的"最大公约数"，是凝聚和引领人们团结奋进的一面精神旗帜。正如习近平同志所说："我国是一个有着13亿多人口、56个民族的大国，确立反映全国各族人民共同认同的价值观'最大公约数'使全体人民同心同德、团结奋进，关乎国家前途命运，关乎人民幸福安康。"① 所以，党的十八大提出培育和践行社会主义核心价值观后，受到广大人民的积极响应，主动学习、努力实践社会主义核心价值观的活动，在我国各条战线广泛开展。特别是广大干部和青年，充分认识到树立正确价值观、提升思想政治素质、坚定中国特色社会主义共同理想的意义，对中国共产党的领导、对改革开放政策、对我国未来的发展更加充满信心，对中国特色社会主义的道路自信、理论自信、制度自信更加充分。

同时，我们也要清醒地看到，在开放环境、信息社会、多元文化条件下，人们受到各种不同性质价值观的影响，特别是资本主义国家个人主义、享乐主义价值观，阻碍、冲击着社会主义核心价值观的培育和践行。一是有些单位与个人价值追求失衡与片面，甚至出现价值观偏差和扭曲，诸如过分追求物质价值，忽视精神价值；过分重视科技价值，忽视人文价值；过分强调眼前价值，忽视长远价值；过分维护自身利益，忽视集体利益。有的单位与个人为了眼前、个人利益，不惜以污染环境、破坏生态为代价，以损人利己、违法乱纪为手段。这种价值观的失衡和片面、偏差和扭曲，既是对经济社会发展新常态的阻抗，也是对社会主义核心价值观主导与多样价值追求协调新常态的冲击。二是"一些领域存在道德失范、诚信缺失现象；……少数党员干部理想信念动摇、宗旨意识淡薄，形式主义、官僚主义问题突出，奢侈浪费现象严重；一些领域消极腐败现象易发多发，反腐败斗争形势依然严峻"②。道德失范、诚信缺失、理想信念动摇、宗旨意识淡薄、官僚主义突出、奢侈浪费严重，这些问题对照社会主义核心价值观，都可以找到其缺乏和丧失的内容，因而解决这些问题的主要办法，就是培育和践行社会主义核心价值观。三是"新形势下，党面临的执政考验、改革开放考验、市场经济考验、外部环境考验是长期的、复杂的、严峻的，精神懈怠危险、能力不足危险、脱离群众危险、消极腐败危险更加尖锐地摆在全党面前"③。党的十八大报告在分析党面临的"四大危险"时把精神懈怠危险放在首位，

---

① 《习近平谈治国理政》第1卷，外文出版社2018年版，第168页。

② 《胡锦涛文选》第3卷，人民出版社2016年版，第616页。

③ 《胡锦涛文选》第3卷，人民出版社2016年版，第653页。

是因为精神懈怠既关系到党是否能经受"四大考验"，关系到另外"三大危险"的解决，也影响广大群众与社会风气。所谓懈，即松懈；所谓怠，即懒惰。精神懈怠就是思想松懈、情绪怠慢，其表现是精神疲软、情绪低落、意志衰退、目标模糊。有这种状况的党员和群众，常常取向犹豫不决，目标摇摆不定；情绪波动起伏，迷惘、困惑、郁闷；精神动力缺乏，状态散漫倦困。其本质是没有确立和坚定理想信念。习近平同志对这种状况进行了形象而又深刻的分析："理想信念坚定，骨头就硬；没有理想信念，或理想信念不坚定，精神上就会'缺钙'就会得'软骨病'……就可能导致政治上变质、经济上贪婪、道德上堕落、生活上腐化。"① 为此，习近平同志特别强调："坚定理想信念，坚守共产党人精神追求，始终是共产党人安身立命的根本。有了坚定的理想信念，站位就高了，眼界就宽了，心胸就开阔了，就能坚持正确政治方向，在胜利和顺境时不骄傲不急躁，在困难和逆境时不消沉不动摇，经受住各种风险和困难考验，自觉抵制各种腐朽思想的侵蚀，永葆共产党人政治本色。"② 共产党人和广大人民，要树立坚定的理想信念，就是树立中国特色社会主义共同理想，实现中华民族的伟大复兴，就是把我国建成"富强、民主、文明、和谐"的社会主义强国。这既是党的基本路线确立的伟大目标，也是社会主义核心价值观的主要内容。开展社会主义核心价值观教育和理想信念教育，二者的实质与目的是相通的，是解决价值观的失衡和片面、偏差和扭曲的根本出路。因而，坚定"富强、民主、文明、和谐"的目标，树立中国特色社会主义共同理想并为之努力奋斗，是坚持社会主义核心价值观主导与多样价值追求协调新常态的关键。

## 三

社会主义核心价值观主导与多样价值追求协调新常态，是一项系统工程，既涉及主观与客观、理论与实际、现实与历史、国内与国外等复杂关系，又关系到政治、经济、文化、社会、生态等各种要素，还要不断抵制、克服错误价值观的干扰与冲击。为此，必须切实把握以下要义。

第一，处理好社会主义核心价值观主导与多样价值追求的辩证关系。社会主义核心价值观，是我国社会各种各样价值观的核心，在我国社会起主

① 《习近平谈治国理政》第 1 卷，外文出版社 2018 年版，第 159 页。

② 《习近平总书记系列重要讲话读本》，学习出版社 2014 年版，第 159–160 页。

导、引领作用。社会主义核心价值观在社会各个领域，具体的表现形式、状态是丰富多彩的；而且人们还要追求一些具体价值，诸如职业事业价值、恋爱婚姻价值、休闲娱乐价值、日常生活价值等。这样就存在社会主义核心价值观与多样价值追求的关系，这一关系实际上是辩证统一的关系。这种辩证统一关系，在理论上是主导性与多样性这一古老哲学命题的展开，在实践上则是社会价值领域发展的基本样态。具体说来，多样化价值追求在任何社会都是存在的，一个社会不可能只有单一的价值观念与价值追求；但是，多样化价值观念与价值追求，必须要符合这个社会的主导价值观，即核心价值观，正如习近平同志所说的："人类社会发展的历史表明，对一个民族、一个国家来说，最持久、最深层的力量是全社会共同认可的核心价值观。核心价值观，承载着一个民族、一个国家的精神追求，体现着一个社会评判是非曲直的价值标准。"① 没有核心价值观，多样化价值观念与价值追求就会因为没有主导方向、发展目标、价值准则而陷于相互矛盾甚至冲突。因而，多样价值观念与价值追求是核心价值观形成并发挥作用的基础，而核心价值观则是主导、引领多样价值观念与价值追求的保证。我们既不能片面地强调多样价值观念与价值追求的重要性而回避、摆脱核心价值观的主导与引领，也不能孤立地突出核心价值观的主导、引领作用而代替多样价值观念与价值追求，只能坚持社会主义核心价值观主导与多样价值追求的辩证统一。

第二，充分发挥社会主义核心价值观的教育、引导、规范、矫正功能，形成正确价值追求的强大舆论与氛围。社会主义核心价值观，是我国社会的导航仪、稳定器，是中华民族长治久安的法宝。维护社会主义核心价值观的权威，充分发挥社会主义核心价值观的主导、引领作用，是每个共产党员、每个公民的神圣职责。我国正处在改革深化、开放扩大、各种深层次问题显露的攻坚克难阶段，加上当代社会发展的多样性、多变性特点，在价值取向、价值追求上产生一定的矛盾乃至冲突在所难免。面对价值观念与价值追求的矛盾与冲突，首先要敢于正视，不要回避与掩盖。因为对任何错误价值观念与价值追求的容忍与迁就，就是对社会主义核心价值观的伤害与否定，就是阻止社会主义核心价值观主导与多样价值追求协调新常态的格局。其次，要深入分析价值追求失衡、片面、偏差、错误的表现、危害与根源，善于运用社会主义核心价值观进行主导、引领；对"杀鸡取卵""竭泽而渔"的急功近利价值追求，要尽快制止；对资本主义社会个人主义、享乐主义价

---

① 《习近平谈治国理政》第 1 卷，外文出版社 2018 年版，第 168 页。

值观的侵袭要进行抵制、批判；对违法乱纪、获取不正当权益的行为要坚决打击。只有这样，社会主义核心价值观才能真正发挥作用，社会才能形成正确价值追求的强大舆论与氛围，个人才能自觉坚持正确价值观念与价值行为。

第三，社会主义核心价值观培育和践行融入社会生活与各种载体。习近平同志强调："一种价值观要真正发挥作用，必须融入社会生活，让人们在实践中感知它、领悟它。要注意把我们所提倡的与人们日常生活紧密联系起来，在落细、落小、落实上下功夫。"① 这就要求社会主义核心价值观培育和践行要融入各类教育活动，发挥社会主义核心价值观在教育中的主导、引领力；要融入各种文化建设，借助文化载体增强社会主义核心价值观的渗透力；要融入管理服务，使社会主义核心价值观在遵循规范、执行制度、按章办事过程中富有影响力；要融入工作实际，帮助人们从大处着眼、小处着手，在本职工作中为实现社会主义核心价值观而努力。此外，社会的新兴媒介，如电视、手机、电子书刊等，还有微信、微博等传播渠道，已经成为人们社会生活不可缺少的部分，特别是青年受新兴媒介的影响更为突出。因而，要本着对青年负责、对人民负责、对国家负责的立场和态度，以社会主义核心价值观为主导，办好、管好媒体，使其成为传播正能量的平台。同时，要引导青年正确认识、对待新兴媒介，"善于明辨是非，善于决断选择。'学而不思则罔，思而不学则殆。'是非明，方向清，路子正，人们付出的辛劳才能结出果实"② 。如果媒体传播错误价值观念与价值倾向，就会导致一些青年是非不分、迷惘困惑，有的青年甚至陷于错误价值观的泥坑不能自拔，这不仅阻碍青年的健康成长，而且冲击社会主义核心价值观主导与多样价值追求协调的新常态。

第四，从中华优秀传统文化中汲取价值观念的丰富营养。习近平同志指出："中华优秀传统文化已经成为中华民族的基因，植根在中国人内心，潜移默化影响着中国人的思想方式和行为方式。今天，我们提倡和弘扬社会主义核心价值观，必须从中汲取丰富营养，否则就不会有生命力和影响力。"③ 2014 年五四青年节，习近平在同北京大学师生座谈时，系统论述了社会主义核心价值观与中华优秀传统文化的关系，充分说明了社会主义核心价值观

① 《习近平谈治国理政》第 1 卷，外文出版社 2018 年版，第 165 页。
② 《习近平谈治国理政》第 1 卷，外文出版社 2018 年版，第 173 页。
③ 《习近平谈治国理政》第 1 卷，外文出版社 2018 年版，第 170 页。

是对中华优秀传统文化的继承和升华，充分肯定了社会主义核心价值观是中华优秀传统文化在现代社会的延续，充分阐述了中华优秀传统文化是社会主义核心价值观的深厚沃土。因此，我们要培育和践行社会主义核心价值观，既要坚持我国的根本制度，又要立足于我国的文化国情，"一个民族，一个国家，必须知道自己是谁，是从哪里来的，要到哪里去，想明白了、想对了，就要坚定不移朝着目标前进"[1]。只有这样，我们坚持社会主义核心价值观，建设具有悠久历史和丰富文化传统的中国，才有根深蒂固的基础，才能坚定地走向未来。忽视、否定我国优秀传统文化，就是数典忘祖，就是对我国历史的无知，这样的人不仅发展取向模糊，而且缺少发展的根基与动力。向往、追求资本主义社会的个人主义、享乐主义价值观，就是崇洋媚外，就是对社会主义核心价值观的背离，这样的人不仅与我国社会发展相矛盾，而且对错误价值追求到一定限度时，必定会受到社会的惩罚。

---

[1] 《习近平谈治国理政》第1卷，外文出版社2018年版，第171页。

# 社会主义荣辱观对传统道德价值观的
# 历史超越及其意义 <sup>*</sup>

在当今经济全球化、社会信息化、文化多样化迅速发展的新形势下，胡锦涛同志根据我国全面建设小康社会的需要，以面向世界竞争和我国社会全面发展的视野，站在增强综合国力、全面实施人才强国战略和推进社会文明发展的高度，提出了社会主义荣辱观。社会主义荣辱观是对我国优秀传统文化的继承与发展，是指导我国人与社会健康发展的思想指南。

## 一、社会主义荣辱观对传统道德价值观的扬弃

古代中国是一个以伦理为主导、以德治与德教为主要治国方略的国家，享有"伦理之邦"的美誉，道德资源十分丰厚。

我国的传统道德是一种人伦道德，关注的主要是人伦关系，即君臣、父子、夫妇、兄弟、师生之间的道德关系，强调君公臣忠、父慈子孝、夫爱妻敬、兄友弟恭、尊师爱生。其基本精神是讲信修睦、乐群贵和、以德相交、严己宽人。基本特征是人际关系的依附与协调。这一文化特性，使中国古代社会整体凝聚的优势与个体依附的局限兼具。一方面，传统道德文化在维持社会秩序、维护国家稳定、协调人际关系、提高道德境界等方面，具有重要作用，使得中国这样一个文明古国，依靠道德文化的支撑与凝聚，形成多民族、广地域的基本统一格局，延续几千年发展而自立于世界民族之林。其强调人与人、人与社会、人与自然之间"协调""和谐"的内容，不论是在历史上，还是在当代社会，不论是对中国，还是对世界，都是一种积极的文化资源。另一方面，我国的传统道德由于过分注重人伦关系，其局限与缺陷也较为明显：一是使社会主要从人际关系寻求资源，而忽视从科技、制度、知识寻求资源，造成对经济活动、科技活动重视不够。所谓"重义轻利""重道鄙器"的价值取向，就是对道德价值的充分肯定，而对物质价值、科技价值的漠视。这种情况一方面制约了社会消费水平的提高和物质生产与科学

* 原载于《思想理论教育导刊》2006年第6期，作者郑永廷、袁本新，收录时有修改。

技术的发展；另一方面，也导致了道德与经济、科技的分离，造成经济活动、科技活动因职业道德的缺失而人文动力不足，道德生活也因缺乏经济活动、科技活动的基础而显得单一与空泛。二是形成了以纲常为准则和以家族为基础的伦理传统，忽视经济、科技等职业活动及其广泛交往中的道德规范。古代的"三纲六纪""三纲五常""五伦""十义"等伦理思想，都是对小范围、直接发生关系人群的道德规范，即在家庭中"夫妇有别、长幼有序"，在家族中以辈分决定尊卑先后，在国家范围按等级划分人的身份。人们根据自己与家庭、家族和国家的道德关系，各自都有一套相应的道德规范和要求，安分守己，世代相传，不可逾越。

我国古代社会的这两种道德倾向，是在以农立国的自然经济条件下和家国一体的政治格局中，以家庭为基础、以血缘关系为纽带而形成、发展起来的。人们自给自足地进行生产和生活，社会联系和交往十分有限，封闭式的小农经济限制了社会关系的地域广度和空间范围，社会化程度不高，其道德表现就是私德发达而公德欠缺，人伦道德丰富而职业道德式微，其基本特征是封闭与狭隘。

由于历史的原因，我国进行现代化建设的时间较晚，一些传统的文化道德意识难以很快改变。如一些官员把公共权利视为个人与家族的特权，甚至利用权力"骄奢淫逸"；一些经营者在市场交换与社会交往中，面对广大消费者不讲诚信，搞假冒与欺骗；一些人在不同的活动领域与场合，表现出不同的道德行为与人格特征；等等。这些缺乏开放道德、职业道德、公共道德的现象，既与道德建设滞后有关，也与道德传统的影响有关。

胡锦涛同志以面向世界和我国社会发展的视野，站在增强综合国力、推进人才强国战略和社会文明发展的高度，强调"当今世界的综合国力竞争，说到底是民族素质竞争"①。而人的思想道德素质，是最重要的素质。要推进社会主义现代化的伟大事业，实现中华民族的伟大复兴，要求每个公民必须正确处理好个人与国家、个人与人民、个人与他人的道德关系，"坚持以热爱祖国为荣、以危害祖国为耻"，"以服务人民为荣、以背离人民为耻"，"以团结互助为荣、以损人利己为耻"。社会主义荣辱观突破了以小农经济和家族为基础、以封闭与狭隘为特征的传统道德局限，提出了面向世界竞争，面向国家、人民和他人的道德要求，既继承了我国注重德治与德教的文化传统，又实现了对传统道德的开放性超越，赋予道德要求、道德建设新的

① 胡锦涛：《牢固树立社会主义荣辱观》，载《求是》2006年第9期。

时代特征，为道德生活提供了开放而广阔的空间，为我国适应并推进经济全球化、社会信息化与和谐社会建设，确定了正确的价值导向与思想指南。

## 二、社会主义荣辱观道德价值的深刻内涵

改革开放以来，我国首先进行了经济体制改革，即逐步推进计划经济体制向市场经济体制的转变，遵循价值规律，调节生产、交换、分配、消费等经济关系，发挥市场机制在资源配置中的基础性作用，有力推进了经济、科技的发展。同时，这也对道德生活产生了剧烈冲击。官场的"权钱交易"、市场的"缺德交易"、文场的"钱学交易"已不是个别现象。这些现象表明，道德生活尚未完全确立与市场经济、现代科技发展相一致的规范。社会上的各种丑恶现象虽表现各异，但实质相同，都是以损害、败坏道德为代价而获取不当利益。这种损害、败坏道德的行为，不仅搅乱了社会秩序、败坏了社会风气，而且造成了巨大的经济损失。2002年3月25日，中国企业联合会理事长张彦宁透露，"中国每年因为逃避债务造成的直接损失约1800亿元人民币，由于合同欺诈造成的直接损失约55亿元人民币，因产品质量低劣和制假售假造成的各种损失至少有2000亿元人民币，由于'三角债'和现款交易增加的财务费用约有2000亿元人民币。诚信缺失造成的损失高达5855亿元人民币"[①]。这些数据说明，在当代社会条件下，道德不仅是一种规范，而且是一种资源；不仅是精神财富，而且可以转化为物质财富。

胡锦涛同志强调："树立良好的社会风气是广大人民群众的强烈愿望，也是经济社会顺利发展的必然要求。"[②] 良好的社会风气，归根结底是由人们的道德风尚所决定的。良好的道德风尚，是形成正常的社会秩序与良好社会风气的条件，是社会的重要资源；对个体而言则是生命价值与生活意义的集中表现。胡锦涛同志在新的历史条件下，把人、社会对道德的需要，把道德对人与经济、社会发展的作用，进行了综合与归纳，全面阐述了道德的功能，赋予道德人文、经济价值以新的内涵，具有很强的现实针对性。

我国虽然道德资源丰厚，但缺乏新形势下经济、科技、职业活动的道德规范。于是，一些人往往习惯于把自然经济条件下的人伦道德规范用于现代经济、科技活动，从而使经济、科技活动陷入狭隘、封闭、自私的道德范

---

[①] 王芳：《中国急需健全诚信机制》，载《求实》2004年第6期。

[②] 《胡锦涛文选》第2卷，人民出版社2016年版，第430页。

畴。而在激烈的竞争中，一些人往往较为重视有形的、能指标化的经济、科技价值，而忽视无形的、难以指标化的精神、道德。这种对道德的忽视、漠视，不利于人与社会的健康发展。

市场经济是一种以人的主体性和社会化为基础，开放性和社会化程度都很高的经济形式。在市场经济体制下，人们的活动范围空前扩大，交往关系不断增多，而且更多的交往关系突破了血缘、姻缘、地缘的界限，广泛地扩展到业缘（职业关系）、趣缘（志同关系）、信缘（信息关系）、网缘（网络关系）交往上，交往的领域与空间不断扩大，交往的对象空前广泛、多样。人们不管是学习、工作，还是休闲、娱乐，其间发生的物质关系、利益关系、信息关系、虚拟关系，都必然伴随着道德关系。如同传统关系需要传统道德一样，新的交往关系需要新的道德规范。胡锦涛同志强调："要在全社会大力弘扬爱国主义、集体主义、社会主义思想，倡导社会主义基本道德规范，扶正祛邪，扬善惩恶，促进良好社会风气的形成和发展。"①

## 三、社会主义荣辱观的道德发展指向

当前，我国面临跨越式发展中社会转型和人的道德生活重塑的重大课题。对此，党中央提出了构建社会主义和谐社会和世界人民共同建设和谐世界的重大战略思想。这既符合和平与发展的时代主题，反映了世界人民的强烈愿望，又继承和弘扬了我国的优秀传统文化，体现了我国人民的共同心愿。

中国传统文化强调人与自然协调的"天人合一"思想，主张人与社会以及人与人之间应该"和为贵""和衷共济"，《诗经》中的"乐土"、《老子》中的"玄同"、《墨子》中的"尚同"以及《礼记》中的"大同"，从远古的《太极图》到近代的《大同书》，都描绘着中国自古以来追求的"天人合发""天人合一"和"天人合德"的美好蓝图。因此，建设和谐社会目标的提出，是对中华民族自古以来所追求的社会理想的继承与发展，符合民族心理，顺应民众意愿。

和谐社会的内涵十分丰富。它包括人自身的和谐，即人的生理与心理、德与智、物质与精神、知识与能力等方面的全面发展与协调；包括人与社会的和谐，即人与他人、群体、阶层、民族、国家等相互之间的配合与协调；

① 《胡锦涛文选》第2卷，人民出版社2016年版，第430页。

包括人与自然的和谐，即人与自然环境的协调和坚持开发自然、利用自然与保护自然的统一；包括社会经济、政治、文化的全面协调发展、地区和行业的统筹发展；等等。和谐社会在时间维度上，对中国传统道德的合理内涵进行了成功的现代转化，保持和弘扬了中华民族的精神与风貌；在空间维度上，体现了当代全球化和高度社会化的发展趋势，站在全局的高度引导、规范、保证社会的全面、协调、可持续发展，保证人的健康发展，是以德治国、以德育人理念的新发展。

社会主义荣辱观所强调的，就是要建设与经济体制相适应、与物质生活相协调、与多样化发展相一致的道德规范，强调主导性与多样性、先进性与广泛性相结合的道德意识。这种新的道德观，突破了传统道德的封闭性与单一性局限，具有历时性和共时性的特点。所谓道德生活的历时性，就是强调道德生活的历史继承性，注重道德生活的发展性，体现中华民族的文化特性；所谓道德生活的共时性，就是强调道德生活的现代性，注重道德生活的协调性，反映全球化发展的普世性。随着经济全球化的推进和社会信息化的发展，随着我国民族文化与道德同世界各国民族文化与道德日益深入的交汇、渗透，随着人们社会角色及其转变的更加多样化与复杂化，道德生活的内涵与外延伴随经济、科技活动的发展变得越来越丰富，从而使现代道德生活也呈现出多样化的发展趋势。在开放的环境中，在不同角色的转换中，在广泛的社会交往中，每个人都应当"坚持以热爱祖国为荣、以危害祖国为耻，以服务人民为荣、以背离人民为耻，以崇尚科学为荣、以愚昧无知为耻，以辛勤劳动为荣、以好逸恶劳为耻，以团结互助为荣、以损人利己为耻，以诚实守信为荣、以见利忘义为耻，以遵纪守法为荣、以违法乱纪为耻，以艰苦奋斗为荣、以骄奢淫逸为耻"①。这"八荣八耻"为新的历史条件下的道德生活、道德建设、道德评价指明了方向，提供了准则。

---

① 《胡锦涛文选》第 2 卷，人民出版社 2016 年版，第 430 页。

# 新时期大学生思想政治教育的理论与实践[*]

## ——《立德树人——党的十六大以来上海高校思想政治教育探索与发展》评介

从 1978 年党的十一届三中全会，到 2008 年党的十七届三中全会，30 年时间虽然在历史长河中是短暂的，但在中国所发生的变化却是广泛而深刻的，所取得的成就是巨大而举世瞩目的。在新时期这样一个特定的历史背景下，在我国各个领域、各条战线都持续、快速发展的大好形势下，高校德育在把握机遇中推进发展，在面临挑战中改革创新，开辟了广阔的领域，积累了丰富的经验，创造了丰硕的成果。翁铁慧主编的《立德树人——党的十六大以来上海高校思想政治教育探索与发展》一书，以上海高校德育改革与发展为基础，汇集、总结、研究了新时期大学生思想政治教育的理论与实践，形成了布局宏大、结构严谨、内容丰富、理念新颖、引领前沿的专著。该书既是上海高校德育改革与发展的经验总结，也是思想政治教育学科研究的最新成果，对上海高校和全国高校都具有启示与指导意义。

全书围绕着"培养什么人、如何培养人"这一根本问题展开，并在各章节中，分别侧重研究和回答了胡锦涛提出的大学生思想政治教育面临的"十个如何"的问题。这"十个如何"的问题，既是大学生思想政治教育的前沿性课题，也是大学生思想政治教育的难题。作者抓住当前大学生思想政治教育亟须解决的问题，迎难而上，进行了深入、系统的研究，取得了丰硕成果，实在难能可贵。

为了把诸多大学生思想政治教育的前沿性难题具体化，作者指导并组织德育工作者分别在高校进行了系列调查研究，获得了大量来自基层的第一手材料，并对材料进行系统梳理、概括，分析矛盾，提出问题，揭示了问题的实质与产生的根源，为科学地进行工作决策、深入地开展理论研究、准确地把握前沿趋向奠定了坚实基础。因而，贯彻党的思想路线，从客观实际出发，围绕问题展开，在工作与研究上始终坚持科学性与价值性相结合的原

---

[*] 原载于《思想理论教育》2009 年第 13 期，收录时有修改。

则，是该书的突出特点。这一特点，既是对理论教育过程中容易出现的本本主义、教条主义倾向的突破，也是对日常教育过程中容易产生的经验主义、盲目主义倾向的超越。作者尊重事实的科学态度与其求真务实的风格，本身就是一种引领。

该书的大量材料都源于实际，因而作者在进行提炼、概括、研究时，充满活力，富有新意。一是确立了教育新理念。教育新理念集中体现在新时期大学生思想政治教育新的价值观、新的发展观上，渗透在马克思主义理论教育、文化素养教育、心理健康教育、网络思想政治教育之中，既反映了当今时代对教育的新要求，也展现了思想政治教育先导的本质特征。二是概括了当代大学生的新特点。掌握当代大学生的新特点开展思想政治教育，既是坚持从实际出发的要求，也是满足社会与大学生发展的需要。作者不仅分别概括了当代大学生政治思想、心理、行为方面的特点，还研究了不同类型的学生在需要与教育上的特殊性。比如，作者对当代大学生的思想政治基本状况所做的概括，即政治认同度高、现代气息浓烈、人格表现多样、心理困扰增多，对行为特点所做的概括，即裂变性与传承性共存、功利性与超越性转换、个体性与社会性结合、世界性与民族性的统一，符合当代大学生的实际，对教育者具有启示作用。三是探索了大学生思想政治教育的新方式。作者以教育要"三个面向"的思想为指导，以开放的环境为平台，探索了新形势下思想政治教育的课堂主导方式、实践教育的多样化途径、人文教育的新方法、网络思想政治教育的新载体，既提出了适应不同教育目的、内容需要的方法，也初步形成了适应新形势需要的思想政治教育方法体系。四是总结了大学生思想政治教育的新经验。作者对大学生思想政治教育经验的总结，是分层次、分类型进行的。比如，把大学生思想政治教育领导与决策层次的经验总结为：始终坚持把握方向，始终坚持尊重主体，始终坚持与时俱进，始终坚持调研先行，始终坚持科学规划，始终坚持抓住"两个环节""两支队伍"。把大学生思想政治教育研究与管理的经验总结为：坚持研究先行、破解时代难题，加强党的领导、实施研究工程，拓展研究资源、打造骨干队伍，创新研究组织、构建研究体系，创新研究平台、打造德育名牌。各项教育的具体经验更是丰富多彩，如书中穿插的案例、典型、数据、图表等，都是生动、具体的经验总结。把队伍建设的经验总结为：科学化模式、专业化培养、多样化发展与职业共同体建设。正是在这样的建设经验中，孕育了在全国高校具有示范作用的优秀辅导员模式。五是提出了大学生思想政治教育的新概念。大学生思想政治教育新理念的表达、大学生新特点的概括、教育新方式的提出、教育新经验的总结，蕴含新的时代精神，需要新的语言文字，作者或借用其他学科的概念，或采用群众的新鲜用语，或提出新的概念，形象、生动地论述了大学生思想政治教育的新发展、新成果，赋予该书既深刻又新颖的特色。

总之，该书坚持理论与实际相结合、继承与创新相结合、实际工作与理论研究相结合、总结经验与预示未来相结合，融真理、事理、情理于一体，展现了党的十六大以来上海大学生思想政治教育的发展与成果，是思想政治教育学科的又一部力作。

本书作者之所以能够撰写这样的专著，既与他们的经历有关，更与他们执着追求事业理想的个性有关。他们既有在高校基层直接做大学生思想政治教育的实践，也有在高校负责大学生思想政治教育管理的经历，还有在上海教育管理部门领导、决策大学生思想政治教育的经验。他们在这些不同层次的大学生思想政治教育岗位，学习了知识，经受了锻炼，增长了才干。特别是高校辅导员工作岗位，面向处在人生关键时期、迅速成长成才、急需教育引导的大学生，担当着培养国家未来建设者与接班人的重任，既是一个对国家、对大学生发展举足轻重的岗位，也是一个需要不断学习提高、行为世范的岗位。正是在这个岗位上，吸引了众多的高校精英，锻炼、培养了一批又一批领导干部、管理人才与专家学者。

我国学习型社会的建立和建设创新型国家活动的广泛展开，有力推进了社会科学技术化和科学技术社会化的发展。高校的教育者、管理者、领导者，处在知识学习、传播与创造的前沿，担当着学科建设、学科发展的艰巨任务。特别是在当今社会，一切领域归属学科化、一切工作力求科学化的形势下，高校的德育工作者担负着将德育领域由经验向科学、由组织管理方式向学科建设方式转化的任务，因而特别需要德育的教育者、管理者、领导者，既要担任教育、管理、领导职责，又要开展科学研究，还要进行学科建设。只有依托学科，围绕实际工作开展研究，才能推进教育、管理、领导工作的与时俱进、不断创新，才能跟上时代发展的步伐，才能满足大学生迅速成长的需要。那种把教育、管理、领导工作与理论研究、学科建设割裂开来、对立起来的观点，甚至认为理论研究、学科建设妨碍实际工作的观点，是一种传统的、经验性的思想，是与高校的学科化与科学化地位与要求不相匹配的。本书作者自觉冲破传统观念的束缚，综合履行教育、管理、研究职责，以执着地推进德育事业发展为己任，认真工作，深入研究，不断推进实际工作与理论研究发展，既取得了在全国高校有广泛辐射和积极影响的实际成果，又研究形成了这样有启发与指导意义的专著，其行为与成果都引领着我国高校德育的发展方向，值得全国高校的教育者、管理者、领导者学习、借鉴。

# 在历史之维中追寻高校思想政治教育的科学和价值*

——《难忘的历程——高等学校思想政治教育的回顾与思考》评介

由吉林人民出版社出版，原国家教育委员会思想政治工作司司长徐文良著的《难忘的历程——高等学校思想政治教育的回顾与思考》是一部具有丰富史料和学术价值的著作。在经济全球化、社会信息化、文化多元化的历史条件下，在改革开放不断深化和中国特色社会主义现代化建设迅速发展的进程中，高校思想政治教育面临着"发展什么"和"如何发展"的时代课题。《难忘的历程——高等学校思想政治教育的回顾与思考》正是以当代社会为背景，以促进大学生全面发展为目标，站在面向世界、面向现代化和面向未来的高度，对新时期高校思想政治教育的"实然"和"应然"的审视。

高校思想政治教育始终担当着"培养什么样的人"和"如何培养人"的历史重任。回首新中国成立 60 年和改革开放 30 年以来高校思想政治教育发展史，首先需要对这一不平凡的历程进行梳理、审视和总结，从高校思想政治教育的历史和现状的关联中找寻其发展的正确向度。唯有如此，高校思想政治教育才能既发扬优良传统，又适应时代需要和推进社会向前发展。正如梁启超在《中国近三百年学术史》对社会思潮回溯之强调："凡研究一个时代思潮，必须把前头的时代略为认清，才能知道那来龙去脉。"[1]《难忘的历程——高等学校思想政治教育的回顾与思考》一书，从历史发展视角展现了高校思想政治教育的发展图景，并在历史之维中凸显了高校思想政治教育的科学和价值。

对于历史回溯一般遵循两种路径，一是沿着重大历史现象和历史事件的更替，二是沿着主导思想的发展。相比较而言，思想发展史的回溯更加需要作者深厚的理论积淀和实践经历。《难忘的历程——高等学校思想政治教育的回顾与思考》正是沿着"思想史"在高校思想政治教育的研究成果中进

---

* 原载于《思想教育研究》2009 年第 6 期，作者周琪、郑永廷，收录时有修改。

[1] 梁启超：《中国近三百年学术史》，山西古籍出版社 2001 年版，第 2 页。

行精细遴选，按照理论研究、课程建设、队伍建设、学科建设四个向度精选出 55 篇论文，在近半个世纪的高校思想政治教育发展的历史维度中，展现高校思想政治教育的巨大价值与历史使命。在理论视野上，全书以高校思想政治教育发展为中心，一是从学科建设、队伍建设和育人实践维度探寻高校思想政治教育运行的基本规律，如关于如何正确分析大学生思想和加强学科基础理论研究的论述、高校思想政治教育者专业素质建设探索；二是从价值维度分析增强高校思想政治教育有效性的路径，如关于德育与素质教育关系之辨、高校思想政治教育有效实施的前提和保障的论述；三是从发展维度审视高校思想政治教育面临的机遇和风险，探询高校思想政治教育在现代境遇下的发展路向，如关于开创德育新局面、德育困境及前景的论述。综观全书，具有如下特点。

（1）视野宏阔，立足前沿。从全书收录的论文来看，全书文稿按照时间顺序呈递，旨在呈现社会变迁进程中高校思想政治教育对不同时期研究命题的聚焦和回应。这些文稿以高校思想政治教育专业建设、课程建设、队伍建设和学科建设为问题域，辐射到社会的各个层面，集中于育人为本的根本问题，既有教育主管部门层面对高校思想政治教育发展的宏观规划和政策制定，又有高校思想政治教育实践工作层面的实施对策，体现了作者在高校思想政治教育理论和实践上的宏阔视野和时代精神。

（2）理论与实践相结合。全书把高校思想政治教育的历史演进置于理论和实践相结合的维度之中，一方面聚焦于高校思想政治教育发展中的基本理论问题，展示高校思想政治教育在专业、课程、队伍、学科等层面的理论研究框架和发展进程。另一方面聚焦于高校思想政治教育在特定时代背景下，对思潮、热点与难点问题的关注与回应。这些理论与实践相结合的研究成果，为当下高校思想政治教育提供了宝贵的参照与经验。

（3）立足发展，突出时代性。全书在高校思想政治教育发展的历史回溯中始终循着"发展"这一主旨，一是对高校思想政治教育在不同历史阶段的发展予以具体审视，以凸显特定时代背景下的高校思想政治教育发展内涵，如关于高校思想政治教育课程建设的探索与发展的论述；二是对高校思想政治教育发展的领域、功能和形态的探询，以凝练高校思想政治教育在现代境遇中关于学科建设、课程建设、队伍建设"如何发展"的基本经验，如关于思想政治教育学现代发展路径展望的论述，从而使全书在厚重的历史之维中凸显鲜明的时代性和现实感。

作者长期潜心致力于高校思想政治教育理论与实践研究，先后担任国家教育委员会思想政治工作司司长，全国高等学校思想政治教育研究会常务副会长、秘书长等职务，在推动思想政治教育学科建设和高校思想政治教育建设中发挥了重要作用。这一特定工作背景和经历使作者能够对高校思想政治教育发展历程进行宏观与微观、理论与实践、历史与当下相结合的回溯和升华。《难忘的历程——高等学校思想政治教育的回顾与思考》正是作者长期在高校思想政治教育领域进行理论创新和实践探索的心血结晶，浸润着浓郁的价值关怀和强烈的使命感，对社会工作者尤其是从事高校思想政治教育的理论研究者和实践工作者具有重要的指导意义和参考价值。

# 思想政治教育视域的新拓展[*]

## ——评《交往视域中的思想政治教育》

思想政治教育学科从创立到现在，经过了近 30 年的建设，锻炼和培育了一批专家和人才，研究、创造了丰硕的学术成果，为推进我国改革开放和社会主义现代化建设做出了重要贡献。随着我国改革开放的深化和中国特色社会主义现代化建设的推进，思想政治教育及其学科也不断向纵深发展，研究领域拓宽，研究课题更新，研究视角多样，富有时代特征和前沿性的研究成果大量涌现。闫艳博士撰著的《交往视域中的思想政治教育》（人民出版社 2011 年版）是一本从交往视角系统研究思想政治教育的理论专著。该著作研究视角新颖，提出的问题与观点独到，具有重要的理论价值与实践价值，是一本集思想性、创新性、实效性于一体的思想政治教育理论专著。

交往是指在一定的历史条件下，人与人之间相互往来，进行物质、精神交流的社会活动。交往活动是人类特有的存在方式，是人与人之间发生社会关系的中介。交往有物质交往与精神交往、个人交往与群体交往、直接交往与间接交往、竞争、合作、冲突等类型。交往系统的要素，包括显性要素与隐性要素。显性要素是指交往主体、交往对象、交往手段、交往环境、交往过程、交往内容等外在要素；隐性要素是指影响交往的利益、观念、情感、尊严等内在因素。这些要素，有物质的也有精神的；有实体的也有非实体的。它们相互结合、渗透，形成社会交往。不管哪种交往，都包含物质因素和精神因素。正是这些因素体现了交往是人与人之间的"相互联系、交流和交换"关系，而不是物与物之间的无精神要素的关系。所以马克思、恩格斯在《德意志意识形态》一文中，论述物质、意识与关系之间的联系时指出："凡是有某种关系存在的地方，这种关系都是为我而存在的；动物不对什么东西发生'关系'，而且根本没有'关系'……因而，意识一开始就是社会的产物，而且只要人们存在着，它就仍然是这种产物。"[①] 这就是说，人、交往、意识总是不可分割地联系在一起的。闫艳博士的专著，正是抓住

---

[*] 原载于《思想教育研究》2012 年第 9 期，收录时有修改。

[①] 《马克思恩格斯选集》第 1 卷，人民出版社 1995 年版，第 81 页。

思想政治教育视域的新拓展——评《交往视域中的思想政治教育》

245

了人的交往、关系、思想的内在联系研究思想政治教育，体现了该研究视角的充分依据与生命力。

该专著以马克思主义为指导，遵循历史与现实、理论与实际、宏观与微观相结合的研究思路，围绕交往关系展开思想政治教育研究，提出了构建交往性思想政治教育的主张。在专著中，作者首先阐释了交往视域中思想政治教育的意蕴，揭示了交往性思想政治教育概念提出的重要理论意义与当代社会价值；运用逻辑与历史相统一的方法对中外历史上思想家从交往视角阐述的思想政治教育的思想进行了梳理；以马克思主义交往理论为指导，重点论述了交往性思想政治教育的生成、依据、理论特征和实现路径，形成了交往性思想政治教育的话语体系。交往性思想政治教育，蕴含两重含义：一是赋予社会交往育人功能和德性价值，二是赋予思想政治教育的教育者和教育对象的互动功能与相互转化。因而，交往性思想政治教育，是适应现代开放性、信息化需要的教育形态，是对思想政治教育传统模式的超越。

该专著的特点主要体现在以下五个方面：一是坚持平等、民主原则，确立育人为本的思想政治教育理念，解构传统思想政治教育的教育者与教育对象固定不变的范式，构建了思想政治教育的教育者与教育对象的互动、转化范式。二是提出以交往理论为依据，以交往实践为基础，改变了传统"主—客"类型的思想政治教育，即将教育对象视为被动客体的思想政治教育；从理论与实际相结合的高度肯定了教育对象在思想政治教育过程中的主体地位。三是较为系统地梳理了古今中外思想家从交往视角论述思想政治教育的思想，凝练了其中的真知灼见。四是提出交往性思想政治教育较之对象性思想政治教育具有多级主体性、双向建构性和平等对话性等本质特征。五是提出了实现交往性思想政治教育的路径，强调实现交往性思想政治教育要从对象性思维向关系性思维、从线性思维向非线性思维、从封闭性思维向开放性思维的转变。上述观点对思想政治教育理论研究的推进和思想政治教育实践的改革均具有重要意义。诚然，正如该书作者在后记中所言，从理论层面提出一些设想是否具有实践价值，还有待于实践的检验和证明，其具体的操作策略也有待于在实践中不断摸索和发展。应当肯定，闫艳博士的研究，体现了勇于探索、敢于创新的精神，取得了可喜的研究成果。但是要看到，一个新视角的研究、一个新命题的提出，往往需要进一步深化研究才能不断完善，加上社会和思想政治教育都在向前发展，新情况、新问题不断涌现，希望作者在已有研究成果的基础上继续深化研究，争取获得更新的研究成果。

# 探索新世纪思想政治教育的新作*

## ——《思想政治教育新论》评介

正值世纪跨越、全国高校思想政治教育研究会 20 世纪最后一个年会召开前夕，刘新庚教授所著《思想政治教育新论》（以下简称《新论》）在中南大学出版社正式出版。我有幸较早读到该书，读后深感这是一本非常及时、很有特色的探索新世纪思想政治教育的专业书籍。

思想政治教育工作是我党的政治优势和优良传统。在世纪跨越、我党全面推进社会主义现代化事业的今天，思想政治教育工作必须适应新的形势，在新的基点上不断改进创新。特别是在当前，社会主义市场经济有待逐步完善，知识经济方兴未艾，价值取向趋向多向化，经济全球化和世界政治格局多极化趋势不断发展，我国正处于改革攻坚阶段，这些都引起了人们思想的深刻变化，给思想政治工作带来诸多新问题。思想政治工作如何应对新形势的挑战，这是摆在每一个思想政治工作者，特别是理论工作者面前的高难度课题。

《新论》一书，正是攻克这一新课题的新成果。力求创新是其首要特色。《新论》立足马克思主义的科学精神和基本立场，针对新形势、新特点，着眼于对思想政治工作的内容、形式、方法、手段、作用机理及运作机制进行全方位的理论新思考，着力论述思想政治教育从理论到实践的新探索、新对策。在研究体系上，作者独具匠心，以思想本源及其新时期的演化探源为逻辑起点，以新世纪思想政治工作的实践性要求为连接纽带，以思想政治教育的新特点、新方法、新艺术为逻辑终点，进行逻辑推演，逐层条分缕析，特色鲜明。在研究视角上，作者不仅全面把握了思想政治教育的主要领域，而且直面新形势下思想政治教育工作面临的新挑战，将思想政治教育的基本原理与社会主义市场经济的发展趋势动态地结合起来，着重研究社会主义市场经济与知识经济条件下思想政治工作的改革与创新问题。在研究脉络上，作者牢牢把握理论研究为新时期的社会实践服务的主线，将思想政治教育工作的科学性与实践性在新的形势下紧密结合，将科学原理的探讨创新

* 原载于《中南工业大学学报》2001 年第 2 期，收录时有修改。

与实际运作方式、途径的开拓创新紧密结合，实现了理论逻辑与实践经验在新的社会实践层面上的统一。因此，《新论》不愧为世纪跨越时期学界推动思想政治工作科学化进程中涌现的有创意的新作。

细读全书，时时可见令人耳目一新的观点跃然纸上：其一，作者慧眼洞察世纪跨越时期国人思想觉悟的跃迁现象，提出了"第三次共产主义觉悟高潮"的到来，并指出其具有内容上的开拓性、发展中的区域环境制约性和目标上的经济性等特点。其二，作者重笔探讨了新时期"思想政治工作的控制与效益问题"，深刻分析了当代思想政治工作控制的一般原理、内部机理和运作程序，并就现代思想政治工作的效益评价及其评价标准进行了很有价值的探讨。其三，作者敏锐独到地研究了当前"多种所有制经济共同发展条件下的思想导向"问题，旗帜鲜明地指出，要正视社会经济利益多元与人们思想多样取向的现象，要强化邓小平理论的导向作用，加强"共同富裕"和"政出一元"的科学社会主义思想导向。其四，作者全方位探讨了知识经济对思想政治工作的复杂影响，并从"树立适应知识经济要求的思想政治工作意识""校准发挥作用的着力点""实现思想政治工作的现代化"等方面，具体提出了思想政治工作应对知识经济挑战的战略性对策。同时，作者创造性地提出加强和改进思想政治教育的新思路——坚持"三个有利于"标准，慎重研究和确立思想政治教育的是非标准和政策界限、校准科学化目标、努力改进思想政治教育的理论体系和方式方法等，并从方法艺术的角度，对思想政治教育的政策艺术、演讲艺术等一系列方法技术问题进行了新的探索。因此，《新论》的出版，对新世纪思想政治工作的进一步改革和发展，以及对思想政治教育的专业建设，都是一个新的贡献。

《新论》是作者多年来在思想政治教育实践经验的基础上，进行理论思考的心血结晶。这一成果，具有弥补理论工作者实践经验不足和实际工作者理论思考不够的双重意义。因此，该书既是广大思想政治教育工作者和领导干部的有益读物，也可作为高校思想政治类专业的重要教材和参考书。

# 思想政治教育方法研究的继承与发展<sup>*</sup>

## ——《思想政治教育方法教程》述评

由北京大学出版社出版的北京大学祖嘉合教授的新作《思想政治教育方法教程》（以下简称《教程》），积淀了作者多年来教育教学与研究的成果，体现了思想政治教育学科方法论体系研究的新发展。

第一，《教程》在章节布局和安排上比较精致，体现了作者对思想政治教育方法体系所做的重构性努力。全书共十一章，从逻辑结构上可分为四个部分，其间的联系和谐、流畅。从思想政治教育方法本身的基本理论和相关理论入手，过渡到方法论体系创新的理论准备、理论借鉴，具体落实到思想政治教育的途径和载体，最后，从动态的教育过程分析了各个主要环节的具体方法。这里，作者思想的轨迹是从抽象到具体、从宏观到微观、从静态到动态，研究逻辑十分清晰。

第二，在内容的设计上，体现作者的创新意图，具有明显的个性化特征。作者从教学实践出发，在内容上努力创新，以促进思想政治教育方法研究的发展和完善。如在方法层次结构的分析上，作者不仅根据客观标准做了相对清晰的划分，同时还深入分析了各方法在思想政治教育方法体系中的地位和作用。由于方法是主体和客体的中介，因此，在基本相关理论的分析中，作者研究了思想政治教育的主体与客体及其相互关系。作者同时运用了马克思主义的观点和方法，融合了国外思想政治教育、道德教育、政治社会化中的"合理内核"，在方法理论借鉴的科学性与客观性上更为深入。

第三，《教程》既有严谨的哲学思辨和理性分析，也有具体、生动的感性材料作为引证事实，可读性较强。在理论的阐述上，作者对思想政治教育方法的理论基础、思想政治教育的主体和客体、自我教育等方法的理论依据等问题的分析，严谨而周密。同时，作者在语言上追求自然、流畅，并补充了大量的实际材料，融合了教学实践中的体会。理论与实际的结合、理性与感性的结合、理论研究与教学艺术的结合使得《教程》具有较强的现实性、针对性和可读性。

---

* 原载于《思想理论教育导刊》2004 年第 11 期，收录时有修改。

第四，从研究的指导思想上看，作者以马克思主义唯物辩证法为指导，根据当代社会的实际和人的发展要求，赋予思想政治教育方法以时代特征。作者对人的本质和人的思维结构特点做了深刻阐述，分析了改革开放过程中出现的社会问题及其对思想政治教育方法创新的挑战，批判借鉴当代国外思想政治教育方法，吸取其精华，体现了对思想政治教育方法时代性的领悟和思考。

《教程》吸收了国内学界思想政治教育方法论研究的现有成果，同时融入了个人的教学经验，深化、丰富了思想政治教育各个主要环节的具体方法，包括思想信息的获取、信息的分析和决策、教育实施方法、绩效及评估方法等。

思想政治教育方法研究的继承和超越是无止境的过程。方法体系的完善和发展要求思想政治教育的研究者和实践者以开放的心态和发展的眼光，不断创新。

# 思想政治教育人学范式研究的又一力作[*]

## ——评《思想政治教育的人学取向》

思想政治教育是一门新兴学科，经过 30 多年的建设，实现了快速发展，取得了丰硕的成果，学科理论体系基本形成，在支持、指导思想政治教育实践中发挥了很大作用。但我们应当清醒地看到，思想政治教育学科建立和建设的时间不长，并且随着我国改革开放和中国特色社会主义现代化建设的发展，随着人们思想道德素质的不断提高，思想政治教育面临的新情况、新问题、新挑战不断涌现，这些都需要思想政治教育学科持续、深入开展研究，推进学科发展。

思想政治教育所涉及的主体、目标、内容、方式、环境、范围等因素十分多样、复杂，因而研究思想政治教育的范式也是多样的。所谓范式，是研究问题、观察问题、分析问题、解决问题所使用的一套概念、方法及原则的总称，或者说，是某一领域大部分成员所广泛承认的问题、方向、方法、手段、过程、标准等的集合。西南交通大学林伯海教授的新著《思想政治教育的人学取向》（现代教育出版社 2015 年 12 月版）以"人学范式"研究思想政治教育，提出了具有新意、启发和价值的思路与观点：人的本质与思想政治教育的协同化、人的主体性与思想政治教育的个性化、人的需要与思想政治教育的人性化、人的全面发展与思想政治教育的人格化等。这些新的学术见解，对丰富、发展思想政治教育学科理论，对做好思想政治教育工作，颇有效用与意义。综观著作的结果与内容，具有如下特点。

第一，深入研究了马克思主义人学思想与思想政治教育的内在联系。思想政治教育是以人为主体的活动，教育者与受教育者都是不同类型的人，因而思想政治教育的理论与方法都蕴含着人的目的、动机、意志、情感、价值等要素。为此，《思想政治教育的人学取向》提出，研究和开展思想政治教育，要以马克思主义人学思想为指导，坚持以人为本的原则，才能更好地体现、确立思想政治教育的特色与学科的独立地位。这是对思想政治教育学科人学取向研究的必要性、可行性和价值性的深入探讨。

---

[*] 原载于《思想教育研究》2016 年第 4 期，收录时有修改。

第二，全面地分析了现代社会关系对思想政治教育对象思想、行为特征的影响。作者在考察和分析马克思主义产生以前，东西方社会有关人的本质的理论与马克思主义关于人的本质理论的内涵、价值、功能与特征的基础上，以马克思主义人的本质理论为指导，重点探讨了经济关系市场化与全球化、政治关系民主化与多极化、文化关系一元主导与多元并存以及交往关系虚拟化等，对当代思想政治教育对象的思想、行为的影响，进而提出了通过方向主导、政策规范、利益调整、环境优化，实现主要社会关系和力量的协同配合，来实现思想政治教育的协同育人模式。

第三，重点探讨了人的主体性理论与思想政治教育主体互动模式的构建。作者通过回溯马克思主义产生以前，东西方思想家关于人的主体性的观点，进而阐述了马克思主义关于人的主体性思想并肯定了其科学性及意义。作者以马克思主义人的主体性理论为指导，剖析了思想政治教育主体间性模式的当代价值，提出了通过思想政治教育的主体、载体和环体的个性化来实现思想政治教育的个性化转换的对策。

第四，作者基于人的需要理论，探究了思想政治教育的人性化课题。作者以马克思主义关于人的需要理论为指导，研究了人的需要动因理论、层次理论与思想政治教育的关系，提出了思想政治教育要素、过程与机制的人性化转化的对策。

第五，《思想政治教育的人学取向》论述了人的全面发展理论与思想政治教育的归宿问题。全书考察和分析了东西方思想家有关人的全面发展的观点，系统阐述了马克思主义关于人的全面发展理论，重点探讨了人的全面发展与人的人格培养目标，即近期目标是培养对象的健康人格，远大目标是培养对象的理想人格，提出了融健康人格和理想人格培养为一体的要素、过程和机制的建构。

除此之外，作者还对近年来思想政治教育人学研究中存在的问题，从两大维度进行了深度反思与展望。一方面，对新阶段思想政治教育学科理论研究中的两种主要范式，即社会哲学范式与人学范式做了比较分析，认为加强思想政治教育人学范式研究，可以补充社会哲学范式研究的不足；另一方面，对思想政治教育的本质与根源问题，进行了延伸探讨，挖掘思想政治教育的生成的根源，深化了思想政治教育基本理论的研究。

总之，《思想政治教育的人学取向》专著，是一部具有新意、见解、启发与价值的成果。该成果难以覆盖研究问题的各个方面，这是可以理解和体谅的。希望作者在此成果基础上继续研究，力争取得更多研究成果。

# 社会主义荣辱观研究的开拓性力作<sup>*</sup>

## ——《社会主义荣辱观研究》述评

社会主义核心价值体系是"兴国之魂"，是社会主义核心价值观的依托和根基。对社会主义核心价值体系的四项基本内容，即马克思主义指导思想、中国特色社会主义共同理想、以爱国主义为核心的民族精神和以改革开放为核心的时代精神、社会主义荣辱观分别进行研究，是深化社会主义核心价值体系研究、积极培育和践行社会主义核心价值观的必然要求和迫切需要。马克思主义理论研究和建设工程首席专家、清华大学吴潜涛教授主持的国家社科基金重大攻关课题"社会主义荣辱观研究"，走在了加强社会主义核心价值体系建设与研究的前列。作为项目主要成果，《社会主义荣辱观研究》一书被收入国家哲学社会科学成果文库，由中国人民大学出版社出版。这部厚重的学术专著堪称这方面研究的扛鼎之作。

本书具有以下三个主要特点。

## 一、把握时代脉搏，具有浓厚的使命感和学术品位

当前，我国正处于全面深化改革的关键时期，各种思想文化相互激荡，人们思想与行为的独立性、选择性、多样性、差异性明显增强，迫切需要建立与社会主义市场经济体制相适应的思想、行为选择的正确标准。建设社会主义核心价值体系，是我们党深刻总结历史经验、科学分析当前形势而做出的重大战略决策，体现了中国共产党在全面推进中国特色社会主义伟大事业进程中高度的文化自觉。社会主义荣辱观是社会主义核心价值体系基本内容之一，在社会主义核心价值体系中居于基础地位。2006 年 3 月 4 日，胡锦涛在参加全国政协十届四次会议部分委员讨论会时，首次提出了以"八荣八耻"为主要内容的社会主义荣辱观，明确地指出了在社会主义社会里，什么是真善美、什么是假丑恶，应当坚持什么、反对什么、提倡什么、抵制什么，规范了当代中国最基本的价值取向和行为准则。那么，社会主义荣辱

---

\* 原载于《思想理论教育导刊》2014 年第 10 期，收录时有修改。

观的科学内涵是什么，其主要内容之间的逻辑结构又该如何把握？社会主义荣辱观与社会主义思想道德建设又有什么样的关系？如何正确认识、充分发挥社会主义荣辱观的功能和作用？这些问题都亟待予以有说服力的回答，以适应建设社会主义核心价值体系、培育和践行社会主义核心价值观的时代要求。吴潜涛教授等著的《社会主义荣辱观研究》，就是紧扣上述问题向时代交出的一份优秀答卷。例如，作者指出，社会主义荣辱观集中体现了社会主义核心价值体系的思想行为要求，充分反映了社会主义道德规范与时俱进的理论品格，继承和弘扬了中华民族和中国共产党人的优良传统道德。社会主义荣辱观是社会主义价值观、道德观、法制观的集中体现，具有教育功能、调节功能、导向功能、评价功能，这些功能在一定条件下能够发挥促进个体人格完善、增强民族凝聚力、清明社会风尚等重要社会作用。在当前，要淳化社会风尚，让社会主义核心价值体系的基本要求转化为全体成员的群体意识和自觉行动，就必须加强社会主义荣辱观研究，大力弘扬社会主义荣辱观。该书是一部顺应时代要求的创新性力作，彰显了作者的历史使命感和学术品性。

## 二、坚持史论结合，历史纵深感强

以"八荣八耻"为主要内容的社会主义荣辱观，以马克思、恩格斯荣辱思想为指导，继承了中华民族的传统美德，借鉴了西方道德文化中的宝贵财富，同时注入了我国时代的特点和实践的要求。如果不了解这一点，就难以把握社会主义荣辱观的形成发展，也不可能对社会主义荣辱观的主要内容做出科学阐述。该书坚持"史""论"结合的方法，认为中西方传统荣辱思想的科学成分是社会主义荣辱观形成的思想渊源，马克思、恩格斯、列宁的荣辱思想是社会主义荣辱观形成的理论基础。该书的第一章即阐述了中国古代儒家、道家、法家、佛教荣辱思想的具体内容、表现形态及其特征，并对其得与失、继承与超越进行了评析；梳理、剖析了古希腊罗马时期的荣辱思想、中世纪基督教的荣辱思想、近代西方的荣辱思想以及以耻感为主要内容的日本传统荣辱思想。第二章论述了马克思、恩格斯荣辱思想的主要内容，以及列宁对马克思、恩格斯荣辱思想的继承和发展，认为马克思、恩格斯、列宁尽管没有专门关于荣辱思想研究的文章，但他们关于"每个社会集团都有它自己的荣辱观""羞耻是一种内省的愤怒""为绝大多数人谋利益""全世界无产者联合起来""只有在共同体中才可能有个人自由""大家为一人，一人为大家"等诸多论述，从不同的视角，比较系统地概括了无产阶级荣辱思想的实质、功能、评价标准、基本原则以及主要内容。时至今日，这些经典仍历久弥新，对社会主义荣辱观的建设有着重要的现实指导意义。将社会主义荣辱观建立在对中西方传统荣辱思想以及马克思、恩格斯、列宁荣辱思想的系统梳理和分析比较基础之上，既有客观的历史梳理，又有科学的理论阐述，深化了对社会主义荣辱观的认知和理解，增强了研究的历史纵深感，有助于深刻认识和领悟社会主义荣辱观的时代性、民族性和继承性特征。

### 三、直面"现实难题"，关注实践的可操作性

社会主义荣辱观研究的目的，在于结合当今中国特色社会主义思想道德建设的实际，为在全社会大力弘扬社会主义荣辱观，促进知荣辱、讲正气、促和谐良好社会风尚的形成提供学术理论支撑。为了更好地增强理论对实践的指导作用，该书结合我国社会生活中普遍存在的耻感缺失、荣辱颠倒等社会现象，对社会主义荣辱观建设的原则、方法和途径以及重点人群和着力点，都做了系统而深入的探索。该书指出，理论与实践、继承与创新、个体修养与社会教育、科学性与价值性的有机统一，是社会主义荣辱观建设的各个阶段、各个方面都必须遵循的原则。应将社会主义荣辱观建设融入国民教育、精神文明建设和党的建设全过程，综合运用理论教育、个体修养、制度管理、榜样示范、环境熏陶等途径与方法，广泛深入动员人民群众，坚定不移依靠人民群众，把人民群众的积极主动精神充分发挥出来。社会主义荣辱观建设的重点人群是领导干部、青少年、公众人物，重点内容则是诚信守法。把领导干部、公共人物作为社会主义荣辱观建设的重点人群，是由他们的职业特点以及特殊影响决定的；把青少年作为社会主义荣辱观建设的重点人群，因为青少年是国家和民族未来的建设者和开创者，青少年时期是人一生中的加速发展时期，是心理、思想意识处于由不成熟向成熟转变的关键时期。诚信守法建设是一个复杂的系统工程，需要从自律与他律、文化教育与制度建设等多方面入手，多管齐下、多法齐举。该书指出，社会主义荣辱观建设的着力点包括荣辱感培育和道德耻感培育。科学把握社会主义荣辱观建设的重点人群和重要着力点，极大地增强了理论的现实针对性和可操作性，为广大青少年的健康成长指明了方向，为领导干部、公共人物以及每个公民的道德行为明确了规范，也为社会风尚的改善确立了目标，体现了道德文化

本身的育人功能，有利于社会主义文化事业的繁荣与发展。

综上所述，《社会主义荣辱观研究》一书逻辑严密、学术性强，对社会主义荣辱观的研究既建立在缜密分析的学理之上，又紧密结合了当代社会发展中的一些现实问题，真正做到了思想性和学术性的高度统一，是一部研究社会主义荣辱观的开拓性力作。

# 认识和了解当代中国的力作[*]

## ——《当代中国概论》述评

　　中华文明历经数千年而不衰，勤劳勇敢的中华民族在辽阔的疆土上形成了具有民族特色的文化传统，为人类文明的发展做出了卓越的贡献。然而，近代中国的落伍成为中华民族永远的伤痛。在中国共产党领导下，古老的中国以前所未有的速度向前发展，昂首阔步奔向小康的中华民族再次成为世界各国瞩目的焦点，政治、经济、文化、教育、科技、外交等领域都发生了翻天覆地的变化，并对世界政治格局和经济发展产生了重大而深远的影响。如何客观、准确地认识和了解当代中国，把握当代中国社会发展的轨迹，是当前世界各国争相研究的热点问题。青少年学生是十分宝贵的人才资源，是民族的希望，是祖国的未来。正确地认识和了解当代中国国情，对他们的健康成长以及将来积极投身社会主义现代化建设都具有十分重要的意义。《当代中国概论》的作者，暨南大学高雄飞教授从历史和现实相结合的角度，从宏观上对当代中国国情做了较为翔实的介绍，希望对青少年学生（包括港澳台学生和海外华侨学生）了解中华文化和中国国情、培养自强不息的精神、增强民族自信心和民族自豪感做出一点贡献，这是一件很有意义的事情。

　　国情是一个国家在历史发展过程中形成的社会条件和生存条件的总和。从动态的角度讲，是一个国家在一定时期内由于生产力的发展或国际国内环境的变化而引起的生产关系、阶级结构，以及随之发生的社会制度和文化思想等方面的变革；从静态的角度讲，是这个国家在一定社会历史阶段的社会制度、国土资源、经济水平、人口素质、科学技术、文化教育、宗教风俗、民族心理和周边关系等方面的基本情况，其中社会制度是国情的本质与核心，对国情的其他因素具有决定性影响。暨南大学社科部的理论工作者以现代知识分子的高度责任感和神圣的使命感，冷静地观察社会现实，吸取了党的十六大以来社会科学研究的最新成果，从新的视角分析当代中国国情，既体现了鲜明的时代特征，又立足于中国的历史文化基础，分源流、国情和发

---

　　* 原载于《暨南学报（人文科学与社会科学版）》2004 年第 6 期，收录时有修改。

展三个部分来阐述当代中国国情，构成了独特的研究体系。具体说来，其特点有三个。

第一，阐明了当代中国是过去中国发展的结果。毛泽东在《中国共产党在民族战争中的地位》一文中指出："学习我们的历史遗产，用马克思主义的方法给予批判的总结，是我们学习的另一任务。我们这个民族有数千年的历史，有它的特点，有它的许多珍贵品。对于这些，我们还是小学生。今天的中国是历史的中国的一个发展；我们是马克思主义的历史主义者，我们不应当割断历史。"[1] 以毛泽东为主要代表的中国共产党人，正是基于对中国国情的深刻认识，从而科学地揭示了中国革命的历史特点和基本规律，正确地制定了新民主主义革命的路线、纲领和策略，并领导中国人民，经过艰苦卓绝的斗争，取得了中国革命的伟大胜利。在新的历史时期，国际局势正在发生深刻变化，世界多极化和经济全球化的趋势在曲折中发展，科技进步日新月异，综合国力竞争日趋激烈，而我国正进入全面建设小康社会、加快推进社会主义现代化的新的发展阶段。我们应坚持从中国国情出发，加强国情教育，引导广大青少年学生切实了解和认识中国国情，正确认识我们民族发展的历史尤其是鸦片战争以来争取民族解放和国家独立的奋斗历程，正确认识我国处于并将长期处于社会主义初级阶段的基本现实，正确认识中华民族几千年来创造出来的灿烂的文化成果在现代化建设中折射出的新的光彩，并从优秀的民族文化传统与时代精神的结合中获得强大的精神动力。而《当代中国概论》正好为我们提供了所需要的内容。

第二，全面概括了当代中国政治、经济和文化发展状况。江泽民同志深刻地指出："历史和现实都告诉我们，国家要独立，不仅政治上、经济上要独立，思想文化上也要独立。"[2]《当代中国概论》一书全面阐述了当代中国政治、经济和文化的现实状况和未来走向，强调了当代中国基本经济制度、民主政治和文化的中国特色，客观地分析了社会主义市场经济体制的主要特征及其基本内容，并对竖立其上的政治和文化上层建筑做了比较详细的分析。更难能可贵的是，针对暨南大学面向港澳台同胞和海外侨胞的办学特点，专门增加了华人华侨的相关内容，使青少年学生了解海外华人和祖国同呼吸、共命运的历史以及他们对伟大祖国的深厚情感，从而有利于增强青少

---

[1] 《毛泽东选集》第 2 卷，人民出版社 1991 年版，第 533–534 页。

[2] 江泽民：《在中国文联第六次全国代表大会、中国作协第五次全国代表大会上的讲话》，载《电影艺术》1997 年第 2 期。

年学生（包括港澳台学生和海外华侨学生）对中华文化的民族认同感，培养他们的爱国主义精神，对实现推进现代化建设、完成祖国统一、维护世界和平与促进共同发展这三大历史任务具有极其重要的现实意义。

第三，提出了对中国未来发展战略的思考。"三个代表"重要思想立足中国、放眼世界，坚持马克思主义的立场、观点和方法，对发展的地位问题进行了科学的新阐述，为对当代中国的发展战略进行理性思考提供了理论指南。全书通过分析在全球文化一体化趋势的背景下当代中国的社会现实，结合中华民族的文化特征，立足时代，对当代中国所面临的诸多问题进行了较为严谨的探索与思考，自觉以人类先进文明为背景参照，通过视野的开放来汲取新知识和培养现代文化意识，对当代中国的发展趋势和特色有一种自觉的体认，对实现中华民族的伟大复兴提出了独到的见解。

《当代中国概论》一书构思独特，资料翔实，对当代中国历史和现实的描述和分析充满哲理。全书洋溢着爱国主义精神，发人深思、催人奋进，读后收益颇多。该书是帮助青少年学生尤其是港澳台学生和海外华侨学生了解中华文化和对其进行爱国主义教育的有益之作。随着世界一体化、经济全球化和知识信息化的发展，现代民族文化的发展呈现出开放性、多元性，当代中国的国情在不断发展中也越来越呈现出丰富多彩的内容。在新的时代背景下，理论工作者要具有庄严的道德感、使命感和社会责任感，应加强了解和研究当代中国国情，不断地超越自我，开拓进取，使理论在发展中不断完善，才能适应不断变化的新形势，更好地为青少年学生的健康成长服务，为中华民族的伟大复兴奠基。

# 研究文化软实力的前沿力作<sup>*</sup>

## ——《文化软实力：战略、结构与路径》述评

近些年来，文化软实力研究在我国广泛兴起。由中国社会科学出版社出版、骆郁廷教授所著的《文化软实力：战略、结构与路径》，是该研究领域的一部力作。作为骆郁廷教授主持的教育部哲学社会科学研究重大课题攻关项目"中国软实力建设与发展战略研究"的成果，该书不仅充分体现了中央关于增强我国文化软实力的战略思想、目标和要求，更为我国增强文化软实力提供了启发和指导。《文化软实力：战略、结构与路径》一书共分五章，分别从文化软实力的科学内涵与国际视野、文化软实力的发展战略、文化软实力的内容结构、文化软实力的建设途径及文化软实力的力量整合等方面展开研究。本书具有以下特点。

第一，现实性与战略性。在《文化软实力：战略、结构与路径》一书中，作者把国家文化软实力放在时间与空间两个维度，以客观事实与逻辑推理相结合的方式进行研究，既揭示了文化软实力发展的必然趋势，又突出了文化软实力的整体性质，对文化软实力的现实性进行了充分论证。而在论证文化软实力的战略性时，作者分别从文化软实力的发展方向、主要功能、文化条件和发展要务等角度，将之概括为科学发展战略、价值主导战略、文化融合战略和自主创新战略，建构了我国文化软实力发展的战略体系。

第二，前沿性与创新性。该书作者指出，在当代社会条件下，对文化软实力的研究越发凸显前沿性，并对此进行了创新性的研究。例如，作者对文化软实力"是综合国力的核心要素"的地位概述，关于文化软实力"是一个国家的文化体现的凝聚力、吸引力、影响力"的内涵阐释，关于文化软实力发展战略的体系建构，关于文化软实力形成和发展的文化内容及其结构方式的分析，关于文化软实力发展的文化体制改革、文化创新机制、文化资源整合、对外文化传播等策略研究等，都富有见解。

第三，跨学科与综合性特点。文化软实力研究涉及面广、研究难度大、对研究者的综合素质要求高。骆郁廷教授所主持的"中国软实力建设与发

---

* 原载于《光明日报》2013 年 1 月 28 日，收录时有修改。

展战略研究"项目课题组，汇集了国内马克思主义理论、文化哲学、国际关系学、历史学、传播学、心理学等多学科的专家、学者，对国家文化软实力的科学内涵、传统源流、基本功能、主要内容等问题进行了跨学科、多视角、全方位的研究，从不同层面探讨了不同文化对文化软实力建设的作用与方式。因此，在此基础上最终形成的《文化软实力：战略、结构与路径》，成了该研究领域跨学科研究的创新性成果。

# 深化民族文化认同增强民族凝聚力*

## ——评《民族文化认同论》

全球化时代多元文化之间的交流、交融和交锋日趋复杂，使得"我们是谁"的身份拷问日益凸现在每个社会成员面前。詹小美教授的专著《民族文化认同论》（人民出版社 2014 年版）就是在这样的时代背景下，在长期进行民族精神研究的基础上对民族文化认同这一重大问题的探索。

《民族文化认同论》以中华民族文化为主线，从理论和实际两个层面、国内和国外两个视角、民族整体和个体成员两个主体，系统研究了民族文化认同的概念界定、机制与条件、功能与价值、民族特色、现实处境以及提升目标。该书既有理论概念层面对民族文化认同的结构分析，也有民族文化认同内核的现代价值探讨；既有对个体成员文化认同诉求的微观分析，也有对群体文化认同规律的把握；既有对我国传统民族文化认同的挖掘以及现状聚焦，也有对西方国家民族文化认同的比较研究与借鉴。

紧紧围绕民族文化认同这个主题，作者系统的理论观点、对现实的深刻分析与反思、独到的见解以及富有启发性的观点，拓展了对民族文化认同问题思考的广度与深度，提供了宝贵的学术资源。一是对民族文化认同进行了概述，研究和界定了民族文化、民族文化认同的基本概念，对中华民族的民族特点与民族文化认同的内容进行阐发与解读，并诠释了民族文化认同的价值所在，以此构成了该书的研究起点。二是研究了民族文化认同的层次、机制与条件，探析了民族文化认同的结构、功能，以此构成了该书的理论基点。三是从理论转向历史与现实，聚焦民族文化认同的现状，系统研究了当代社会民族文化认同的新情况、新问题，以此构成了该书的重点。四是分析了中华民族文化认同的对外借鉴，对美国、德国、韩国、新加坡等发达国家的民族文化认同进行了比较研究。五是研究了民族文化认同的时代境遇与现实课题，分析了和平与发展、经济全球化、文化多元化以及现代科学技术发展条件下，民族文化认同面临的矛盾与张力、现实挑战与发展机遇。在此基础上，该书提出了保持民族文化强劲的精神内核、增强国家文化软实力、为

---

* 原载于《思想理论教育》2014 年第 10 期，收录时有修改。

国民提供身份认同心理归属、为国家壮大实力提供持久精神动力的战略与策略思路。

在理论与现实问题分析的基础上,作者基于增强民族凝聚力的目标,提出了深化民族文化认同的对策。首先,要振作国民身份意识和国家意识,加强对民族文化的弘扬与认同,坚定国家的发展目标,形成民族文化的价值共识。其次,要始终增强民族文化认同的物质基础,发展生产力,保证实现各族人民的根本利益。最后,要继续挖掘民族文化资源、提升民族文化魅力,实现传统文化的现代转化。所有这些思路与方式,从整体来看,是为了提高中华民族文化软实力,增强综合国力,促进民族文化的对外影响力和物质转化力;从个体来讲,就是激发精神动力,提高文化素养与文明境界。为此,必须加强中华民族文化认同教育,根据新的历史条件,更新教育观念,充实教育内容,创新教育方法。

民族文化认同,是一个现实性、前沿性很强的研究课题,詹小美教授勇于探索,取得了可喜的研究成果。应当看到,这一重大研究课题内涵十分丰富,研究层次与视角多样,并且随着实践的发展,还会涌现出许多新问题。希望作者继续拓展、深化研究,争取获得更大的研究成果!

# 我们共同的良师益友<sup>*</sup>

　　《思想理论教育导刊》（以下简称《导刊》）创办 10 周年了，这是值得高校思想政治教育工作者、研究者纪念与庆祝的。因为她在我国改革开放的伟大历史进程中由我们共同孕育而诞生，她见证并推进了思想政治教育及马克思主义理论学科的发展与创新，她展现了时代特征并丰富了我们的精神家园，她形成了鲜明的特色而成为我们的良师益友。

　　《导刊》是理论创新的平台。《导刊》作为马克思主义理论刊物，始终跟踪理论前沿，及时宣传、阐述中国特色社会主义理论最新成果，努力引导、实现理论向实践的转化；推进改革开放与社会主义现代化建设进程中的理论研究，不断提供启发人们解放思想的新认识；促进马克思主义理论教育创新，丰富马克思主义理论学科体系，从而使《导刊》具有政治鲜明、理论深厚、学术引领前沿的特点，为广大思想政治教育工作者、研究者提供了学习、展现、交流理论创新成果的平台。

　　《导刊》是思想交流的窗口。刊物都具有信息、知识、理论交流的职能，但不同的信息、知识、理论所蕴含的内涵是不同的，有的是工具性的，有的是营利性的，有的是消遣性的。而《导刊》交流的信息、知识、理论所蕴含的是思想观念、价值观念、理想信念，是灵魂性的。大而言之，她交流的是凝聚民族的社会主义意识形态，是铸塑国魂的精神文化；中而言之，她交流的是我国需要共同遵循的法制、道德价值与规范，是形成团体群魂的思想基础；小而言之，她交流的是我们认识世界、改造世界的理论武器，是充实个体灵魂的思想源泉。因而，《导刊》是我们思想交汇、心灵交流的窗口。

　　《导刊》是探索育人的园地。《导刊》的办刊宗旨是：服务于学校思想理论教育、教学和思想政治工作，积极贯彻党的教育方针，紧密结合实际，紧密配合教学工作，注重思想性、政治性、理论性和学术性的有机统一。因而，《导刊》是担负专门教育职能的刊物。她既要服务于全国高校思想理论课教师和思想政治教育者，又要积极探索高校思想政治理论课教学的热点、

---

　　* 原载于《思想理论教育导刊》2009 年第 1 期，收录时有修改。

难点问题，及时反映思想政治教育的新举措与新成果。改革开放以来，高校思想政治理论课程体系与课程内容，根据我国改革开放和社会主义现代化建设的需要，根据人的全面发展需要，进行了几次大的调整。2004 年，中共中央、国务院颁发了《关于进一步加强和改进大学生思想政治教育的意见》，强调"加强和改进大学生思想政治教育是一项重大而紧迫的战略任务"，提出了"育人为本、德育为先，把人才培养作为根本任务，把思想政治教育摆在首要位置"的教育原则。随后进行了思想政治理论课程改革，确立了"马克思主义基本原理概论""毛泽东思想和中国特色社会主义理论体系概论""中国近现代史纲要"和"思想道德修养与法律基础"新的课程体系，并把原来的马克思主义理论与思想政治教育二级学科提升为马克思主义理论一级学科。面对这样一个具有战略性的建设任务和教育任务，《导刊》广泛动员、组织力量，开展新课程、新教材理论内容的整合研究，进行新教材理论重点、难点研究，把握新教材理论内容与当代社会重大实际问题相结合研究，充分发挥了引领课程改革、指导教学创新、推进新课程方案顺利实施的作用，成为团结高校广大思想政治教育工作者在新形势下相互学习、共同研究、探索育人的园地。

同时，马克思主义理论一级学科的建立，为高校广大思想政治教育工作者提供了更广阔的学术平台和更有力的学科支撑。《导刊》义不容辞地担当起学科建设的重任，不仅刊发了大量深化学科研究、完善学科体系、发挥学科优势的文章，而且举办了马克思主义理论学科论坛，组织全国高校思想政治教育专家、学者、教师，共同讨论、切磋、争鸣学科建设的理论与实际问题，实现马克思主义理论学科与高校思想政治理论课的对接，为思想政治理论课建设提供坚实的学科基础，卓有成效地促进了思想政治理论课教师队伍的建设，增强了思想政治理论课教学的针对性与有效性。因而，《导刊》也已成为培养高校思想政治教育工作者的园地。

《导刊》是追寻价值创造的前沿。《导刊》所提供、传播、研究的是文化，主要是精神文化。党的十七大报告突出强调了加强文化建设，特别是精神文化建设的极端重要性和紧迫性。胡锦涛在该报告中指出："文化越来越成为民族凝聚力和创造力的重要源泉，越来越成为综合国力竞争的重要因素，丰富精神文化生活越来越成为我国人民的热切愿望。"[①] 精神文化价值的凸显，既是经济、科技快速发展的要求，也为经济、科技快速发展提供了

---

① 《胡锦涛文选》第 2 卷，人民出版社 2016 年版，第 639 页。

条件。

　　《导刊》根据我国社会和广大人民精神文化生活的需求，不断探寻我国精神文化发展前沿，开展社会主义核心价值体系的理论与实践研究，引领社会与个体的正确价值取向，为推进解放思想、增强民族凝聚力、丰富精神生活做出了贡献。同时，《导刊》勇于正视我国文化多样化格局，敢于面对文化领域各种错误倾向的挑战，针对影响和冲击我国社会正确价值取向的错误思潮，诸如新自由主义、民主社会主义、历史虚无主义、"普世价值"观等，运用马克思主义进行辨析、批判，旗帜鲜明地发挥了社会主义先进文化的主导作用。

　　《导刊》走过了 10 年历程。这 10 年，在历史的长河中是短暂的，但对《导刊》来说是不平凡的。她快速发展，影响力、凝聚力不断增强。我们喜爱她，是因为她为我们提供了丰富的精神食粮；我们呵护她，是因为她是我们共同交流的园地；我们珍惜她，是因为她是我们共同创造的结晶；我们祝愿她，是因为她担当着探索思想政治教育发展和马克思主义理论学科建设的重任。